U0749644

Faith & Oblivion

信与忘

约伯福音及其他

冯 象

生活·读书·新知 三联书店

Copyright © 2012 by SDX Joint Publishing Company.
All Rights Reserved.

本作品中文简体字版权由生活·读书·新知三联书店所有。
未经许可，不得翻印。

图书在版编目（CIP）数据

信与忘：约伯福音及其他/冯象著. —北
京：生活·读书·新知三联书店，2012.7 （2016.6 重印）
ISBN 978 - 7 - 108 - 04029 - 9

Ⅰ. ①信… Ⅱ. ①冯… Ⅲ. ①圣经 - 研究 - 文集
Ⅳ. ① B971-53

中国版本图书馆 CIP 数据核字（2012）第 026916 号

责任编辑　李学军　杨　乐
装帧设计　罗　洪
责任印制　崔华君
出版发行　生活·讀書·新知 三联书店
　　　　　（北京市东城区美术馆东街 22 号）
邮　　编　100010
经　　销　新华书店
印　　刷　北京图文天地制版印刷有限公司
版　　次　2012 年 7 月北京第 1 版
　　　　　2016 年 6 月北京第 2 次印刷
开　　本　880 毫米 × 1230 毫米　1/32　印张 14.625
字　　数　250 千字
印　　数　10,001 - 13,000 册
定　　价　48.00 元

For
Paddy Zakaria

献给
帕蒂老师
国际主义战士
苏格兰牧人

Quella che si scorge di bene in meglio

如此她引导向上
由善而更善
她行动
那么忽然
无滞于时光

《神曲／天堂篇》10.37

目录

缀　言

本书的面世，比预期早了五年。

二零零六年夏，《宽宽信箱与出埃及记》与《摩西五经》交稿，随即全力以赴投入《智慧书》和《新约》的译注，没有计划也无暇旁骛。故译经期间只写了零星的"孤文"，或者回国讲学时同报刊编辑、记者做几篇访谈。满以为结集成书，总归是十年以后的事了。

但零九年秋开始，至清华服务，社会活动大增——当然也不无享受，如老友沈林的戏和夜半不散的"会饮"，似重温年轻时代"亵渎的酣畅"（法国象征派诗人魏尔伦语）——出于职责跟友情，应邀在京、沪、杭、湘、港等地各大院校做了些讲演：关于法律和宗教信仰，关于职业伦理、政治伦理、革命与背叛，关于《圣经》同戏剧文学。然而，就始终挤不出时间，把那些其实在课上都讲过的东西一样样整理出来。据说网上有部分讲座的录音，皆未经授权，我没法负责。再者，我的习惯，是讲座不讲完稿了的文章或构想成熟、即将动笔的题目。所以还有一条免责的理由：将来成文发表，一定是完全不同的模样；而且即使其中某些论点论述和例证不变，文字表述因经过斟酌删削，也会比口语来得准确。

这样，少数修订成文的，加上若干"孤文"与访谈，计三十二篇，便是本书上编的内容。文章的背景无须赘言，都是一目了然的。唯有开头的长文《约伯福音》需要稍加说明，因下编《约伯记》译注是同它相配的。

《约伯记》译注起笔较早，零五年秋已成初稿，二手文献亦摘录完毕。故《木腿正义》增订版（2007）的勒口简介，有"即出"字样。但文章拟了一份提纲，就拖下来了。原因是，译注《创世记》时发现，若是先写故事或论文，译经随后，两者的术语跟经文风格难免发生龃龉，修订反而费事。故此决定，应至少译出三卷，配搭的文章方可着手，全面铺开。译经虽是极艰巨的工程，但归根结蒂，是"戴着脚镣跳舞"的一种"再创作"。更要紧的是，将圣书的教导同中国问题创造性地结合起来，加以形象化的及理论上的阐发，才能上升为真正的"创作"。这道理听来或许有点别样，让我从头讲起。

治西学有一悖论，早年在云南边疆自学外语时，我就琢磨过。比如钻研中世纪文学和《圣经》，一步步走进但丁的十层地狱，"抛下一切希望"（lasciate ogne speranza，《神曲/地狱篇》3:9），一去二十年。可待到爬回人世，来到星光下面，写给谁看？又怎么写？我想，不外乎有三条路可走。其一是如傅雷先生、汝龙先生那样，

以翻译文学为生、为事业。那个年代，对于不甘沉沦，因属于"可以教育好的子女"（黑九类家庭成分）而上大学无门的下乡知青，这是现实的选择。只是单纯搞译介，有点"替人做嫁衣裳"的味道，不够十分理想。其二，是争取做研究，例如撰写文学史什么的。但此类工作一般须依附一间机构、大学或研究所，才有条件开展。何况西学的前沿、第一手资料在西方，那是要有机会出国深造才能得到系统训练，并参与竞争的。一个在哀牢山寨捱着"再教育"的知青，哪敢有这种奢望！诚然，形势已悄悄起了变化：尼克松总统访华之后，外语人才渐受重视。有个女同学，上外附中的高才生，父亲平反早，便是那会儿被选派出国留学的。寄回来许多彩色照片，让我们只晓得黑白胶卷、不知"傻瓜"相机为何物的人惊讶、赞叹了好半天。此外，还有一段难忘的小插曲，就在那"读书无用论"嚣张的日子里，有一"异族先知"预言，说有朝一日我也会出国。故事是这样的：

昆明往越南的窄轨铁路沿线有一座开远城，系滇南工业重镇。城里开咖啡店的越侨当中，有位阮克旺先生。这阮先生人称"掰脚"，说是念高中时报名下乡参加土改，染上风湿还坚持战斗，延误了治疗，留下的腿疾。但他性格开朗，多才多艺，弹得一手好吉他，在当地颇有名气。那阵子我想学吉他，从广州买了一把"红棉牌"，来开远解放军化肥厂找好友惠蒙玩。惠蒙便带我上阮先生家，请他教我入门，并演示绝活。他弹了好些俄国曲子，细长的手指抚弄着琴弦，像生了翅膀似的飞舞，美极了。听说我在学英、法、俄语，他笑道：Doctor，你将来是要出国读书的！打那以后，惠蒙他们一

伙工人便管我叫"博士"了。

言归正传。那第三条路，才是我认真考虑并决心实行的，即创作。就是从西学入手，重新思考中国的问题，写中国的故事，做中国的学问。这样，既不必依赖任何机构，多年的底层生活经验、想象力和翻译技能也可派上用场——翻译本身不再是目的，而是为攀登创作高度而必具的一项条件。

我觉得，这在当时的艰苦条件下，是一条可取的学习和事业之路。后来，果真被阮先生言中，不仅上了大学，还负笈美国。但长远的写作目标就再没有变过，不论攻读文学还是法律，考察宗教抑或政治。从古英语史诗《贝奥武甫》到《玻璃岛》演义亚瑟王故事，从《创世记》传说到《宽宽信箱与出埃及记》探讨译经，从《木腿正义》到《政法笔记》批判"形式法治"，都是朝着同一目标努力的尝试。

译注《约伯记》也是如此。其严峻的挑战，乃是要求我们沉思，回答一个最根本的宗教、伦理和社会正义问题：好人为什么受苦？这道难题，千百年来不知有多少圣贤哲睿探究，但永远在我称之为善良的人们的"信与忘"之间徘徊。《约伯福音》二十二短章，便是又一个译经人为之上下求索的记录。我以为，藉此求索引导本书上编展开或涉及的各个论题，襄助读者研读《约伯记》，刺激感想并得出各自的结论，应是一个不错而有趣的配置。

书稿付梓之日，当是感恩之时。第一要感谢的，是参加构筑我的两门课"法律与宗教"、"法律与伦理"的同学。他们在课上课下

的优异表现和思想碰撞，毕业后多元的事业选择，对我而言，不啻教书最大的乐趣跟回报。而这一切之成为可能，要感谢振民院长及清华法学院同仁的热情帮助和关心。部分文献的检索借阅与收集，则多亏了志勇（现已在北航任教）和两位助教李陶、亦鲁费心费力。同样，《Re：致辞与山寨》一文落笔前做的小调查，得谢谢所有贡献了看法的北大同学。

上编所收文章，曾发表在《读书》、《上海书评》、《书城》、《万象》、《南方周末》、《北大政治与法律评论》和《人民法院报》，也有登在香港《信报》跟《苹果日报》的。蒙诸位编辑先生／女士不弃，在此一并致谢。

最后，要特别谢谢新华发集团老总孙君志华的支持，包括不时分享他的企业家智慧，连同会馆佳肴。

上下编文章同经文译注，内子细读了不止一遍。稿纸上她写得满满的修改意见与评语，是新书蒙福的一个标识。

新书，题献给帕蒂老师。

弹指之间，三十一年过去。当初，她将"六八年人"的"火种的残灰"带到昆明，教我懂得，"上帝已死"（尼采：《苏鲁支语录／前言》）。在她的小书架上，我第一次读到一种绝望但又强大至极的对上帝与人类的控诉，维泽尔（Eli Wiesel）的《夜》，还有西蒙娜"海狸"波伏娃的《第二性》，以及那位更深邃、神秘而圣洁的西蒙娜——无与伦比的苇叶（Simone Weil，1909～1943）。

如今，在她的苏格兰牧场，她说还收藏着我给她的全部书简和诗，将来要传给儿子，就是从前拉着我搭积木的那个金发小童。

在她迎着海风，送纯种羊去骷髅地修道院岛（Golgotha Monastery Island）的路上，她说，常惦念着我的写作。所以我敢肯定，当她牵着羊儿登上小岛，来到白衣修士中间，当"至圣救赎主的儿子"（filii sanctissimi Redemptoris）齐集，开始吟唱"Ave Maria"时，她能听见我的祝福、我的保证：

那残灰落处，已重新点燃了火种。

二零一一年八月于麻省新伯利港铁盆斋

上　编

约伯福音

（或好人为什么受苦）

光明

换作任何人，或任何神，这都是犯罪。

他怎会将天下第一的好人（tam），他的忠仆约伯，交在撒旦（satan）手里，任其伤害，以致家破人亡？为什么，仅仅因为那号称"敌手"（satan）的神子一句话，对忠仆的品行或信仰根基表示怀疑，就同意考验，把好人"无缘无故一再摧残"？（2:3，9:17；以下凡《约伯记》章节，均不标篇名）

可是，他名为上帝，亦即亚伯拉罕、以撒和雅各的上帝，是背负着以色列的"飞鹰的翅膀"（《出埃及记》19:4），子民的磐石与救主——难道，大哉耶和华，圣言之父，你也会踢着石子，会失足？诚然我们知道，并且确信（《诗篇》36:5以下）——

[法] 多雷（1832~1883）:《金鹰》

你的慈爱托起诸天，

你的信实高于霄汉，

你的正义如巍巍神山，

你的判决如无底深渊……

啊，生命之源泉，在你，

藉你的明光我们看到光明！

知道

从前，约伯家充满了光明。他事无巨细都谨守圣法（torah）：脚不离正道，手不沾秽污，心儿提防着眼睛诱惑（31:7），唯恐一时疏忽，让"蜷伏在门口垂涎窥伺"的罪钻了空子（《创世记》4:7）。他七个儿子皆已成家，不在父亲的屋檐下住。每逢各家宴饮，约伯总要派人叮嘱行洁净礼；自己则早早起来，替他们逐一献上全燔祭，说：就怕孩儿触了罪，心里没赞美上帝！（1:5）

待邻人，他更是仁爱的化身："平时常劝人向善，教软弱的手变得坚强。[他] 的话曾帮助跌倒的人重新站起，给疲惫的膝盖以力量"（4:3）。无论孤寡病残还是外邦旅客，都当作亲人接济照拂。所以有口皆碑，正义是约伯的"外袍与缠头"。即使被奴婢控告，他"也不会不讲公道"；哪怕是仇人遭殃，亦不幸灾乐祸："决不让罪从口生，拿人家的性命诅咒"，他说（31:13，30）。这耶和华的"光明之子"，天天车马盈门，高朋满座。去到城门口，听审案件或商议公事，"年轻人见 [他] 都要让道，皓首则起身恭迎；连头人也停止交

谈，将手掩住嘴巴"。大家"屏息凝神"聆听约伯的智慧，盼他的指导和安慰，"如望甘霖"（29:7 以下）。

就这样，"帐篷有上帝看护"，全能者恩赐"儿孙绕膝，双脚用凝乳洗濯"（29:4）。人人仰慕，遐迩传闻，约伯的美名堪比挪亚，耶和华面前的完人（tamim，《创世记》6:9，《以西结书》14:14）。

然而他不知道，天庭宝座上一声雷鸣：世上谁也及不上这个好人，他生性正直，敬畏上帝又远离恶事！许多生命便到了尽头。而忠仆，竟"成了朋友的笑柄"，只因守法而"受尽讥嘲"（12:4）。

他不知道，天父受了一个神子挑动，黑暗要遮蔽光明：

那约伯敬畏上帝不是无缘无故的吧？若非你……事事为他赐福，他能够牛羊遍地？你伸手动一下他的家人产业试试，他不当面赞美你才怪！ （1:9-11）

可"世上谁也及不上"约伯，乃是至高者的认定。既然圣言至真，至可信靠，为什么还要"伸手""试试"，看好人会不会"当面赞美"，即诅咒，他的上帝？

这一切，他都不知道。

七夜

好！上帝谕示撒旦：凡属于他的全归你处置，但不许出手伤他的身子！

于是神子从耶和华面前退下——那一天，强盗来袭，将忠仆的驼驴耕牛通通掳走，奴仆杀光；"上帝的火"（喻雷电）落地，羊群

羊倌无一生还；狂飙突起，摧折房柱，压死了他的十个儿女。

好约伯，猝然间福消祸长，陷于如此血腥，对于那一切祸福之源，他连一句怨恨的话也没有（1:21）：

> 赤条条我来自母腹，
>
> 赤条条终归子宫；
>
> 耶和华给的，耶和华拿去——
>
> 愿耶和华的名永受赞颂！

然而宝殿雷声滚滚，救主还惦记着忠仆，对撒旦道：你挑动我害他，无缘无故毁他，但他照样坚持做好人（tummah）！一皮换一皮罢了，那十二翼天使昂首回答：人为了活命有什么不肯舍弃的？你伸手动一下他的骨头肉看看，他不当面赞美你才怪！（2:3-5）

好！天父谕示神子：他在你手里了，但他的性命你得保住！

于是撒旦从耶和华面前退下——顿时，约伯遍体毒疮，痛痒难熬，只好坐在炉灰里，捡了块碎瓦片在身上刮。妻子见了，恨恨道：还充当好人呐？你赞美上帝，死掉算了！（2:7-9）

这段描写，希腊文七十士本略异，更为细致：约伯被逐出城外，蜷缩在粪堆间，拿碎瓦片刮身上的脓血（ichor）——

> 煎熬多时，他妻子道：你还想撑好久呀？还在嘀咕"我再忍会儿，抱着获救的希望"？听着，这世上已经没人记得你了，连同［你的］儿女，我子宫的阵痛，我白白吃苦拉扯大他们！可

是你，就这样夜夜坐在外面，跟蛆虫一块儿烂掉！我呢，一处处
流浪，挨家挨户讨生活，每天只盼着日头落，盼那抓住我不放的
辛劳痛楚有个间隙，让我歇一歇……

约伯妻这样泄恨，按圣奥古斯丁（354～430）的诠解，不啻做
了"恶魔的帮手"（adiutrix diaboli），学着伊甸园里那一条蛇，怂恿
好人冒犯上帝。而耶和华说过，抽亚当一根肋骨造女人，是要给男
人配个帮手，让丈夫当她主人（《创世记》2:18，3:16）。故此约伯听
得老婆嚷嚷"赞美"，就一顿呵斥：你怎么说话像个蠢妇！谁说我们
在上帝手里，是只能得福、不该受祸的？

即使落到这地步了，忠仆仍毫无怨言，口不触罪（2:10）——
直到三位朋友赶来吊唁，陪他哀戚，一起默默地坐了七天七夜。

其所

"耶和华给的，耶和华拿去"：意谓上帝乃世间一切祸福的作
者，不论恩典灾难经由谁手。这是人与造他的神立约，并为之称义
的创世论基础，也是全能者彰显其公平正义的伦理前提。据此，若
是忠信者无故蒙冤，造孽的反倒享乐，在承约的子民看来，便是公
义不存，信约失效了。约伯妻的要求，即是以失效为由，了断"充
当好人"的义务。而约伯训斥"蠢妇"，坚持"口不触罪"，则是主
张不计代价不问缘由的绝对服从，把苦难当作上帝对自己的考验
（baẖan）。

[法] 拉图尔（1593~1652）：《约伯妻》（局部）

结果，故事就充满了反讽，约伯夫妇与亲友邻人全蒙在鼓里了。谁会想到，这场灾祸跟信约公义无关，起于宝殿上一句夸赞，仿佛上帝在拣选义人。是耶和华父子——撒旦是神的儿子里最美丽的一位——对好人的看法分歧，把约伯拿来"打赌"，名曰"考验"：只因他一贯虔敬守法，走耶和华的道，就叫他家破人亡！而读者因享有"上帝视角"，看得真切，约伯妻哪能是"蠢妇"？她实在比丈夫要高明，因不受传统教义束缚，故而懂得：严格遵循献祭守洁等日常的律法程序，并不能保证好人蒙福，实现公义。

真正的信约的考验，她想，不应是杀戮无辜的。最有名的例证，便是耶和华命令亚伯拉罕，把老年所得"心爱的独生子"献作全燔祭。圣祖二话不说，备好毛驴木柴，拿了火石尖刀，带上以撒，一早动身前往上帝指示的小山。但是天父至仁，没等"祭品"碰着利刃，就用灌木丛里的公绵羊替下孩子，结束了考验（《创世记》22 章）。这一回，耶和华明知约伯"敬畏上帝，远离恶事"，却取了儿女奴婢的性命，毁尽家产，叫人痛不欲生。如此考验，究竟什么目的？

她几乎为惨变所击倒。但她的道德直觉，是必须否定了"好人"，丈夫才会"开开眼睛"，直面这个世界，那不因圣法降世而向善的一切。换言之，约伯得摒弃信约的教条，重食禁果，方能在苦难中寻回那遗忘了的辨善恶的智慧——哪怕头上再箍一圈死的诅咒！（同上，3:22）

因为她懂得：死，是人所受赐的最珍贵的东西；用死不当，乃是极大的不敬（苇叶，页 85）。如今信约既亡，"赞美上帝"而死，便是死得其所。

天父

站在撒旦的立场，圣人所言没错，约伯妻确实做了一回"恶魔的帮手"。耶和华的谕旨是让他全权处置忠仆家人，但"恶魔"手下留情，未碰约伯妻的身子。他的如意算盘是，约伯再虔诚，忍耐也有限度，禁不住老婆在耳边诉苦。然后即可证明：人敬畏上帝，不过是蒙恩得了好处给一点回报（1:9-10）。撒旦巡察人世日久，熟知亚当子孙的性格和感情弱点，料定那妇人悲痛欲绝，会说出什么不中听的话来。

果然，这夏娃女儿冲丈夫喊了"赞美""死掉"！虽然好人回了一声"蠢妇"，一副"毫无怨言，口不触罪"的样子，实际上，如犹太拉比指出，他"口未触罪，但心已入罪"（《巴比伦大藏 / 末门篇》16a）。当三友人陪同七日举哀完毕，约伯终于张口，狠狠道出了他的诅咒。

那十二翼神子通体透明，熠熠生光，一时间仿佛赢了天父。

恼怒

愿我出生的那一天灭亡，

连同报喜"怀了男胎"的那一夜！

愿那一天葬入幽冥，

上帝在上，永不看顾……

愿那一夜被黑暗掳走，

从一年的天数中剔除……

愿它被诅咒白日的人咒诅，

受制于唤醒海龙的法术。

人诅咒生日与母亲怀胎之夜（3:3以下），说穿了，即诅咒上帝创世，质疑造物主的公义。呼唤"诅咒白日"或弄日蚀的巫师和吞太阳的海怪，也是亵渎神圣，因两者均为至高者的仇敌——难怪后来耶和华驾旋风降临，就拿自己化育万物的大功，并举海龙为例，责问约伯（详见下文）。

根据圣法，人（'adam，亚当、人类）乃上帝所造，其受孕怀胎直至顺利分娩，都是天父的恩典，不是人自己的能耐或运气。《创世记》四章，夏娃怀孕，诞下该隐，说：同耶和华一起（'eth YHWH，七十士本：dia tou theou，凭上帝佑助），我造（生）了个男人！所用动词"造"（qanithi），正是"造物主""造天地"的"造"字（词根：qnh，《创世记》14:22），经文里常特指上帝化育生命，例如，"是你，造就我的腑脏，子宫里织我成形"（《诗篇》139:13）；"耶和华造我［智慧］，于大道之端，在他亘古创世以前"（《箴言》8:22）。

如此，夏娃虽因偷食禁果，受上帝诅咒，得了怀孕的苦和分娩的痛（《创世记》3:16），受孕生育本身却是天父恩许，"同耶和华一起""造人"之福。故而人的生命神圣，因为得自上帝，是神恩的果实（帕尔蒂丝，页44）。约伯在哀恸中诅咒母亲怀胎之夜同自己的生日，便是诅咒赐生命的主，拒绝"上帝佑助"——是依从他贬斥的

"蠢妇"，放下"充当好人"的空架子，"赞美上帝，死掉算了"！

当然，上帝明白，约伯诅咒生日是表达内心莫大的苦楚，而非放弃信仰背离正道，所以并不为忤。正如另一位先知耶利米，因预言圣城的覆灭而遭迫害，激愤之下也曾咒诅生日，还指责耶和华勾引自己："你抓住我强迫我，我反抗不了：如今我一天到晚／受人耻笑"（《耶利米书》20:7，14；详见《宽宽信箱与出埃及记／我凭名字认定了你》）。那一次，救主至慈，也没有恼怒。

长眠

但是，无辜受苦毕竟不合圣法的教导，按理说，也不应是上帝创世的安排。那么，是在天之主一时疏漏，忘了与子民立约承诺的守护之责？还是他决意把脸藏起，不再眷顾，令忠仆落入死地（13:24）？这悲哀、残酷又不可理喻的现实，太冤枉正义了，再沉默下去人就要疯了！于是约伯发出苦苦的呻吟，直指天父洪恩（3:11 以下）——

> 为什么我没有死在母腹，
> 一出子宫，立时咽气？
> 为什么要双膝接我，
> 还有两乳给我吮吸？
> 不然现在我早已长眠，
> 得了寂静与安息……

为什么，我没有像那流产的死婴

埋掉，不见光明？

......

为什么悲惨若此，还要给他天日？

心碎了的，反而留下性命——

他们只想快死，死却迟迟不来，

一死难求，甚于地下的宝藏；

要是能够躺进墓茔，

他们真会欣喜异常！

为什么——人遭了上帝围堵，

走投无路，仍要赐他光明？

　　震惊于这一咒诅的绝望，丹麦哲人齐克果（Søren Kierkegaard，1813～1855）坦言：约伯令人恐惧。那恐惧却主要不在他的惨状，而是人无法再安慰或欺骗自己，不得不直面生命之脆弱、公义仁爱的缺失，而对好人又同情又感到无助，战栗不已。但约伯的诅咒更有刚强的一面，尤其是对传统教义下的人神关系提出了大胆质疑。

　　希伯来经文中，好人受苦的传统解释，是一种现世善恶报应学说，其伦理基础，即《摩西五经》阐明的血亲复仇时代的团体责任。任何人犯法触罪，无论故意疏忽，都可能殃及亲族甚而当地居民和牲畜。《创世记》十九章，所多玛的男人包围罗得家，企图对投宿客人（天使）无礼，导致全城毁灭、生灵涂炭，便是极具象征意义的一例（详见《政法笔记／所多玛的末日》）。同理，义人的善功，也是家族与后代的福祉。因此以色列的命运，完全取决于子民对上帝之法的态度；遵行就有福，背弃则罹祸（《利未记》26 章，《申命记》28 章）。历史上，北国以色列为亚述所灭，南国犹大亡于巴比伦，在众先知眼里，便是由于君主堕落、贵族荒淫，追随异教邪神，从而子民作为一个整体背弃了信约。换言之，好人受苦有可能是受牵连，转承他人包括前人的罪过所致。

但是，随着同态报复律（"以眼还眼，以牙还牙"，《出埃及记》21:22 以下）的确立，血亲复仇渐渐受了限制。接着，以色列的先知启示了各种情况下的个体责任。比如，人只要弃恶从善，耶和华便会赦罪，让他存活；反之，若走上邪路，一样要自负咎责（《以西结书》18:21 以下）。待到子民入囚巴比伦，乱世思安，罪罚止于个人的学说就得到了完整表述，成为流行的教义。只不过，善恶报应仍限于现世。于是产生一个难题：如果咎责自负，那么好人并未触罪，为何无辜蒙冤？

这难题便是三友人力图说服约伯或平息其抗争，所必须克服的障碍。然而人世间难得一见，他们描绘的"那种恶的食恶，那播灾的遭灾"（4:8）。忠仆之"令人恐惧"，是因为好人受苦太普遍了，几乎动摇了圣法的基石，使公义蜕变为奥秘（ta`alumah）。而那奥秘如果超越现世报应，指向的不是别个，正是上帝不再眷顾或出离后留下的空缺（riq）。那空缺极大，足以容纳我们这个世界，以及每人分得的仅有一次的生命旅程——仅有一次，且充斥着不公，须知约伯时代的子民尚无死者复活的观念（14:11 以下）：

正如海水终要枯干,

江河断流荒寂,

人倒下了,就再不会起来;

即使苍天坍塌,也不会醒,

不会打搅他的长眠!

诱惑

虽然上帝说考验约伯是受了撒旦"挑动"(2:3),但这话是修辞性的,目的是叫神子继续考验。因为耶和华至圣,不可能受任何人或天使的怂恿,做出不符神性的事。撒旦在天庭专司人世罪行之检控——那时,他还没有同耶路撒冷的大祭司作对,尚未被救主呵斥(《撒迦利亚书》3 章),更不是《新约》敷演的那个恶魔——他长年"在世上巡游",人类的丑事见得多了。所以一听上帝说"谁也及不上这个好人",就进言献疑,请求调查,正表现出他的恪尽职守。当然,作为极受恩宠的神子,明知在天之主绝对无咎,掌握一切,他说谁好谁就是好人,却胆敢异议,跟自己父亲"打赌":这在后世,即归他统辖的世人看来,就暴露了一段"反骨"——通过"打赌",诱使耶和华交出好人,听凭抢掠屠杀,惨死于"上帝的火"。这撒旦是智慧极高的十二翼使者,他不可能不懂,所谓"考验"实际是冤屈忠信、伤害无辜,让天父背上违反信约的罪名,在子民中间造成许多困惑。

信约载于圣法,亦即上帝在西奈山传谕摩西,为以色列颁布的万世不移的诫命律例。子民辨是非，定刑罚，献祭守洁，走耶和华的正道，都是从圣法学习的。倘若约伯据此提起控诉，信约之主将如何应对？

撒旦心里明白，自己的小算盘，至高者看得一清二楚。但天父如果不批准考验，就称不上全知全能、预定一切，故而做他的忠仆是一定要受苦的。"一皮换一皮罢了……你伸手动一下他的骨头肉看看，他不当面赞美你才怪。"（2:4-5）倘使这话说得不对，约伯不是因为蒙庇护才虔诚向善，那么好人家业兴隆，也未必是上帝赐予；一小撮致富或"先富起来"，便无须视为神恩，恰如陷大众于冻馁苦疾，不可能是造物主的意思——除非人间万事由他直接指挥，重霄之上，一神负责（艾尔曼，页126）。

因此，就人子喜欢议论的神义论（theodicy）而言，真正棘手的是如何解释耶和华"毁约"，在忠信者面前，替救主出离称义。

美神子觉得霸占人世的机会来了，他经不起这诱惑父亲的诱惑。

元首

> 人的监护主呀，
>
> 我就是犯了罪，又与你何干？
>
> 凭什么拿我当你的箭靶，
>
> 让我做你的负担？

这是约伯在呼吁（7:20）。直至旋风扑来，雷霆降谕，他才突然懂了，自己什么也不懂——白学了一番神的模样，自以为"懂得辨善恶了"（《创世记》3:5，22）。天昏地暗，圣言隆隆，铺叙的是一桩桩造天地的大功，根本没理会他的哀伤、他的控诉。是呀，耶和华哪会费心拿人当箭靶呢？像年轻人老挂嘴上的那句话，"假如你触罪，与他何妨？你就是恶行累累，也害不着他！"（35:6）

要是连忠仆落难他也无动于衷，那世上还有什么是值得他眷顾的呢？固然上帝有上帝的道理，不可以亚当子孙的标准衡量。但似乎忠信者寻真相，讨清白，竟成了对至高者的冒犯。约伯既是耶和华钦定的挪亚般的完人，自然不该惩处；便是降灾考验，也得有个限度，不至于残忍到戕害生命。虽则约伯夫妇和友人都不知情，但读者晓得，谁授权撒旦毁人产业，滥杀无辜，仅仅"为了一根头发"（9:17，校读从古叙利亚语译本）。对此，全能者可有个说法？约伯家破人亡，恐怕到头来真正受考验的不是好人的信仰，而是上帝与圣法公义。而施考验的亦非天父，乃是他的骄子、天庭检察官撒旦。完人受苦而诅咒生日、质疑信约，便是他"赌"赢上帝的本钱。这么看，约伯跟"蠢妇"一样，不自觉地，也做了一回"恶魔的帮手"。

当然，完人并未抛弃信仰，他仍是耶和华的见证。

如是，天父同意拿忠仆的信仰"打赌"，确有"犯错误"之嫌。程序上，为了考验，他不得不接受撒旦提出的"有罪推定"原则，即义人须通过蒙冤遭祸，来证明自己信仰纯洁，不掺杂利益交换，归信不为敛财生子。结果，不单是无辜受苦，还否定了善恶报应的教义，让不公支配了这个世界。

而且，"有罪推定"一经至高者采纳，即可视为创世宏图中人神关系的基本准则；其具体表现，则为恶对人的塑造，无处不在。易言之：恶，乃是神恩（其本质为创世之恩）在现世所取的形态（苇叶，页145），又名上帝至圣无咎，或上帝无限遥远，上帝出离一切所造。

造物主出离，成一空缺，以便我们入住，承接恶的塑造。不是吗，人作恶犯罪，每每觉得顺手，十分自然，好像生来就会。因为人生在恶中，习惯了它的滋味；恶便是我们祈求的"每日的面饼"（《马太福音》6:11），肉身之给养，甚而被说成是律例的标杆，拿来衡量生命价值。久而久之，现世之内，圣名不名；"我乃我是者"藏身荆棘（《出埃及记》3:14），成了所有"是者"（ho ōn）中最为贫窭者，故而常遭人鄙弃。而无辜受苦，既是好人额头的记号（semeion），也是天父降示的征兆或神迹（semeion），是上帝爱人、人爱救主的最牢靠的纽带。

但从此，"一皮换一皮"的买卖关系，也堂而皇之被称作了信仰，男男女女争相修行辨善恶的智慧，直至"大地充盈对耶和华的认知，一如洪流覆盖海洋"（《以赛亚书》11:9），人子皆成禁果的苗裔。而时机成熟，撒旦就做了一切契约、财产权利及自由意志与原罪之父，人称"大恶"，拜为"这世界的元首"（《马太福音》5:37，《约翰福音》12:31）。

奥秘

多年以后，眼看"一皮换一皮"的入道谋福、因福称义，熙熙攘攘，约伯妻痛定思痛，曾经想过：自从上帝叫好人受苦，人心就变坏了，他会不会后悔呢？

圣书上说，至高者爱憎分明，富于感情的表达，是人类的情感之源，包括悔恨。例如，他见亚当子孙腐败，一个比一个邪恶，"便很后悔（yinnaḥem）造了人在世上"（《创世记》6:6）。遂决意发洪水淹没大地，只救下挪亚一家八口，由他们重新繁衍万族。再如，以色列攀比外邦，祈盼君主统一诸部，耶和华为子民拣选了扫罗。可是扫罗攻打世敌亚玛力时，没有遵上帝的禁绝之命就地"三光"，屠尽人畜。他自作主张，将活捉的敌酋并肥美牛羊带回国来宰献，供奉祭坛。耶和华说："真后悔（niḥamti）立了扫罗为王！"（《撒母耳记上》15:11，35）

但是，对于考验约伯，"世上谁也及不上"的好人，全能者却从无反悔的表态。也许他不肯承认考验失败？

她问丈夫，忠仆不答，只是沉默，仿佛又坐在炉灰里了。

或者，耶和华啊圣言之父，你另有补救的办法？而那办法，就是那旋风中约伯听到的奥秘？

坚忍

批评家傅莱有句名言，凡热爱《圣经》、从中求光明的，最后莫不成为"环绕《约伯记》的卫星"。《约伯记》不仅是希伯来诗歌的明珠，还创造了一位勇敢的思想者，并通过他的故事探讨人类的苦难与信仰，特别是"好人为什么受苦"这一"一切宗教想解答的问题"（先师杨周翰先生语）。

　　这道难题在西方宗教思想史上往往换一角度，从"释恶"入手讨论：世界虽然属于神创（故而完美），我们的生活经验，却是天灾人祸不断，"常常义人落得恶人一般下场，恶人反而得了该给义人的报偿"（《传道书》8:14）；好像天父并不关心人子。问题是，按照圣法，上帝唯一，且具有全知全能至仁至善之神格。这样的神，怎会造好一个世界，给人栖居，同时又让它充满苦难呢？

　　相传希腊哲人伊庇鸠鲁（前341～前270）说过，神对于恶，无非四种情况：或愿意除恶而不能，或能够除恶但不愿，或不愿也不能，或愿意且能够。愿意除恶而不能，是虚弱，不合神的品性（全能）；能够除恶但不愿，则是嫉妒，也不符神性（至善）；不愿也不能，又嫉又弱，定是伪神；唯有愿意且能够者，可称真神。既然如此，为何那全能至善者迟迟不动手，不除恶务尽呢？再者，那满世界的恶，又是哪来的呢？（纳德勒，页85）

　　圣奥古斯丁的阐释是，天主创世不可能生恶，而且非经其准许，这世界谁也败坏不了。只是就其中某些个体孤立地看，确有不协调的，俗见名之为"恶"。但那些个体的不协调，如果从大处着眼，则又是协调的了，乃是组成整个宇宙之完美的不可少的若干因素（《忏悔录》7:13）。阿奎纳（约1225～1274）也认为，恶并非真的实体，而是善的空缺。造物主既是至善，就只能是万善之源，而非善的空缺或不真实的恶的作者（同上，页87）。不过，对普通信众影响最大的，还是灵知派和摩尼教的善恶二元论：善源于上帝，恶出自撒旦——当然，那是后者"如一道闪电，由中天坠落"人世以后的事了（《路加福音》10:18）。

回到好人受苦的论题，在三友人信奉的报应论框架内，亦可反过来问，恶人何以享福？或如约伯抗议的："为什么，恶人不死，反而颐养天年，势力嚣张？"（21:7，意同《耶利米书》12:1）

所谓恶人，借用《诗篇》的比喻，就是讥嘲圣名、背弃圣法的愚狂之徒，以及所有与子民为敌的异族。报应的原则，上帝降火云授摩西十诫，说得明白："凡恨我、被我定罪的，我必降罚于其子孙，直到第三代、第四代。"（《出埃及记》20:5）所以恶人尽管猖獗一时，后裔终究逃不脱天怒。神义的延宕自有其奥秘，是忠信者不可深究的。但奥秘解脱不了受苦的好人；冤屈关乎伦理同信仰的根基。好人，即遵行圣法者。至高者宣布："凡爱我、守我诫命的，我必以仁爱待之，泽被子孙千代。"（同上，20:6）可见义人得善报，本是他的虔敬善功所致，跟是否受苦没有必然的因果关系。苦难不是义人获拯救的必要条件；相反，凡敬畏耶和华的，皆可指望"永葆福祉"、"永无贫乏"（《诗篇》34:9-10）。换言之，"无缘无故"家破人亡的悲剧，不应是上帝忠仆的命数（7:17-18）：

> 人算什么，你这样抬举他，
> 这么放心不下，
> 天天早上审察，
> 一刻不停地考验？

于是，好人蒙冤就不仅是肉体和精神的折磨，其本质乃信仰之苦，或救主寄予义灵的大苦（《马太福音》5:3）。那苦痛，归根结蒂，亦非撒旦奉旨加于约伯一人的，而是对全体忠信者的考验。而那考验因明显抵触了圣法，又是令信约失效或天父犯错的一场伦理困局——除非造物主另展宏图，出离现世，故此不受圣法审查；除非上帝已"把脸藏起"（13:24），成一缺位之"是者"：我乃我是者。

思想者说，这世上若无苦难，人会以为生活在天堂（苇叶，页81）。因而好人受苦的准确定义，乃是取缔天堂。"大恶"治下，真信仰既不是求福之路，也不是获救的希望，而是天堂幻灭后一种蒙冤不屈的精神，叫作"约伯之坚忍"（《雅各书》5:11）。

恶名

有个流行的讲法，把约伯遭灾归因于撒旦作恶。一些译本也将撒旦注作"魔鬼"，或译为"恶魔"（devil < diabolos，谤魔，源出七十士本）。这样，忠仆坚守信仰"口不触罪"，便是同天父与子民的死敌相持，展示了上帝对"大恶"的胜利；犹如后来耶稣由圣灵引领，入荒野四十日坚拒恶魔诱惑（《马太福音》4 章），不啻那一神迹的预演。但照此理解，忠信者蒙冤就谈不上是伦理困局，因有撒旦做世间万恶的作者；好人受苦，属于预期的迫害，应由那魔头负责而不涉及人神关系。悲恸中的约伯夫妇，也就没有任何理由质疑耶和华不公。他们应当诅咒撒旦，耐心祈祷，等待那应许了的拯救。

然而，这却是误读经文。撒旦变恶魔，成为堕落天使的首领与恶灵之王，是希腊化时期，即亚历山大大帝（前 336 ～前 323 年在位）征服近东和波斯以后，开始流传的故事。希伯来经文里，只有年代最晚的篇章提及撒旦，能这么理解（如《历代志上》21:1）。一说这观念的演化是受了波斯祆教善恶二元论的影响，杂以两河流域及迦南的神话母题。所以在次经、伪经和《新约》中，撒旦不仅是上帝不共戴天的仇雠，还跟伊甸园那条引诱人祖的古蛇，并潜伏深渊时刻准备颠覆世界秩序的戾龙，合为一体。人世的无穷灾祸，也就一总归咎于他了（《智慧篇》2:24，《以诺记中》31:3，《启示录》20:2）。

希腊化以前经文中的撒旦，皆非专名，只作天使的头衔，本义"敌手"。《民数记》二十二章，巴剌王遣使节至幼发拉底河上游善解城，重金聘请先知比兰，要他诅咒以色列。比兰骑着毛驴上路，却撞见一个手执宝剑的"耶和华使者"，便是奉命来教训先知的"撒旦/敌手"（22:22，32）。同样，《约伯记》楔子所记撒旦，也是天庭一员，至高者倚重的神子（1:6，2:1）。因为不属专名，这"撒旦"还带着定冠词（hassatan），特指一位负责查办人子罪尤的御前天使。人死后，亡灵受审之日，撒旦要站在那人（被告人）的右手，行使他的检控之权。

不难想象，这么一个人间劣迹的钦差"敌手"，对亚当子孙没什么美好印象。故而一俟天父将好人交在他手里，授权随意处置，撒旦便做了那名为"考验"的惨案的忠实执行者。值得注意的是，楔子结束，诗体对话开始，他就从故事里消失了。约伯和友人都不知道，"上帝之手"（喻灾祸）是经由"敌手"按下的。他们的辩论，涉及泛指的义人乃至人类苦难的根源，包括神义论问题；但他们未曾想到指控撒旦，连一个字的暗示也没有。可知，在诗人创作《约伯记》的时代，撒旦还没有担上魔鬼的罪责与恶名。

魔王

那么，《约伯记》是何时成书的呢？《圣经》里最先提到约伯的，是巴比伦之囚期间（前587～前538）训导子民的一位祭司以西结。他将约伯同完人挪亚、接济孤寡的迦南义人丹尼尔（dan'el）并论，未作介绍（《以西结书》14:14），似乎这位异族先知的事迹，以色列人已耳熟能详了。约伯的家乡乌斯（`uz，意为建言、忠告），通说在阿拉伯半岛西北邻近巴勒斯坦的红岭（'edom）一带，是古人公认的智者之乡（《耶利米书》49:7）。七十士本《约伯记》末尾，比原文多出一段，记述好人身世，说他原名约巴（yobab），是雅各之兄以扫的孙儿（亚伯拉罕五世孙），娶阿拉伯女子为妻，其宗室在红岭世代为王（参较《创世记》36:33以下）。另说，先知娶雅各女儿蒂娜为妻。他虽然不属以色列家，却礼拜上帝，一生虔敬，是忠信之德的化身（《巴比伦大藏／末门篇》16a-b）。

异族而先知，照古人串解经文的推论，必是摩西时代或之前的人物。摩西在西奈荒野曾恳求上帝降云柱同行，使世人得见子民在救主眼里蒙恩，与万族有别（《出埃及记》33:16）。故经师认为，从此以色列独享天恩，耶和华的先知不复起于异族。约伯既是以扫后裔或雅各女婿，称红岭先知，《约伯记》便归于摩西手录了（《德训篇》希伯来文片断，49:9；详见威利克，页68及注）。

现代圣经学自然另有结论。学者考证，这篇经书实为一合成作品，其散文部分即楔子和尾声，源于民间传说；故事的诗体主干，约伯与三友人的辩论及耶和华训谕，却是一位博学的天才诗人的原

创。传说的渊源甚古。好人受苦，终得善报，本是近东智慧文学常用的一个母题，埃及、两河流域（苏美尔、巴比伦）同迦南文献中均有此类故事。诗歌的创作年代，则大致可以确定，证据在语汇与宗教思想。《约伯记》的诗跟之前的经书不同，文字受亚兰语影响，有不少借词。亚兰语是希伯来语的近亲，古代叙利亚人的语言——至今仍留存在偏远山区，好莱坞大片《基督受难》里耶稣和门徒说话，用的便是语言学家参照那山区土语重构的"古典亚兰语"——波斯帝国扩张后成为通行近东的一门"官话"。以色列入囚巴比伦，继而沦为波斯的臣民，亚兰语就慢慢取代希伯来语，为子民日常使用；词汇进入知识精英的希伯来文表达，应该再晚一点。从作品内容包括用事用典来看，诗人不仅熟悉《摩西五经》，还通过关于人生祸福、考验与公义的辩论，回应入囚巴比伦前后，耶利米、以西结等先知传布的教义学说。而那弥漫全诗的勇敢的怀疑精神，对个人命运、善恶报应的个体责任而非王室和国家前途的强烈关心，都指向子民重返家园后，在异族统治下的生活创伤与信仰焦虑。所以学界通说，《约伯记》大体成形于公元前七至四世纪间（《新牛津注释本／约伯记前言》）。

这个年代，我们可以肯定，撒旦仍是御前天使，尚未因反叛上帝而"坠落"天庭，举为现世魔王。

逃命

真的，人被上帝教训，是有福。

> 全能者的惩戒，请不要拒绝！
>
> 损伤是他，包扎也是他；
>
> 病痛之手即医治之手。

以利法如是说（5:17-18）。他同比尔达、祖法是约伯的朋友，或也是长辈（15:10）。但本着善恶报应的教义，他们认定，人遇祸是因为背离圣法，不管有意无意，记得与否。即便完人也会偶有疏失，难道不该领受教训？另一方面，恶人得福虽是普遍现象，可也不必怨天尤人。大卫王不是说过："不要因恶人而生气，造孽者你不可嫉妒；就像野草他们转眼凋残，又如绿叶落地干枯。"（《诗篇》37:1）反正，恶人恶事是长不了的：有罪必罚，惩恶有期，那是上帝定下的规矩。

他们告诫好人，应把灾殃当作考验信仰，莫追根究柢。因为神的报应绝对无咎，所谓天网恢恢，疏而不漏；赶紧悔悟，求宽赦还来得及。是呀，"谁能明察自身的过错"？若无耶和华的惩戒，人心底隐藏的罪戾又怎会"涤净"（同上，19:12）？然而约伯竟咒诅生日，连同母亲怀孕之夜！听着他不停地呻吟抗议，谴责至高者不公，三人更觉得他是犯了大罪。

于是以利法带头，往约伯的伤口撒盐："你想想，无辜的有谁死于非命，什么地方，又曾灭了义人？"（4:7）仿佛血泊里的儿女奴婢都是恶棍，罪有应得。还开导忠仆："若是我，我只向上帝祈求，要上帝俯听我的苦衷。"（5:8）跟着，比尔达也是同样观点，"真的，上帝决不会抛弃好人，不会扶持恶人的手"（8:20），敦促约伯认罪。约伯不服，坚称清白。祖法便狠狠数落，要他停止争讼，张开双手，接受耶和华的"拯救之道"，而后"就会懂得，上帝少算了你几多罪愆"！（11:6）

我们知道，善恶报应在摩西传统，子民外族不论，皆是团体责任，并可以隔代惩罚"向子孙追讨"（《出埃及记》34:7）。不过，圣法对罪责亦有限定，如这一条诫命："不可因子杀父，也不可因父杀子。各人只担自己犯的死罪。"（《申命记》24:16）但罪责自负作为普遍适用的原则，先知启示较晚，至南国覆灭，子民入囚巴比伦，才逐渐确立（见《以西结书》18章）。

问题是，无论报应是否止于现世，抑或寄望于来世而无限延宕，好人受苦都是罪责自负原则的例外。古人的解释，是指出报应论的背后，有一善恶比例问题。如犹太哲人麦蒙尼德（1135～1204）主张，总体而言，世上的善大大多于恶，占主导地位的是福，而非祸（纳德勒，页88）。可是，忠仆蒙冤毕竟不公；就在全能至善的主的眼底，在他以圣言开创的"非常之好"的世界（《创世记》1:31），罪恶畅行无阻，弱小饱受欺凌，这又是什么比例？就像陀思妥耶夫斯基笔下，那位约伯式思想者伊万所说：天国再美妙，教义再圆满，哪怕代价仅是一名小童遭人虐待，他流下的一滴泪——为了那一滴不获救赎的苦泪，良知就只能拒绝天国，退还门票。因为，用牺牲无辜来换取大写的"福音"，在道义上说不通（《卡拉玛佐夫兄弟》卷五章四）。

子民心中的道义来自圣法的教导，而圣法立于信约。若是信约无效，好人受苦所揭示的，便不是耶和华父子考验忠仆的所谓"奥秘",而是那"信约之国"幻灭后,不打引号的福音,亦即上帝创世的"道德困境"。因为显然,人子的苦难之大、之黑暗无涯,唯有造他的神能够负责,并终将承担一切:就在今世。

所以,我们这世界不是如莱布尼兹(1646~1716)设想的,"一切可能世界中最好的那个",肯定不是。相反,一如当年挪亚所见,洪水未到之先,它已经罪恶泛滥,到了不能再腐败的地步——再进一步,恶即化作无辜(tam),甚而时时假充神圣,装扮"福音"(苇叶,页79,90)。

一天,惊悚悬疑电影导演希区柯克(Alfred Hitchcock)偕友人驱车穿越瑞士。忽然他指着路旁,连声"恐怖"。友人看去,只见一黑衣牧师拉着一个小男孩说话,将手搭在他的小肩膀上了。导演把头探出车窗,朝男孩大叫:快跑啊,小孩,逃命哪!(道金斯,页318)

赞颂

如果三友人是上帝的辩护人,约伯便是控诉不公的原告。他的滔滔雄辩有两个高潮,一是以忠仆身份自辩,"我的申冤者永生,并且最终,他将站于尘世之上"(19:25);即坚信救主不会坐视好人受苦,终会"应诉"垂听冤屈。二是重申敬畏上帝,但不怕与之争讼:"我画押在此,请全能者回答。"(31:35)不过他也意识到,如此论理,除了耶和华既当被告又做判官的矛盾,还有一个弥合不了的诉讼能力差距:"凡人怎能向上帝称义?人如果硬要同他争讼,一千次指控,连一次也答不上。"(9:2,15以下)何况——

我纵然有理，也不敢主张哪，

只能哀求我的审判者开恩！

从前我呼唤他便应答，可现在

我不信，他还会垂听我的声音。

他为了一根头发就害我，

无缘无故一再摧残；

连喘一口气也不容许，

他让我吃尽苦头！

论力量，自然他是强者；

上公堂呢，谁又能传唤上帝？

即使能够称义，我的口仍会认罪；

尽管我操守清白，他照样判我堕落。

清白？清白我反而认不得自己了，

这种人生，我厌恶！

所以我要说，好人恶人

其实是一回事——他一概灭除！

天灾突发，无辜横死，他

却在嘲笑人的厄运。

当大地沦陷于恶人的淫威，

那蒙上判官们眼睛的，

如果不是他，是谁？

绝望之中，约伯转而质疑造物主未能明察案情，尽信约义务，抑恶扬善，区分有罪无辜（10:2 以下）：

>*我要上帝：先别定我的罪，*
>
>*告诉我，你指控我依据何在？*
>
>*难道虐待、唾弃了你的亲手所造，*
>
>*让恶人的诡计得逞，*
>
>*你才觉得是"好"？*
>
>*难道你也是肉长的一双眼，*
>
>*只看到凡夫所见？*
>
>*难道你的日子也有尽时，*
>
>*年岁与常人无异？*
>
>*所以你才刻意挑我的过失，*
>
>*追究这样那样的罪行——*
>
>*其实你一清二楚，我完全无辜；*
>
>*是呀，谁也逃不出你的掌心！*

　　这里，讽刺是双重的。上帝六天创世，心中认定而重复七遍的"好"字（tob，《创世记》1 章），变成了耶和华摧残亲手所造，让恶人诡计得逞的"好"。而这"好"字背后，则是天父全知这一古老信念的倾覆。常言道：人观外貌，神察内心（《撒母耳记上》16:7）。因为上帝审视的是人的内心，他才能主持公道，"申冤在我，我必报应"；才能应许做子民的庇佑，"唯有我，才是'他'，除我之外，别无他神。我杀我生，我伤我治，谁也逃不出我的掌心"（《申命记》

32:35，39）。可现在，那允诺不再可信。全能者在忠仆看来，像是还不及"凡夫"会判断好人清白；故而不如走下天庭，换上一副肉眼，入居受造者即亚当子孙中间，亲身见识人世的罪恶。

精神分析学家荣格由此申说，约伯大胆暗示，上帝可放弃神的尊位，进入"常人"的生活经验，体察苦难与不公，乃是近东宗教思想的一大突破。就其福音的启示而言，便是造物主作为祸福之源，理应也是天下一切苦乐的大承载者。历史地看，则指向了"言成肉身"，耶稣降世，加入被虐待唾弃的苦灵之人，担起他们的"考验"和屈辱，受难而成全救赎的伟大历程。

我的上帝，我的上帝，你为何抛弃我？ eloi eloi lema sabachthani ？忠仆在十字架上呻吟（《诗篇》22:1，《马可福音》15:34）。无辜者的苦难的价值，在于极像在天之主无辜，却承受了"创世之恶"（莘叶，页112）。

如此，好人受苦（如约伯、耶利米、耶稣）不仅是世人得救的必要条件，更是信仰的日常维护：正是通过忠仆蒙冤，上帝之名才得以继续被信从，公义才不至于败坏，而值得追求。受苦，因而是无辜者对施苦难的主的一次险胜；是迫使他"出空了自己，取一个奴隶形象，诞作众人的模样"（《腓力比书》2:7），下到罪恶之邦与我们同行。

愿约伯的名永受赞颂。

称福

若非三友人劝诫的是约伯，他们的报应论也就奏效了：好人

[佛兰芒] 佚名（1480）:《约伯记场景》

受苦连着至高者的奥秘，不应以冤屈论之。但那只不过意味着，对于思想者，信仰说服不了理性，须诉诸道德禁忌；或者用尼采（1844～1900）的话说，敬畏乃理性之自裁，是对道德的僭越。

为了避免僭越与自裁，论者往往将善恶报应纳入希腊化以后发展的教义，解作申冤不一定在现世，而属于死后的复活，永生及"永灭"（'abaddon, 26:6）。这样，忠信者遭难看似公义不彰，实乃准备加入永生之荣耀，如圣保罗点明："现时的苦难，比起那将来要在我们身上彰显的荣耀，是微不足道的。"（《罗马书》8:18）

可是约伯问的，并非将来进天国获永生的福恩——他"敬畏上帝，远离恶事"，从无指望末日复活的报偿——而是为什么，在这造物主宣称"非常之好"的世界，"恶人不死，反而颐养天年，势力嚣张"（21:7）；为何上帝全知全能，报应却难得及时，而好人须忍受不公，甚至陷于绝望？他是在质疑人神关系的根基，耶和华"报应有时"的承诺。其实，以利法也意识到了这一问题，所以他说（4:17 以下）：

> 凡人岂可对上帝称义，
>
> 在造物主面前，自以为洁？
>
> 看，上帝连自己的臣仆都不信赖，
>
> 天使身上，还要挑剔过失；
>
> 何况那些借泥屋栖居，
>
> 尘土所造，一碰就碎
>
> 蛾子般的人类！
>
> 晨昏之间他们就化为齑粉，

永远泯灭而没人察觉。

帐篷索子一抽便到了死期，

至死，他们仍无智无识。

这里，善恶报应不再是神的保证；它成了人的伦理守持，虽然是"一碰就碎／蛾子般的人类"。故此，好人受苦称福或"约伯福音"的要点，就不在称福者忏悔，苦尽甘来，而在他的沉默——那不受"信赖"的忠仆沉默了的道德意识：苦难不是别的，就是上帝的公义。

及至旋风蔽日，耶和华驾临，确认了亚当子孙的愚妄，人生之脆弱偶然，及那大智慧的威能无限——这时，人的道德法则、生命的价值和意义，一切的一切，当天父不予回答且人子无资格询问，在救主出离之后，都要由人自己去思索、探求、建设与维护，并立法为之称福。

眷顾

三友人同约伯辩论时有无邻人在场，经文未说。但有一个年轻人显然用心听了。因为辩论甫歇，他就愤愤然起身"略陈浅见"，将双方猛批一通；认为约伯不对，"把义归了自己而非上帝"，而三友人不智，"竟然置上帝于不公"（32:2-3）。

学界通说，艾力胡六章（32-37章）是后人编辑，插入约伯自白与耶和华训谕之间的一个文本单元，由若干片断组合而成。该单元词汇风格与前后文迥异，亚兰语表达增多，且情节突兀，如同第二十八章"智慧颂"，抽掉也不会影响叙事的节奏和完整。

艾力胡的发言，有帮传统教义做结论的意思。但总体上无甚新意，只是重复三友人的观点，强调因罪降罚，除恶有期。不过他也有一处发明：劫难或许看似"无缘无故"，却是全能者布置的儆戒，可以教人谦卑，预防罪孽（33:16-17）：

> 他悄悄打开无备的耳扉，
> 放进恐怖的幻觉！
> 为的是让人悬崖勒马，
> 剪除他心里的自大。

于是义人同恶人一样，也当了"罪的奴隶"（《罗马书》6:6），时刻处于触罪不洁的状态，无论向善与否。在此意义上，艾力胡是救赎论者，可看作后世基督教学说的先声。他的话稍嫌啰唆，又有点自负，盛气凌人，喜欢炫耀修辞技巧，是卫道士虚伪、褊狭的道德优越感的生动写照。

"但是，上帝用受苦来搭救受苦人，以灾难开启他的耳扉。"（36:15）此句呼应前文，暗示忠仆遭灾是一条救赎之路——受苦原来是蒙福的前兆，谢谢天父不忘考验！换言之，既然亚当后代人人有罪，来世便是玷污了的魂灵，如撒旦"推定"；那么约伯不好好反省，考验中不知悔改，"满脑子恶人的官司，纠缠于讼词和判决"（36:17），便是走了迷途。恰好暴露了他罹祸的原因，"生于女人，

[法] 多雷（1832~1883）:《海龙》

却还想称义"（15:14）。

艾力胡费了好大的劲驳斥四人，还朗诵了一篇颂辞，礼赞"上帝至大，超乎想象"（36:26）。可是，待到耶和华鸣雷降谕答复约伯，仅要三友人献了全燔祭（赎罪），却只字不提年轻人。仿佛后者的喋喋不休，正是所谓"心中自以为智"——不敬畏，也不受上帝眷顾（37:24）。

见证

> 不信，你看那河中巨兽，
> 当初我造你也造了他！
> ……
> 还有海龙！你能用鱼钩钓他，
> 拿绳子捆他的舌头？

旋风呼啸，神怪受造（40:15，25）——耶和华非但不理会约伯的申诉，反而以大力为知识，讥嘲好人，要他解释创世的奥秘并各种自然现象。约伯没有想到，天父绝口不谈自己承担的信约义务，即如何救助忠仆，却斥其"一味强辩"、"诘责上帝"（40:2）。他被问晕了，不敢回答——不能想象，"谁能给上帝传授知识，居高者皆归他审判"（21:22）。

然而耶和华仍不满意，他举出巨兽（behemoth）与海龙（liwyathan），"上帝的第一件杰构"（40:19），要约伯承认，相比之

下，人子的微不足道。这一双巨无霸，旧说指非洲河马、鳄鱼（如和合本、思高本），实为古代近东神话里象征混沌深渊的怪物，是创世神必须制伏的敌手（参较《诗篇》74:13，89:9以下）；也是救主发誓，在审判之日，公义最后胜利之时，他要打碎其脑袋的古蛇或戾龙（《以赛亚书》27:1）。

但是，末日到来之前，怪物却是上帝指定的海陆霸王，代表"创世之恶"对亚当子孙的塑造、训导及管辖。作为造物主最引以自豪的作品，又隐喻着至高者与脱胎于他形象的人之间，极遥远的距离和无从探知的奥秘。而且，因其注定要逃出深渊，荼毒生灵，挑战圣法，早早就做了"现世元首"撒旦的化身（《启示录》12:3以下）。

现世既已归属耶和华宠用的骄子，祸殃即如神恩浩荡，冲决一切道德藩篱。诚如耶稣谆谆教诲，"因为他让太阳升起，照恶人也照好人，降雨，亦不分义与不义……所以，你们必须达于完满，一如你们的天父完满"（《马太福音》5:45以下）。于是我们懂了，为何全能者施恩，决不以人的是非或律法为界；救主之公义，竟是接受并要求好人受苦，因为非如此不能维持子民对他的信从。但拯救，必定是抗拒创世之恶——脱去神的面具，人子也学会"出空自己"，忘却企盼而为哀痛所充盈，那样一种绝望中的"反创世"——犹如约伯，诅咒生日与母亲怀胎之夜。

受苦，因此是人世的定数，考验永无止息；而苦难之大，不可测量，因它源于天庭，是救恩在下界的唯一的见证。

触罪

果真你想推翻我的裁决，归罪于我，而自诩为义？

那旋舞着的云柱掷下雷霆（40:8），是要约伯明白，就耶和华的大力而论，亚当（人）不是创世的终极目的，也担不起那份责任。人虽被赋予理性、意志和智慧，却只是受造的一物；从天庭观之，跟归其"统治"的游鱼飞鸟走兽爬虫，地位是不相上下的。只因吃了智慧之树的果子，开眼知羞，才略略高出其他动物一头（《创世记》3章）：他可以给自己构建一座道德世界，能够运用自由意志，选择行善作恶。而道德的渊源，在造他的天父；具体说，便是上帝与完人挪亚并亚伯拉罕祖孙三代立约，为之赐福，而后，在西奈山授摩西的圣法。

约伯同三友人各执一词，争论再三，双方依据的都是圣法；即以人受之于神的伦理和罪罚观念，来抗议上帝不公，或为之辩护。但好人受苦、恶人享福，不免跟报应论的个体责任矛盾，让造物主陷入"道德困境"，危及人神关系的信约担保（hypostasis，《希伯来书》11:1）。诚然，圣法降世为子民界定善恶是非，指明了耶和华的拯救之道。那救恩的苦难之确证（elenchos），或上帝的创世宏图，却要留待摩西之后众先知的启示。因此，那"道德困境"一旦成立，当美神子"赌"赢天父，信约失效，其直接后果便是颠覆了传统教义，使忠信者迷惘，思想者不平。而这一切，早在万军之主的掌握之中。他按下狂飙，彰显大力，决意证成那因创世而起，至高者对受造之万物的绝对主权。

为此，耶和华才没有如忠仆祈求的，立刻消弭冤屈；相反，他褒扬海龙的神秘伟力，标举其超乎人类理性的地位。这么一来，便取消了约伯争讼问责的资格——看，人在天地间何其渺小又脆弱，而海龙却是救主的宠臣！无怪乎混乱不公、屠杀与奴役成了这世界的常态，如阳光雨露不可或缺——如上帝向他的受膏者（mashiah，七十士本：christos，"基督"）即征服巴比伦、打破子民囚牢的居鲁士大帝宣告（《以赛亚书》45:6 以下）：

> 我乃耶和华，别无他神。
>
> 光是我造，黑暗亦是，
>
> 福祉我赐，灾殃亦是，
>
> 我乃耶和华——成就一切。

"成就一切"，所以绝对豁免：圣法仅适用于人世，而不得溯及或约束天庭，因为全能者之主权超乎黑暗光明，乃是祸福之本源。这，就是那"搅动深渊如拌沸鼎"者所象征的绝对主权（41:14 以下）：

> 他勇力蓄于颈脖，
>
> 前行，有"恐惧"跳舞，
>
> 站起，则神灵战栗，
>
> 击碎浪涛，看他们畏缩一团！

约伯只好屈服，在豁免了信约义务的"无与伦比的蛮力"面前，承认无知——信不等于知，更不及义："是我，乱说我不懂的

事，那超乎我悟性的奇妙的一切。"(42:3)

这一次，是海龙让忠仆坐回炉灰，开始忏悔，口不触罪。

家产

尾声回到散文（42:7 以下），与楔子遥相呼应。评家多数不中意这"大团圆"的结局：以海龙压服约伯，听他道一声"忏悔"（niḥamti），耶和华便重新赐福，让忠仆苦尽甘来。多少有点画蛇添足，anticlimax，迹近好事者"虔诚的窜改"（布鲁姆，页 15）。

然而，那大抵是现代小说培养的审美趣味，不是古人的叙事传统和宗教理想。其实作者的深意，或约伯福音的要点，全在收尾的几笔。简洁有力，且出乎读者预料：上帝非但没有褒奖秉持传统教义的三友人，反而责其"蠢笨"，妄议救恩论争不力，"竟不如我的仆人约伯在理"（42:8）！从而肯定了思想者的激进立场，及他对报应论教条的批判（13:7 以下；格林伯，页 299）：

> 别想用谎言为上帝辩护，
>
> 以假话来替他开脱；
>
> 那样偏袒上帝，
>
> 自命为他的辩护人——不行！
>
> 等到他查明真相，有你们好看；
>
> 上帝，岂能当常人一样欺瞒？
>
> 他见你们私心偏倚，

必定会厉声谴责。

　　同理，开头约伯"充当好人"，骂妻子"蠢妇"，就是犯了卫道士式的褊狭自负；须破除信仰上的道德优越感，始能复归神恩。果然，悔过祈祷之后，天父加倍赐福，好人"又生了七子三女，长女取名鸽媛，次女桂君，幼女眼影。世上找不出一个女子，如约伯的女儿那般美丽"（42:13-15）。无疑，这也是对约伯妻敢于"赞美上帝"的嘉许，让她继续"同耶和华一起造人"。发妻或"约妻"生子（《玛拉基书》2:14），乃是忠仆苦尽甘来的一项必要条件，因他后半生攒起双倍的驼驴牛羊"大群仆役"，须有嫡子继承，才算"在上帝手里得福"。否则在古人眼里，等于挣来的家产"尽数给了外人——成了嘘气"（《传道书》6:2）。

　　虽然尾声未这么写，但可以推定，约伯妻是那"七子三女"的母亲。因为如果约伯休妻另娶，或纳妾求子，或"蠢妇"受了惩罚，作者不会不说明。若是救主降恩，让死去的儿女复活，经文也应载录。但显然，至高者不想用神迹来启迪世人；真信仰无须任何征兆的见证（《约翰福音》4:48）。

　　实际上，约伯之诅咒抗议、与友人激辩，多少是被妻子的话"开开眼睛"的结果。如今，耶和华说了忠仆"在理"，约伯便觉悟了：妻子的睿智、勇气和不信教条，独是一份神恩，"凭上帝佑助"。从此，他仿佛变了个人，不再随便讲谁是"蠢妇"了。并且特别宝爱三个女儿，尊重其意愿，乃至移易旧俗，让女儿同儿子一样继承家产（42:15）。

遗忘

可是苦尽甘来，家业兴旺，四世同堂，约伯真的幸福了吗？将心比心，只能说，他怕是无法蒙福而不哀伤的。除非他完全失忆，即忘记"无缘无故"遇害的儿女仆役，并禁止家人亲友以任何方式提及那场灾殃，以免唤醒了那遗忘的爱和痛——天下第一的好人，绝无不爱包括奴婢在内的"邻人"的道理（《利未记》19:18，《马太福音》22:39）。幸福，不是良知的瘫痪；那忘得了的，也不是爱。况且，假使他真能失忆，妻子跟众人都荒冢般的沉寂，日复一日，他又如何感受福恩的"加倍赐予"呢？

忘却苦难，须以立信为基础。或者说，大苦难中，唯有强烈而专一的信仰可以压抑痛楚，麻木感情，求得遗忘。信仰，因此是救恩秩序的第一也是末一道保障。若无信仰支撑，约伯的命途，大概就是"赞美上帝，死掉算了"。倚靠虔信，他才能选择失忆，将冤屈和不公掩埋；才能接受亲友的"安慰"、"同情"（42:11），把攫走的生命看作可以失而复得的产业："耶和华给的，耶和华拿去"，忘掉便是"得福"。

所以，尽管耶和华的忠仆自此陷于无边的哀痛，与妻子一道，他必须学会坚忍，"延岁一百四十"而不得速死，那名为"出空自己"的坚忍，"约伯之坚忍"（《雅各书》5:11）。同时，"大恶"治下，遗忘如花，又常使世人无备，极易受诱惑而堕落，反反复复，不汲取教训，辜负救主的期望。如此，信从上帝和追随撒旦，居然起作用的是同一条原理——遗忘。

哀哭

所以，忠信者要时刻警惕，待人莫自负。须知，是罪人便不可骄傲，更不能自命真理；此乃撒旦的使者百般折磨圣保罗的用意。而主对使徒说："我的恩于你足够了，大能在弱处才显得完满。"（《哥林多后书》12:9）

约伯坐下，可谓病弱至极。但真理和上帝，他两者皆无舍弃，如犹太哲人布伯所言。

那是因为，敬畏者只有承受着哀痛，才会谦卑立信，归于天父。而真理就在苦难之中，故撒旦之邦，神恩到处，每每忠仆受苦。

愿真理与思想者同在，当他的中保，替他辩护——传他的福音，伴他哀哭（16:18-21）。

二零一零年九月初稿，二零一一年八月定稿

艾尔曼（Bart Ehrman）：《上帝的难题》（*God's Problem: How the Bible Fails to Answer Our Most Important Question – Why We Suffer*），HarperOne，2008。

布鲁姆（Harold Bloom）：《去哪里寻求智慧》（*Where Shall Wisdom Be Found?*），Riverhead Books，2004。

道金斯（Richard Dawkins）：《上帝是错觉》（*The God Delusion*），Houghton Mifflin Co.，2006。

冯象：《宽宽信箱与出埃及记》，生活·读书·新知三联书店，2007。

冯象：《政法笔记》（附利未记），北京大学出版社，2011。

格林伯（Moshe Greenberg）：《约伯记》，载《圣经文学指引》（*The Literary*

Guide to the Bible），Robert Alter & Frank Kermode 编，哈佛大学出版社，1987。

纳德勒（Steven Nadler）：《一切可能世界中最好的那个》（*The Best of All Possible Worlds: A Story of Philosophers, God and Evil*），Farrar, Straus & Giroux，2008。

帕尔蒂丝（Ilana Pardes）：《圣经里的反传统：女性主义解读》（*Counter-traditions in the Bible: A Feminist Approach*），哈佛大学出版社，1992。

佩格尔思（Elaine Pagels）：《撒旦起源》（*The Origin of Satan: How Christians Demonized Jews, Pagans and Heretics*），Vintage，1995。

威利克（Jed Wyrick）：《论犹太、希腊与基督教传统中作者之确认与正典之形成》（*The Ascension of Authorship: Attribution and Canon Formation in Jewish, Hellenistic and Christian Traditions*），哈佛大学出版社，2004。

苇叶（Simone Weil）：《重力与神恩》（*Gravity and Grace*），Emma Crawford & Mario von der Ruhr 英译，Routledge Classics，2002。

杨周翰：《十七世纪英国文学》，第二版，北京大学出版社，1996。

《智慧书》，冯象译注，牛津大学出版社／香港，2008。

上帝什么性别

A 君惠览:

香港已经大热了吧,这儿还留着早春的寒意,海滩上刚出现遛狗的人。昨天散步,望见一条吃水挺深的渔舟,就想起上次你们姊妹俩来吃龙虾的情景。今年的会,恐怕还是来不了,真是抱歉,一拖再拖。这几年因为译经,连欧洲也不去了。而你知道,那些大教堂、寺院、城堡和羊皮纸抄本,是我多少年的朋友!

谢谢发来《时代论坛》的《摩西五经》书评。那是教会的刊物,文章写得蛮认真,但错了几处,待会儿再谈。先说你给神学院老师出的那道有趣的难题:"上帝造人,取的是他自己的形象,男人女人,都依照他的模样"(《创世记》1:27)。那么,上帝该是什么性别,是男是女?

传统的解释,造物主至大,超乎我们这个世界的时空,以至于不能用人类和自然界即"受造之物"的任何区别特征或分类法，例如眼耳口鼻和性别，来指认或定义。正统的犹太拉比连上帝的品性（神性）也很少讨论，因为那"奥秘之奥秘"不是人的理智和想象力可以把握的。耶和华至圣，为了和"异教邪神"划清界限，摩西十诫禁止塑造上帝的形象（《出埃及记》20:4）。根据这一诫命，犹太教和伊斯兰教都严禁塑造和叩拜偶像。但基督教在传布过程中对罗马帝国各民族的多神崇拜"陋习"有所妥协和利用，如把圣诞节定在罗马人祭祀的"太阳生日"，这项禁忌便松弛了。

所以你的难题，就经文而言，实际是问：人们通常对上帝的想象——画家笔下那位长髯飘拂、威严而仁慈的老者——是从何而来的？我想，这跟一些修辞性的称谓有关，例如称上帝为宇宙之"王"、子民之"父"、以色列的"丈夫"和"战士"。此外，以色列是古代近东的小民族，比起她的邻居，埃及、两河流域和小亚细亚的大帝国，文学发达得晚些。叙事元素和诗歌语汇，就有大量的借用，包括神话传说，特别是人格化的（anthropomorphic）神的形象与比喻。例如，用"右手"象征力量、胜利、拯救，便是古代近东文学的套喻。摩西举牧杖分芦海（七十士本：红海），以色列子民摆脱了法老追兵，这样歌唱耶和华："你以右手降示荣耀，以大能之手，摧毁你的仇家……以你胸中怒火，焚敌如烧秕糠；以你微微鼻息，使急流垒起高墙"（《出埃及记》15:6）。这跟迦南（古巴勒斯坦）文献中雷神巴力（ba`al，本义主）的形象，实在相去不远。巴力是耶和华的死敌，这层对立关系，也容易让人产生上帝像是男性神的联想。

不过，《圣经》原文对上帝的"性别暗示"并没有一边倒。这是因为希伯来语名词分阴阳两性，"上帝"（'elohim）虽然是阳性复数，耶和华的其他许多名号和委婉称呼，却是阴性，要用"她"来指示（人称代词，名词、动词和介词的后缀等）。诸如造物主的圣灵（ruah），降世时祥云落处或"神在"（shekinah）、摩西领受的圣法（torah）、义人寻求的大智慧（hokmah），都是阴性名词。故而经文里上帝的神迹和训谕，是常在"她"的语境里论说的。《诗篇》反复咏唱的耶和华对子民始终不渝的慈爱（hesed）与信实（'emunah），就一阳一阴，恰好彰显那永世救恩之和谐。因此从原文研习《圣经》，和阅读缺乏语法性别（即人称只表示自然性别）的语言的译本，如英文和中文《圣经》，感觉是很不一样的，性别指称要细腻、丰富得多。

那位老师的解释忽略了语言和阅读经验分析，是不奇怪的。他站在"牧灵"的角度，关注的第一是信仰即宗派信条而非知识。然而，信不等于知，更不及义；这本是耶稣的教导（见《宽宽信箱与出埃及记／天国的讽喻》），但教会的神学家往往混淆。那篇书评即是一例。

拙译介绍了《摩西五经》文本的"片断汇编假说"（documentary hypothesis），书评的作者表示不可信，我完全理解。他是旧神学的立场，犹如美国南方某些原教旨主义教派对达尔文进化论的态度。但是接着断言，那假说只是"个别学者"的看法，就踏出"牧灵"的园圃，撞了学术的硬墙。因为在西方，那假说是大学本科教材、圣经学参考书必定介绍的，学者著述更是汗牛充栋。学界公认的标准词典，《铁锚圣经大词典》的"Torah"（摩西五经）词条（卷六，页605-622），即明确支持"片断汇编假说"，并给出详细的证据。该词条的作者是《圣经》文本研究的权威傅利门（Richard Friedman）先生。可知假说决非过时的旧说，而是现代圣经学文本研究的起点。所以我说"迄今尚无更加合理而有说服力的替代理论"（译序《谁写了摩西五经》），这话不是我个人的意见，是学界的通说（参阅傅利门《圣经是谁写的》）。

而且，这假说不仅跨教派的学术译本介绍，如《新牛津注释版圣经》（2001），西方主流教会主持的学术译本也是认可的。例如罗马教会官方审定"学说无谬"（nihil obstat）的法语圣城本（*La Bible de Jerusalem*），在《摩西五经》的序言里就有公允的长篇讨论，并在经文注释中标出各个片断的起止衔接。圣城本一九五四年问世，经过两次全面修订，至一九九八年新版，已经译为英、西、意等多种西方语言，其学术地位之高、影响之巨，在现代西语译本中首屈一指。因此，书评作者对"文本片断假说"的不屑一顾，和西方教会译经的主流也是相悖的。

至于书评认为，拙译的插注列出希腊语七十士本的异文异读，而"遗忘"了死海古卷，有损"译本在校勘上的价值"，则是说外行话。

死海古卷出土于上世纪中叶，是圣经学领域开辟新纪元的考古发现。出土残卷的解读，对于我们了解公元前二世纪至耶稣时代（第一次犹太起义失败前）的犹太宗教思想和宗派组织，拉比犹太教与基督教兴起的历史背景，以及研究希伯来语《圣经》、伪经和异端文献，都有极高的价值。但是，残卷中《圣经》的篇章完整的不多，有些是亚兰语译本。因此对原文善本（传统本）的校勘，少数篇章除外（如《以赛亚书》、《诗篇》等），就远不如七十士本重要。这可以从拙译的底本，权威的斯图加特版希伯来语《圣经》（BHS）的校注中两者的悬殊比例看出。

译本做注，跟善本校勘是两码事，不可混为一谈。善本校勘的伟业，早有几代德国学者和以色列学者在做。有兴趣的读者，若想考察原文传世抄本和古译本中异文异读的全貌，应当研读他们的成果（BHS和希伯来大学《圣经》，HUB）。拙译的插注简短，通常不满一行。其涉及校勘处，只限于个别疑难语词的释义、笔误脱文的校补，并举出若干重要的异文异读，以使中文读者稍稍了解原文复杂的文本传统和各种可能的译法。《摩西五经》的古译本当中，七十士本不仅完整而且年代最早（公元前三世纪，出自埃及亚历山大城的犹太学者之手），在散居各地的犹太人中间曾广泛流传。更重要的是，希腊语《新约》的作者凡引用希伯来语《圣经》，皆用这个译本。七十士本因而成为基督教"旧约"的直接渊源，对教会教义产生深远的影响，至今仍是希腊东正教的正典。换言之，西文译经的伟大传统，乃是从七十士本发端的。故我以为，《圣经》汉译，为使读者明了《新约》语言和教义与希伯来语《圣经》的承继发展关系，七十士本中重要的异文异读，是首先需要指出并研究的。

因此，仅就译经而论，死海古卷的校注价值不能和七十士本相比。倒是残卷中不少异文与七十士本相近，颇可支持各国注家、译家对七十士本的重视。书评提到《出埃及记》1:5，"雅各膝下，子裔合计七十"，BHS 的校注，便只列出七十士本的"七十五"，不提死海古卷的相同说法。我的插注也只引七十士本，因为，雅各"七十五"子裔，亦是《新约 / 使徒行传》7:14 的说法。这层《新约》与七十士本的密切关系（见拙译《创世记》46:27 注），我以为正是包括教友在内的中文读者需要知道的关于《圣经》文本的基础知识。

最后，谈谈书评结尾那个令你觉得"刺耳"的问题：译经（或解读《圣经》）可否是"教会的专利"。

其实，这问题我在彭伦先生的采访里已大致说清楚了（见《宽宽信箱与出埃及记 / 神的灵与言》）。历史地看，回答只能是"不"。马丁·路德译经，新教崛起，宗旨之一就是要把《圣经》从罗马教会的垄断（即拉丁语通行本）下解放出来。这个所谓的"专利"，早在近五百年前就被新教运动宣告无效了。之后，藉着启蒙运动的理性之光，现代圣经学诞生于德国，便不是历史的偶然。

但是，今天我们讲《圣经》不能等同于基督教，基督徒是"圣书之民"中的一支，并不仅仅是承认历史、尊重学术。"二战"以来，鉴于纳粹屠犹的惨痛记忆和世界各地愈演愈烈的宗教与种族冲突，西方主流教会都致力于促进宗教和解、消弭种族歧视。故而都尊重犹太教和伊斯兰教对《圣经》的不同解读。犹太学者的《圣经》研究不必说了，在欧美大学早已是学术的中坚。伊斯兰教四部天经，穆圣传世的《古兰经》之外，还有《讨拉特》（tawrat，摩西五经）、《则逋尔》（zabur，大卫诗篇）、《引支勒》（injiil，耶稣福音或新约）。历代伊斯兰学者对天经的阐述，他们的学说，自然也是现代圣经学不可排斥的一个重要领域。

　　我给你讲一段逸闻。我在哈佛念书时，给两位导师当本科生"核心课"的助教，班生先生教乔叟，皮尔索先生讲"理查二世时代"。皮先生是英国人，自学成才，没拿过博士，口才超群，本科生里一大堆他的"粉丝"。理查二世朝（1377～1399）是英国中古文学的高峰，然而他第一堂课第一句话是这个：那时候，英国只是欧洲身边的"一池滞水"（backwater，喻闭塞）；而欧洲，又是那从阿富汗到西班牙，横跨三洲的伊斯兰文明身边的"一池滞水"。教室里静得能听见迟到的同学喘气。接着他一转身，黑板上刷刷几个大字"宗教改革"、"威克利夫"，便领我们一步步去了那个时代。威克利夫（John Wyclif，约1330～1384）是持唯实论的经院哲人，后世美称"宗教改革之启明星"，他反对的就是教会的《圣经》"专利"，他的战斗便是译经。"威克利夫本"（1380）是历史上第一部完整的英译《圣经》。为此他屡遭迫害，译本成为禁书，死后，遗体被挖出烧掉。就这样，开始了一场针对他的追随者的宗教迫害，连同以生命为代价（如廷代尔）的译经运动。面对如此血腥的历史教训，《圣经》在西方，当然不会是任何教会的"专利"了。因为如果是"专利"，即有哪一个教会，谁为正宗、谁是异端的严重问题，而一些地区的基督教教派之间有几百年的流血冲突，势如水火不能相容。理智的选择，便是拒绝并谴责这项只有中世纪教会才配享受的"专利"。

　　译经无关信仰。我这句话在中国听来仿佛激进，记者拿去做了采访记的标题；其实是西方学界和主流教会对译经的基本态度，是言论自由、宗教宽容、政教分离和公民教育世俗化等现代社会奉行的宪法原则和民主价值的具体展现。

[英] 佚名（1563）：《殉道记》插图（教会焚烧威克利夫遗骨）

你觉得"教会的专利"刺耳，我想根本的原因在此。

解放后，中文译经的班子从上海、北京退居香港，原是不得已的安排。香港虽然宗教环境相对宽松，毕竟缺乏良好的西学训练与研究条件，师资、生源、图书、出版、学术传统和思想交锋，比起内地和台湾都差一截，跟西方的学术前沿更是隔膜。和合本修订至今，拿出来的"新译本"（1993），尚不及一百年前传教士的水平。随着内地逐步开放、富裕而人才竞争加剧，这落差还会越来越大。我有个未必实际的想法：拙译在香港出版，或可小小地刺激一下香港的圣经学及相关研究。现在教会的专家也不否认，和合本等旧译"舛误太多，无文学地位"，便是进步的开端。将来的目标，应是加入全国学界的争鸣，即以整个中文世界为读者做学问，把香港变为中国学术的重镇之一。

也许，你刚从北京交流回来，有些切身的感受，会说：可是内地的大学那么腐败！是的，反过来看，这正是香港的求学者的幸运。但是，学术进步通常只在少数人的努力，学术前沿总是由少数优秀分子代表。决不能因为内地大学和学界现时的腐败，就掉以轻心，失去这历史的机遇。

[下略]

二零零七年四月

傅利门（Richard Friedman）：《圣经是谁写的》（*Who Wrote the Bible?*），Harper & Row，1987。

哈尔伯塔（Moshe Halbertal）：《圣书之民》（*People of the Book: Canon, Meaning, and Authority*），哈佛大学出版社，1997。

《铁锚圣经大词典》（*The Anchor Bible Dictionary*），David Freedman 主编，六卷，Doubleday，1992。

托夫（Emanuel Tov）：《犹大荒野出土文本所示文书实践及方式》（*Scribal Practices and Approaches Reflected in the Texts Found in the Judean Desert*），Brill，2004。

亚贝格等（Martin Abegg, Peter Flint & Eugene Ulrich）译注：《死海古卷圣经》（*The Dead Sea Scrolls Bible*），HarperSanFrancisco，1999。

唱一支锡安的歌

——《智慧书》译序

希伯来经文《约伯记》、《诗篇》、《箴言》、《传道书》与《雅歌》五篇，习称"智慧书"，又名"诗体书"。这后一个名称常引起读者的不解：翻开例如中文世界流行较广的和合本《圣经》(1919)，那里面的诗体书，遣词造句、情感表达之生硬苍白，哪像是诗？而且还一句黏一句，不分行——现代人心目中的诗，分行书写大概是第一要素，既指示韵律、朗诵节奏，又是一种视觉之美。

其实，和合本虽然舛误极多，格式却没错，是模仿其底本英语钦定本(1611)，而钦定本依循的是古代抄本的通例。诗不分行，原是古人的习惯；竹简丝绢、泥版纸草和鞣制的牛羊皮等书写材料，都不便宜，分行就太浪费了。所以在英美，据专家报告，那些念着钦定本长大的读者，也闹不清哪儿是诗，哪儿不是。当然，有几首是经文注明了的，不会搞错，如《出埃及记》十五章，摩西率

子民越芦海（七十士本：红海），摆脱法老追兵之后，向耶和华感恩的"凯旋之歌"；又如《申命记》三十二章，摩西传授律法已毕，为会众"高声吟诵"的"摩西之歌"。还有《诗篇》和《雅歌》，传统上一直用于唱诗礼拜，题记还标出曲牌或伴奏乐器，也是无疑问的。其余的篇章，就要读者凭自己的阅读经验来判断了。比如《约伯记》，楔子源自民间传说，标准的散文句式。但是第三章，因家破人亡而痛不欲生、沉默了七天七夜的约伯终于启齿，那一连串诅咒、哀号、质疑，排比句一泻千里，分明是诗的倾诉（3:3 以下）——

> 愿我出生的那一天灭亡，
> 连同报喜"怀了男胎"的那一夜！
> 愿那一天葬入幽冥，
> 上帝在上，永不看顾，
> 叫它照不见光亮。
> 愿它被冥冥的死影索回，
> 为沉沉乌云覆盖，
> 因白日蚀去而惊惶！

现在的西文译本，诗体部分大多分行了，并且在引言或脚注里说明。中文译本如联合圣经公会的现代本（1979）和新译本（实为和合本的修订本，1993）也是如此。然而，读者若仔细比较，就会发现译本之间颇不吻合，仿佛译者对诗体与散文的分野、诗行的长短、朗诵节奏等问题，各说各话，处处抵牾。怎么回事呢？读经须学习解经，而解经要进于译经才算得完满。一段经文，我们每个读者于熟读之际，都会在心里，往往还在口上，把它"译"为自己的思想。可是如果那思想的精确表述，离不开我们对其所取的文体形式包括修辞音韵的理解把握，那么，笼罩着经文诗歌的疑云就必须驱散。否则，解经便难以达于译经。

这片疑云，叫作希伯来诗律。

古人解经关注微言大义。串解经文，寓言比附，是连一词一音的异同跟近似都不肯放过的，却极少论及诗律。大约圣经诗律的知识，很早就逸亡了。直到十八世纪中叶，才有英国教士提出，经文诗句常呈现一种上下平行的对应关系，可做探讨诗律的起点。但响应者寥寥。二十世纪下半叶，近东考古和古文献整理日新月异，受文学理论同古代近东语言比较诗学的刺激，西方圣经学界才开始深入研究希伯来诗律，渐次形成几点共识（《犹太大百科》卷七，"希伯来诗律"条）。

一般认为，圣经诗律的基础特征，既非押韵（头韵尾韵），也不是长短或轻重音节交替而成的音步。希伯来诗歌讲究押韵和音步，是犹太人丧失家园"大流散"之后——从亚历山大城、巴比伦到罗马、拜占庭，到中世纪的西班牙、普罗旺斯——诗歌创作与各国文学交融的结果。若以欧洲或中国诗律的历史比照，希伯来诗歌似乎走了相反的路线：从一开始（即圣经时代）便取了无韵而灵活的"自由体"，用以驾驭生动有力的口语节奏，独具一格，甚而非常"现代"。精致的韵脚、规整的音节或字数之类让诗人展现技巧的格律"镣铐"，在希伯来诗史上，反而是后起的"传统"装饰。这古老的自由体的基本单元是短句（verset）。通常以两三个短句表达一个完整的意思，每一短句两到三个重音。上下短句的音节数可多可少，不求一律，并受重音约制，形成大致相等或长短有序的诗行；有时也用四个以上短句衔接、排比或交织，容纳复杂句式。短句之间，则在语义（同义、反义、引申等）、句式和重音节奏三个层面建立平行对应的关系，并辅之以一系列修辞手段，如词根谐音、头韵尾韵、双关、套喻和字母藏头（句首或阕首字母连缀），演化出丰富多彩的变体。现代译者确定诗体经文，将之分行划阕的主要依据，便是这短句的平行对应。希伯来诗律权威赫鲁肖夫斯基曾以上文提及的"摩西之歌"开头两节为例说明（《申命记》32:1-2，同一节内短句顺序以 abcd 表示，大写字母＝重读元音）：

原文（拉丁字母转写）：

(1a) ha'azInu ｜ hashshamAyim ｜ we'aḏabbErah（三重音）

(1b) wethishmA` ｜ ha'Arez ｜ 'imre-pI

(2a) ya`arOph ｜ kammaṯAr ｜ liqhI（三重音）

(2b) tizzAl ｜ kaṭṭAl ｜ 'imrathI

(2c) kis`irIm ｜ `ale-ḏEshe'（二重音）

(2d) weḵirḇiḇIm ｜ `ale-`Eseḇ

中文直译：

(1a) [请] 侧耳｜诸天（阳性复数）｜[当] 我要说

(1b) [让她] 听｜大地（阴性单数）｜我口 [中] 话（宾语）

(2a) [愿] 降下｜如雨｜我的教导

［英］所罗门（1840~1905）：《巴比伦》

（2b）［愿］滴落｜如露｜我的话（主语）

（2c）如细雨｜在嫩草上

（2d）又如大雨｜在青草上

参较英语钦定本：

（1a）Give ear, O ye heavens, and I will speak,

（1b）and hear, O earth, the words of my mouth.

（2a）My doctrine shall drop as the rain,

（2b）my speech shall distil as the dew,

（2c）as the small rain upon the tender herb,

（2d）and as the showers upon the grass.

简析：原文六个短句成三对，前两对是 3＋3 重音配置，后一对（因省略动词）转为 2＋2 重音。三对皆上下平行：名词对名词，句中位置相同，"诸天／大地"（1ab），"教导／话"，"雨／露"（2ab），"细雨／大雨"，"嫩草／青草"（2cd）；动词对动词，按希伯来句法置于句首，"侧耳／听"（1ab），"降下／滴落"（2ab）。但也有变化，"我要说"（1a）与"我口［中］话"（1b）义近而词性不同（"我"在原文里是后缀），一是动词，一为名词作宾语。后者紧接着又变为主语"我的话"（2b）对"我的教导"（2a）；同时以"雨／露"（2abcd）设明喻，上接"天／地"（1ab），六短句一气呵成。向天地呼吁，本是先知诗的起首程式或套话（见《以赛亚书》1:2）。然而摩西将上帝启示的教导比作雨露，那套话就带了"劲儿"，凸显了他要天地倾听而作证的实义。拙译如下：

苍天哪，请听我说，

大地呀，请容我言！

愿我的教导沐人如雨，

愿我的话语润物如露，

如嫩草甘霖，又如绿茵新澍。

当然，这是挑"典型案例"分析。经文中大部分的诗句，没有那样规整乃至"同义反复"，否则就未免单调了（详见下文）。此外，还需指出一点：语义、句式和重音节奏的平行对应，并非二重音与三重音短句独有的现象。这三种对应关系在三个以上重音的短句或数个短句群之间，也会出现，同样也能变化节律，恰到好处地利用修辞。例如《创世记》九章，挪亚率家人与鸟兽蛇虫乘方舟避过大洪水，献全燔祭谢恩。上帝大喜，为之祝福，与众生指虹立约，道（9:13 以下）：

> 看哪，我把战弓（qesheth，解释彩虹来历）挂上云端，做我跟大地立约的标记。每当我在天空铺开云朵，看见彩虹（直译：弓，下同）展现云端，就会想起我同你们，同一切生灵的誓约；那洪水滔天灭绝苍生的灾难，就再不会重演。每当云端飞下彩虹，我看见它就会想到，上帝与大地芸芸众生之间，那万世不移的誓约。

这是耶和华的允诺，语气庄严，节奏平缓，短句比前例"摩西之歌"稍长，一般就从惯例译作散文。但如果按拙译的标点，以短句分行成"诗"，又可见排比句式和工整的语词对应。

验之于上述诗律，这一类较长的语句或复杂句式中的排比对应如何区分归类，便戳着了理论的"软肋"。原先哈佛有一位讲授《圣经》的库格尔先生（去年移居以色列了），他考察过圣经诗的源流，认为，以色列的先知作为诗人，并不遵从一种欧洲式的能够将诗与散文截然分开的格律。相反，他们传世的经文，从律法神谕、历史

[法] 杰罗姆 (1824~1904):《耶路撒冷哭墙》

故事到庙堂颂歌，在语句的基本节奏和修辞特征上是统一的，即贯串了一条讲求平行对应但无明确文体分野的修辞节律"连续体"（continuum）。其一端是不太规整、自由铺叙的散文，另一端则是平行对应的短句，即今人所谓"诗"。而经文里不少段落处在中间过渡地带，读作／译成散文或诗体均可，恰好证明了那修辞节律的灵活与包容力，亦即圣经诗的"开放性"。库先生的"解构"触动了平行短句这一圣经诗律的基石。一九八一年，他的《圣经诗理》问世，学界一片哗然，争鸣至今未息。有趣的是，不久前犹太诗人罗森堡作《亚伯拉罕传》（2006），把圣祖在基拉尔称妻为妹、以实玛利、缚子献祭三个散文故事（《创世记》二十至二十二章）通通译成诗体，不啻那"解构"理论的一次大胆实践。罗氏曾与耶鲁的布鲁姆先生合著《J 之书》（1990），挑战《摩西五经》文本学说的主流（参见拙译《摩西五经／译序》），是造诣颇高的圣经学家。

就这样，希伯来诗律的探讨刚画好轮廓，又擦模糊了。但是通过争论和译经实践，经文节律的复杂性得到揭示，促进了圣经诗学的发展。该领域一项重要的开拓，便是加州大学伯克莱分校奥特教授关于平行短句的"语义增强"说。如前例所示，上下短句的对应离不开同义词和近义词。但同义反复除非可以营造风格或实现特定修辞目的，极易堆砌概念，是败笔，素来为诗家所诟病。然而，奥氏检索了诗体经文后发现，上下短句可归于同义表达的不到总数的四分之一，且下句在语义、句式或节奏上总有微妙的变化：或以特指对泛称，或用转喻对明言。一般论者所谓下句对上句的"同义反复"，实际大多属于递进、转折、聚焦而增强的关系，使得短句之间

蕴涵一种"叙事冲动"或诗意的张力。例如《诗篇》之六,开头三
个对句(拙译):

(1a) 耶和华啊,请不要生气谴责我,

(1b) 不要震怒而降罚。

(2a) 求你怜悯,耶和华,我实在虚弱,

(2b) 求你医治,我骨头打颤,耶和华!

(3a) 我的灵战栗不能自已,

(3b) 可是你,耶和华啊——还等几时?

读者多念两遍,即会发觉,下句的同义表达皆比上句要强烈
或具体:"震怒而降罚"(1b) 重于"生气谴责"(1a),"医治"、
"骨头打颤"(2b) 要比"怜悯"、"虚弱"(2a) 具体;而"我的灵
(naphshi,本义气、喉,转指性命、整个人)战栗"(3a) 又比"我
骨头打颤"更为痛苦。同时,以"我的灵"(即性命)对"耶和华"
(赐生命的主,3b),向上帝祷告,则是委婉而迫切地祈求那应允了
的拯救快快到来。如此,三对句首尾呼应,环环相扣,自成一阕。

不过这"语义增强"说也有它的局限,主要因为我们对圣经时
代的诗歌创作、语言习惯和历史环境还了解不透彻。有些经常成对
使用的同义词,如"生气/震怒"、"谴责/降罚",恐怕不能说是诗
人的创意或风格,而更像是日常祷词的套话(参较《诗篇》38:1 的
重复)。套话套喻(kenning)等固定词组是口传文学的特点,也是
歌手即兴演唱、圣人布道讲经须熟练掌握的技法。我想,由此出发

研究希伯来诗律，应能推动圣经诗学，甚至令一些传统译法有重新斟酌之必要——让解经进于译经。

　　无独有偶，二十世纪的《圣经》汉译，也有一个探寻诗律或译文的文体形式的难题。我在别处谈过，旧译的误译漏译、病语病句、尴尬译名，根子在主持译经的十九世纪传教士身上（详见《宽宽信箱与出埃及记》，生活·读书·新知三联书店，2007）。但就文体风格与诗律而论，则旧译除开人才不济，还有"生不逢时"之叹。

　　旧译分文言（深浅文理）、白话两类。白话译本以和合本成就最高，对后来的思高本（1968）、吕振中本（1970）等皆有显著的影响，特别是语汇句式。但其诗体书如《诗篇》假使分行排印，读者恐怕也感觉不到多少短句节律和诗意。穿插在散文叙事部分如《摩西五经》里的诗歌，就更无风格可言。这是因为和合本是传教士生造的"洋泾浜"白话，既未吸取口语的养分，又不幸被"五四"开始的新诗和欧化文体抛离——后者的成熟，要等到上世纪下半叶西方文学与哲学翻译大大丰富了中文词汇和句法表现力之后。文言译本现在少有人读了，虽然传教士译经在西方学界算是个热点。清末民初，文言传统已走到末路。旧体诗固然不乏咏怀明志之作，但多数是书斋里的风雅玩物；若想用它来承载荒野先知、西洋宗教的思想智慧和博大感情，未免捉襟见肘。所以文言译经即便请到吴经熊博士那样有修养有热忱的才子，也只是昙花一现，难以为继了。

　　我举一个简单的例子：《诗篇》以"福"（'ashrey）字起头，然后一连五个短句对应转折，引出"耶和华之法"这一义人安身立命的根基。兹以和合本、吴经熊《圣咏译义》（1946）分别代表白话同文言旧译，参较钦定本和拙译（按照原文句式与短句顺序），如下：

和合本：

（1a）不从恶人的计谋，（1b）不站罪人的道路，（1c）不坐亵慢人的座位，

（2a）惟喜爱耶和华的律法，（2b）昼夜思想，（1a）这人便为有福。

吴译：

（1a）长乐唯君子，为善百祥集。不偕无道行，（1b）耻与群小立。

（1c）避彼轻慢徒，不屑与同席。（2a）优游圣道中，（2b）涵咏彻朝夕。

钦定本（原文无括号内的系词）：

（1a）Blessed (is) the man that walketh not in the counsel of the ungodly,

（1b）nor standeth in the way of sinners,

（1c）nor sitteth in the seat of the scornful;

（2a）But his delight (is) in the law of the Lord,

（2b）and in his law doth he meditate day and night.

拙译：

福哉！人若不依从恶人诡计，

不踏足罪人的路，

不和讥诮中伤的同席，

而把欢愉交给耶和华之法——

那法啊，他日夜诵习！

　　和合本除了病语"站罪人的道路"（1b，动宾搭配不当）和误译漏译，"诵习／沉吟"误作"思想"（钦定本"meditate"不确），脱宾语"法"（2b），还颠倒了原文句式，将用来开篇而别具深意的"福"字移至长句（第二节）末尾，以致文气中断，五个短句变得拖沓、笨拙。

　　吴译温雅华丽，却囿于五言诗的传统句法，无力表现其底本（英语和法语天主教译本）的复杂句式，只能大意译之。为了凑韵，又不得不填入赘语。于是一个"福"字变出两句不相干的中国老话，"长乐唯君子，为善百祥集"（1a），反而比和合本的白话还冗长。原文短句递进转折的张力也不见了。"恶人"、"罪人"脱去宗教意味，化为"无道"与"群小"（1ab）；"讥诮中伤"误作"轻慢"（1c）；而希伯来经文的核心概念之一"耶和华之法"则成了含混不清的"圣道"（2a）。

　　《诗篇》第一首是全篇的序，或"锡安之歌"的门（用希伯来语的说法）。才进门，已是这番窘相，旧译的失误和教训就很值得我们记取了。千头万绪，往大处着眼，我想可以这么总结：虽然表达始于理解，但满足于生造的病语病句或束缚于旧诗格律而跟充满活力的口语脱节，表达不善，也可能导致误读、障蔽知识。解经、译经因此是相辅相成的；两者都是语言能力的挑战与思想境界的攀登。

语言是思想的外壳；语言能力即领会、分析、想象并描摹人的思想感情的能力。如此，诗律的真正的渊源乃是思想感情的自然节律。倘若诗律不再同思想隔绝，短句的对应不单是技巧，修辞不复是纯粹的意象音韵与辞藻句式的选择，诗，也就成为必须准确表达了才能完整理解的历史和永生的智慧之启示。

在此意义上，译经，乃是把历史交还真理，信仰立于苦难，记忆存于哀痛。唯有这样，我们才能真切而同情地领会古人的思想，领悟圣书的教导；才能去到圣者中间，分享他们的喜悦，分担他们的悲伤——圣殿焚毁，子民为奴，掳去异邦，耶路撒冷听凭仇敌践踏洗劫——才能像他们一样，在我们自己的巴比伦河畔坐下，抚慰一颗颗眷恋锡安的心，唱出"耶和华的歌"（《诗篇》之百三十七）：

> *在巴比伦河畔*
>
> *我们坐下，想起她*
>
> *想起她，就止不住泪，啊锡安！*
>
> *岸畔的杨柳*
>
> *挂起我们的琴，*
>
> *因为监工想听个曲儿，*
>
> *那些掳掠我们的人要取乐：*
>
> *来，给我们唱一支锡安的歌！*

啊，沦落于异国，

叫我们如何唱耶和华的歌？

若是我忘了你，耶路撒冷，

愿我的右手萎缩！

愿我的舌头黏在上腭，

若是我没有思念你，

没有眷恋着耶路撒冷，

胜似我最大的欢愉！

耶和华啊，求你记住红族的子裔，

耶路撒冷蒙难的那天，

他们吼叫：把她剥光，剥光，

剥到她的地基！

啊，巴比伦的女儿，你在劫难逃！

幸福，属于那一报还一报

替我们复仇的人；

愿他蒙福，抓起你的婴孩

往岩石上狠狠地摔！

二零零八年一月

奥特（Robert Alter）：《圣经诗歌艺术》（*The Art of Biblical Poetry*），Basic Books，1985。

龚克尔（Hermann Gunkel）：《诗篇：类型批评导论》（*Psalms: A Form-Critical Introduction*），T.M. Horner 英译，Fortress Press，1967。

赫鲁肖夫斯基（Benjamin Hrushovski）：《论希伯来诗律》（*Note on the Systems of Hebrew Versification*），载《古今希伯来诗选》（*Hebrew Verse*），加尔密编，企鹅丛书，1981。

库格尔（James Kugel）：《圣经诗理》（*The Idea of Biblical Poetry: Parallelism and Its History*），耶鲁大学出版社，1981。

天　光

——《智慧书》前言

　　前言其实是后记，依我的习惯。一本书写好，修改完毕，连同附录献辞参考书目，大功告成，可以交稿了；再回头想想，有什么需要向读者和友人交代、感谢的？一二三四，便是前言。今晚，正是这样一个愉快的回顾的时刻。

　　按常规，仿佛还缺一长文，讨论《智慧书》的历史背景同结构内容。然而，这五篇经文的渊源旨趣、思想关怀差异极大：《诗篇》是圣殿祭祀，子民礼拜，忏悔感恩的颂诗哀歌等等的总集，约有一半归在大卫王名下。《雅歌》虽然题为"属所罗门"，却更像民间情歌或婚礼上的唱和之曲，也有人认为取材于初民春祭的颂神诗。《约伯记》（传统上归摩西）、《箴言》与《传道书》（均托名所罗门），才是严格意义上的"智慧文学"，承接的是古埃及、苏美尔/巴比伦和迦南的悠长的智慧传统。但它们的风格、哲理与教义又各不相同，难以放一块儿讨论。倘若分别作文章探赜索隐，似乎又超出了本书的体例和目的。毕竟，译本不是论著，译者的主要任务并非立一家之言。相反，正因为译文不可避免是一番"再创作"，译者就要十分注意为读者留余地，而不应越俎代庖，替他读书下论断，尤其像《圣经》这样蕴涵了无穷教导和启示的经典。这也是拙译的插注一般不涉及神学诠解，不追求微言大义的理由之一。

于是，想到一个化整为零的办法，原先用过（见拙著《玻璃岛：亚瑟与我三千年》，生活·读书·新知三联书店，2003）。就是作一份"释名"，为五篇经文和其中重要的人物神明、部族城镇、动物植物，以及相关圣经学术语，做一扼要的介绍。置于附录，供读者随时查阅，"链接"浏览。如此，"译序"即可聚焦一个题目，而不必面面俱到了。题目我选的是希伯来诗律，因为《智慧书》乃是《圣经》诗歌艺术的明珠，对西方文学影响至巨。原文格律修辞等语言手段作为思想的载体，对于译家，正是他的译文力图再现、转换而"再创作"的一个个文体元素；对于译本的读者，则是为完整准确地理解经文所必不可少的基础知识。而《圣经》的中文旧译，无论文言白话，错漏最多、笔力最弱的部分，恰在诗体的章节。这里面，是有好些经验教训值得我们研究的。

《智慧书》五篇，传世抄本讹误较多，远不如《摩西五经》整齐。部分段落顺序衔接紊乱（如《约伯记》二十四至二十七章），断句训读，历代注家歧见纷纭。故拙译在底本德国斯图加特版传统本（BHS，1997）之外，参照引用的原文抄本（如死海古卷）和古译本

（如希腊语七十士本、亚兰语译本、古叙利亚语译本、拉丁语通行本）的异文异读，也大大增加，详见各篇插注与释名。插注中，"原文"指 BHS 编者校订的经文善本，即圣彼得堡公共图书馆藏列宁格勒抄本（codex leningradensis）；"另读"则指该抄本页边所录经师附注（masorah），或编者脚注列出的传统读法。

译文的体例，包括插注、原文的拉丁字母转写，一如《摩西五经》（牛津大学／香港，2006），此处不赘。仅说明三点，因为常有读者电邮问起。第一，经文原本不分章节（亦无现代标点），至欧洲文艺复兴，十六世纪中叶才开始划分，渐成定例。但这一套章节设计与经文的叙事、诗句的起止，往往并不吻合；不乏一句话断为二节，一首短诗横跨两章的情况。所以章节只是方便检索引证的一个系统，跟如何诵读或理解经文未必相关。这是读者须了解的。此外，传统本的分章与拉丁语通行本略有出入。因为英语钦定本的章节跟从通行本，而中文旧译如和合本又以钦定本为底本，故而凡通行本与传统本分章不一致处，插注中都标明了，俾便熟悉和合本章节的读者对照。

第二，同样，译本里散文的段落，诗歌分行划阕，加标题，也是现代译经的惯例，非原文即古代抄本的原样。为的是便利阅读；在一定程度上，也是译家根据自己的理解判断而做的文体选择（详见译序）。

第三，希伯来经文中以色列子民的唯一神（'elohim），汉译有"天主""上帝"之分野。原是十九世纪传教士不智而搭的藩篱，不仅加剧了教派对立，还阻碍经文合一运动，实为历史的遗憾。而在他们自己的拉丁语和母语译本里，却只有一个诸派共尊的大写的名：Deus-Dio-Dieu-Gott-God。我是"非教徒"、"无党派"的"统战对象"，对于这译名的分歧并无任何偏向。可是译经只能采取其一，没法兼顾；若自创新名，又不符合约定俗成的原则，徒增混乱，委屈读者。而简单直译作"神"也不好，易与异教神或泛指的神祇混淆。所以就随汉语学界的大流，用了"上帝"。读者若愿意，读作"天主"也行，音节相当，应无大碍。

《摩西五经》问世以来，蒙读者包括许多教友的厚爱，来信鼓励或提出意见建议，还有专家学者著文评论，在此一并深表谢忱。现在《智慧书》将要付梓，最大的希望，便是继续领受读者诸君的指教——网络时代的写作，有个前人想象不到的好处：能够几乎是即时地获得反馈，隔着十二三个时区。

译经，在智慧的"传道人"（qoheleth）看来，恐怕也是太阳下无休止的一种"辛劳"，或上帝派给人子的"苦活"（《传道书》1:13）。然而人生幸福，却在那份"苦活"日积月累的所得，可以同无数人分享。这一点，我常得益于内子的提醒。我在西文典籍和学术话语里沉浸久了，容易忘记中文世界的读者的知识需求、阅读心理或可能有的困难。她的批阅、提问，总是站在普通读者的立场上，要求修改或解答，让我对学院派的玄谈和上不了口的"文绉绉"辞藻，时刻保持着警惕。

我以这本书纪念卢兄，我的哈尼阿哥。"伐木丁丁，鸟鸣嘤嘤"；每当我乘着经文诗句的翅膀，飞入希伯来智慧的明光，我就离他的大森林近了一程；就又一次回返往日，坐于他的火塘，端起新米的纯酿，聆听一颗超越民族疆界和宗教信仰的宽仁之心的吟咏。

而且我知道，从他祖宗的圣山，他能望见，四面八方汇拢到我笔下，

这一片漫漫黑地里"渴求天光"的众灵。

二零零八年一月

上帝的灵，在大水之上盘旋

　　岁末大雪。友人 W 君转来韩南教授一篇论文，谈英人麦都思（W.H. Medhurst，1796 ~ 1857）来华传教，王昌桂、王韬父子协助译经之事。这题目，韩先生前些年在哥大讲过，故早有耳闻。现在译成中文，让中国同道评价，他一定很高兴了。记得八十年代中，韩先生接手主持哈佛燕京学社，开派对，跟他聊天。他轻声道，我们差点儿做了同行呢。原来他大学一开始念的是中世纪文学，后来兴趣转移，才学汉语，到北京进修。他是钱锺书先生夸过的功力深厚的"老派汉学家"——二十春秋，白驹过隙，他已荣休多时了。

　　英美传教士的汉译《圣经》，我原先不太留意，虽然早知其中舛错不少。这几年因为译经，才顺带考察了旧译的"病理机制"，写了一组文章，收在《宽宽信箱与出埃及记》。论西学，那些传教士大抵算不上专家，中文则依靠助手（如王昌桂父子）润色。但马礼逊 /

米怜《神天圣书》（1823）以降，一百年间，为传扬上帝之言你追我赶，从"深浅文理"到蓝青官话，终于留下一部"国语和合本"《新旧约全书》（1919）；居然二十世纪国人自己林林总总的译本，包括对和合本的修订（如新译本，1993），无一可与之比肩。这在世界各大民族的译经史上，恐怕是绝无仅有的。

更重要的是，和合本的语汇句式，连同误译漏译、病语病句，还渗透了之后几乎所有的白话旧译。然而，和合本的底本并非原文善本，而是传教士的母语英文钦定本（King James Version，1611，修订版1885）。于是国人长期以来学习、引用、讨论的《圣经》，在很大程度上，其实是钦定本落在中国的一道影子。钦定本对原文独具风格的处理，通过传教士的解读与"再创作"，便构成了《圣经》在中文世界流布而言说的基本语义框架和引申诠释的基础。

如此，欲读懂和合本等中文旧译，就必须研究钦定本。国内教会发行的《圣经》当中，有一种不错的和合本／钦定本汉英对照版，便是出于这一考虑。

但是，钦定本不容易读。一方面，它是"英语散文最崇高的纪念碑"，对于不谙莎士比亚时代至十七世纪文学的人，委实难免"七月流火"误读误译。另一方面，作为译本，以现代学术成果观之，它又白璧微瑕，译名译法有时不甚准确。主要因为它在学术及文学鹄的之外，还承担了一项政治妥协的重任，即结束自宗教改革先驱威克利夫译经开始，持续了两个多世纪的教派纷争和流血冲突。英王詹姆士一世组织五十四位圣公会与清教徒学者合作译经，第一个目标，便是想借助新译本的权威来稳定国内局势，抵御罗马教会的干涉。钦定本的前言（史密斯主教撰）说得明白：译者无意另起炉灶，宁愿以修订者自居，力图博采众长而成就一精良之译本。所以原则上，以圣公会的主教本（1568）为基础，对照希伯来语和希腊语经文，尽量直译；同时参照"英语圣经之父"廷代尔的《新约》（1525）和《摩西五经》（1530）等五种十六世纪英译，择善而从。不过译经班子的讨论记录表明，修订过程中还广泛参考了外语译本，尤其是译者们熟悉的拉丁语通行本，尽管那是国王与新教诸派的共同敌人即罗马教会的标准经文。因此，钦定本虽是新教译本，就遣词造句而言，还真有超越时代的"跨教派"的气度（包伯里克，页245）。

钦定本这一基本直译的方针、调和折中的立场和拉丁语的影响，糅合一起，便营造了一种庄严浑厚的风格和徐缓的行文节奏，能够容纳对原文句式和修辞表达的摹仿；而为了典雅委婉，动词就往往弱化了，舍其本义而取感情色彩平淡柔和或"中性"的义项。当时有一位大律师塞尔登（John Selden，1584～1654），人称"活图书馆"，是精研古代近东宗教和犹太律法的大学问家。他说，钦定本好是好；只是希伯来经文这么逐字直译而不照顾英语的表达习惯，饱学之士或许不以为忤（反正他可以读原文），却难为了普通人。这话严厉了一点——据说教士们都怕跟他辩论神学，因为总是被他引经据典驳得哑口无言，"如同腰里扎进一根刺"（见杨周翰，页263注引奥伯利《小传》）——却也道出了钦定本的艰深。

按照塞尔登的看法，和合本的传教士译者大约也得归于"普通人"一档。因为《圣经》开篇，第一句话，他们就没能译对。说来

英国传教士马礼逊和助手在译经

确实令人难以置信；让我翻开钦定本，取和合本对照，略作分析如下（《创世记》1:1-2，原文无方括号内系词）：

（1）In the beginning God created the heaven and the earth.

（2）The earth was without form, and void; and darkness [was] upon the face of the deep. And the Spirit of God moved upon the face of the waters.

（1）起初，神创造天地。

（2）地是空虚混沌，渊面黑暗，神的灵运行在水面上。

乍一看，和合本似乎还过得去。但细读钦定本，再查阅原文，则除了"神创造天地"一句，其余都有问题。

首先，"起初"逻辑不通，应作"太初"，以示上帝创世为这个宇宙的绝对开端，时间之起点；乃是"一旦发生，即不可逆转、改变或取消的世间万物之因"。"起初"则有歧义，暗示上帝创世"起先如何，后来怎样"，使得"绝对开端"和"万物之因"的教义学说不能成立（详见《宽宽信箱与出埃及记/哪怕摩西再世》）。这道理传教士不会不懂，或许是一时疏忽。因为和合本《约翰福音》起头"太初有道"，那"太初"（en arche）二字，便出自《新约》作者常引用的《创世记》希腊语七十士本；同一词组，和合本两处译文竟忘了统一。顺便指出，（太初有）"道"不妥，易混淆，应作"言"（logos，钦定本：word）。参较《约翰福音》14:5，门徒"双胞胎"托马问"道"（hodos，喻前进方向），耶稣答：我就是那"道"（hodos），是真理和生命。"道"与"言"在福音书里是完全不同的概念。这两个重要术语，涉及希腊化时期犹太思想的梳理和基督教解经传统，将来另文讨论。

"地是空虚混沌"，以"空虚混沌"作表语指大地的性质状态，不妥。原文叠韵：tohu wabohu，意为无序混乱、荒凉空茫。"地"虽是主语，实际上还未成形或存在；上帝眼底，只有滔滔洪水的深渊（tehom，谐音 tohu）和笼罩一切的黑暗。所以钦定本作：without form, and void，参较犹太社本（1985）：unformed and void，新修订标准本（1990）：a formless void。皆强调大地"无形"而"一片混沌"，是准确有力的译法。这一点，被和合本译者忽略了。

"渊面黑暗"则属误译，仿佛黑暗的仅仅是深渊表面。原文直译：黑暗在深渊上面，即"黑暗笼罩深渊"（拙译）。"面"本义"脸"（paneh），但此处是带了介词（`al，之上）的虚指，连读作 `alpne，功能如一介词短语，意为某物之上，并无指示或形容"脸"的实意。希伯来语的这一用法，恰好与汉语相同：上面、前面、后面之"面"是虚指（作方位后缀）。钦定本用四个词（upon the face of）直译，是为了延缓句子节奏，给经文添一笔浓郁的"希伯来"色彩。译为"（渊）面"，却成了实指，还漏掉表方位的介词（upon）。参较廷代尔干净利落的译法：and darkness was upon the deep。

"运行"译自"moved"，但不确，有语病。"运行"的含义要比"move"（动、移、行进）窄得多，特指车船、星球等无生命物

体"周而复始地运转"(《现代汉语词典》第五版,"运行"条);
鸟兽鱼虫、神祇人鬼,凡有生命或意志的,都不可说"运行"。更
不能想象,创世之先,上帝的灵(ruah,本义风、气,译作"大
风"亦通)曾"在水面上"往复运动,好似一架机器或一个天体,
须服从某种设计或物理法则。若是那样,我们对创世主至大全能
的理解或信仰便无从谈起了。这是"运行"与"move"的一点关
键的不同。实际上,钦定本的"moved"是弱化动词以求典雅的
译法。原文:merahepheth,为动词的阴性分词形式(因"灵"是
阴性名词),本义"盘旋",经文里用来描写老鹰翱翔,"犹如老鹰
唤醒它的幼雏,盘旋(新修订标准本:hovers over)于崖巢之上"
(《申命记》32:11)。其词根(rhp)也可解作"颤抖",如《耶利米
书》23:9,先知自言心碎、骨头"战栗"(rahaphu)。但也有学者认
为,那是个同音异义词。

最后,"在水面上"应作"大水之上",理同上文。"水"
(waters)原文复数表大,复指前句"深渊",即大水、洪荒之水;一
如《创世记》1:6,上帝分大水造苍穹——"大水"(waters)和合本
作"诸水",仍是误译。

综上,这两节经文可作(拙译):

> *太初,上帝创造天地。*
>
> *大地无形,一片混沌,黑暗笼罩深渊。*
>
> *上帝的灵,在大水之上盘旋。*

和合本是几代英美传教士在华译经的集大成者,号称"天鹅

之歌"。其粗疏若此，究竟原因何在，是宗教史和文学史上一个有趣亦有现实意义的问题。站在译经人的角度，我想，他们最大的困难，应还是知识与能力不足。假如当初他们把中国助手看得高一些，虚心听取经文褒举的"卑微者"的意见，也许部分失误就可以避免（例如比比皆是的动词、介词的误用）。但读罢韩先生的文章所引传教士的书信，便只好承认，那是不可希冀的。王昌桂、王韬之流，在麦都思他们眼里，不过是等待拯救、教化的东土灵魂。拯救／教化者和被拯救／被教化者之间，"知识"、"能力"、"道德情操"，更不消说"信仰"上的高下，不啻天壤之别。他们又凭什么要屈尊，向刚刚脱离"异教徒"深渊，"愚昧"的污泥尚未洗尽，随时有可能重新堕入儒家或佛教"迷信"的几个苦魂，去求教圣书的翻译？

二零零八年一月

包伯里克（Benson Bobrick）：《浩淼无垠：英译圣经及其激发的革命》（*Wide as the Waters: The Story of the English Bible and the Revolution It Inspired*），企鹅丛书，2001。

韩南（Patrick Hanan）：《圣经作为中国文学：麦都思、王韬与委办本》，载《哈佛亚洲研究学报》（*Harvard Journal of Asiatic Studies*），63（6/2003），页 197-239。

杨周翰：《十七世纪英国文学》，第二版，北京大学出版社，1996。

感恩节的语录

　　小阿忒的爸爸在波士顿电视台当记者，读过《玻璃岛》的朋友大概还记得。他最近刚去了趟伊拉克，做专题采访。感恩节，我的老师波士夫人从法国来看孙儿孙女（他俩是阿忒的好朋友），说：我想听他谈谈见闻呢。阿忒爸爸就宣布做东请客，说是有正宗的英国 Stilton 奶酪和葡萄牙 Porto 酒。

　　他们家过节有个传统：大人小孩每人准备一页幽默的语录——稍微严肃的也行——交给阿忒妈妈装信封里，编上一二三四的号。吃完烤火鸡配蒸青豆西葫芦泥、上樱桃蜜梨馅儿饼、开香槟之前，餐桌上挨个儿抽号，拆信封念语录。我抽得一只大信封，里面却不是一页纸，落出一本橘黄色小书，封面一行红字：Parody，戏仿。阿忒嚷嚷起来：Surprise！我翻开书才念了一句，大伙儿就乐了：

See Jane，看，珍尼。

珍尼嫁了包比，珍尼好爱包比。

包比人真棒。

配图是老派的水彩：一青年男子，架副眼镜，星期三（倒垃圾的日子）早早起来，将厨房里满了盖的大垃圾桶推出门去。看，包比！大伙儿异口同声。

原来，这珍尼是美国一套有名的儿童识字书《迪克与珍尼》里的人物。上世纪三十年代开始，她和哥哥迪克，还有小妹萨丽，就走进千家万户，成了白人中产阶级家庭必备的发蒙读本。书中除了描述珍尼家的幸福生活，还十分注意体现社会主流价值观。六十年代民权运动如火如荼，兄妹仨便有了黑人邻居，跟不同肤色的孩子一块儿上学、听话、玩游戏了。阿忒爸爸管它叫"儿童版美国梦指南"。

我抽得的"语录"，全名《戏仿版依地语迪克与珍尼》，讲的是兄妹仨长大以后的故事。戏仿在美国是常事，很难以法律制止，主要因为被戏仿作品情节元素的"合理使用"（fair use），可以延伸至言论与创作自由的宪法原则。这一点和中国不同。而且打官司极易变为替戏仿作品做宣传，所以被戏仿作品的作者和出版社、制片人一般都很谨慎，纠纷私了的居多。这是题外话。

依地语本是东欧犹太人的语言；在美国，则是都市多元文化的一个代表性符号。十一世纪初，犹太人从法国北部移民莱茵河流域。之后的几百年间，德国犹太社区渐渐增多（后又扩展到波兰等地），形成一种以中古高地德语为基础，掺和希伯来词汇语法的方言，用希伯来字母书写，犹太拉比称之为"德国话"（loshen Ashkenaz），便是中古依地语的前身。历史上，犹太人饱受歧视欺凌，屡遭驱逐屠杀。反映在依地语的表达上，自嘲、讥诮、辛辣的笑话、粗话和黑色幽默特别丰富。现代依地语文学以美国成就最高——在以色列，政府提倡国语即希伯来语，不鼓励依地语教育及创作；但据说近年有所改变——例如生于波兰的犹太作家、诺贝尔文学奖得主辛格（Isaac Singer，1904～1991），他的波兰犹太人故事脍炙人口，充满了荒诞讽刺与神秘感，弥散着怀疑精神。所以，拿依地语来戏仿《迪克与珍尼》的儿童版美国梦，就格外犀利而别有一番"酷"（cool）味。

> 珍尼和包比有俩孩子……
>
> 咱家孩儿多乖，珍尼对包比说，
>
> 别让魔鬼见着（*kina-hora*）！

括号内的依地语便是德、希混合的一例：德语"不"（kein）加希伯来语（魔鬼的）"恶眼"（`ayin ha-rah），快读而成。犹太妇女说到什么好事愿景，比如小孩健康家人走运之类，常要加上这句避邪的话。在迷信功能上，跟英美人敲敲（或摸摸）木头，德国人说"unberufen"或者拉丁语"absit omen"的意思差不多：魔鬼（或厄运）千万别来！

然而魔鬼和上帝一样，是不睡觉的。他放过珍尼的宝贝孩儿，

却把恶眼对准了外婆。哎呀不好（oy gevalt）！外婆中风了，跌倒在地，快叫救护车！全家手忙脚乱，把她送进了医院。珍尼打电话告诉哥哥和小妹。迪克正在陪客户打高尔夫球，说话逗人乐呢（schmooze）：看，迪克——

See Dick schmooze.

Schmooze, Dick. Schmooze.

Schmooze, schmooze, schmooze.

他说了好多逗乐的话，手机响了才住口。"喂，我在 schmooze，待会儿给你往回打。什么？妈出事了？"迪克撒了球棍。

去医院路上，有一爿汽车旅店。迪克看见高尔夫球友汤姆的太太打扮得花枝招展，同一个男人搂着腰，笑嘻嘻地从旅店出来。心想：他们在开派对？什么喜庆事儿？他是在《迪克与珍尼》书里长大的，一点没往坏里去想。

萨丽呢，她在加州伯克利大学教书，开一门课唤作"犯规女权主义陶瓷学"。什么课？阿忒问。大人都笑了，害得他红了脸。

阿忒的父母是所谓"剑桥自由派知识分子"，孩子的教育比守持传统的人家"放任自由"，有些"成人知识"也不忌讳。譬如这戏仿版中，迪克他们后来碰上的一件尴尬事儿，许多家庭恐怕不会让小孩读：他们瞅见替人卖房子的斯坦利站在汤姆家门口，同汤姆亲嘴道别。萨丽不愧是教犯规女权主义的，笑道：怪不得他老婆跟人上旅店哪，汤姆是"同志"（gay）呀！做哥哥姐姐的还懵懵懂懂，以为小妹在说汤姆卖房子，得了个好估价而高兴（gay）。

结尾写得有点意思，小妹萨丽当了主角——我请阿忒过来做配角，念外婆的唠叨话：

外婆好些了，出院回家，请了一位牙买加黑人阿姨照料生活。萨丽觉得哥哥姐姐跟自己隔着一个世界，好无趣，就去陪外婆。外婆说：萨丽，你一点没变呢！萨丽说：妈，还说没变！我现在嘴上生毛，又胖又难看，是个大丑八怪（meeskite）！外婆笑道：真的不胖，你这人滋润（zaftig）些好。说着，拿起床头的全家福来端详。那是萨丽他们小时候照的，汪汪狗、咪咪猫跟噗噗小熊坐第一排，兄妹仨站第二排，爸爸妈妈笑盈盈地立第三排：瞧，他们多快活（freylech）！

萨丽指着照片叹道：妈，我早就不是那样儿了。世界变了，人也变了，坏着哪。我在"邀我约会"网站遇到的那些男人，一个个全是傻瓜（shlemiel）。所以我没劲死了，还超重！还有，我们那头儿是只笨鸡（putz，暗喻男根），我讨厌我的头发！

外婆望着萨丽：你一头金发，挺漂亮的。

萨丽几乎要哭了，她怪妈妈从来没有教她懂得，长大以后的真实世界是怎么回事。可是外婆说：亲爱的，我是依照我走过来的那个世界，把你带大的呀。

萨丽下得楼来——看，牙买加黑人阿姨。

阿姨正在客厅掸灰，嘴里衔一支自个儿卷的烟卷。见萨丽一脸沮丧，就问：妈妈好好的，咋不高兴啦？你哥哥姐姐，你们一家都乐呵呵的。萨丽道：让他们高兴去，我不！我是生活在真实世界里的。可是我妈我爸从来没教过我怎么过日子，对付这一团乱七八糟（mishegas）！

阿姨把嘴上的烟卷递给她，说：来，吸口大麻吧（spliff），你会好过些。

萨丽坐沙发上吸了一口，嘘——美呀（oy mechayeh）！

阿姨道：都一样。谁长大了都得把父母教的那套丢了重学，才能出门。你以为，我跑来美国服侍那些白人老粪蛋（alter kocker），也是我妈教的？

萨丽点点头，觉得遇上明白人了。

语录念完，阿忒爸爸打开话匣子，说起从伊拉克撤军的种种传闻，大家便争论起来。阿忒领着小朋友去自己屋里玩了一会儿，回来插嘴说：我们去打伊拉克，也是妈妈没教好吗？

Oy vey，他爸爸回答。那是一句万能的依地语叹息，在纽约常能听到，本义是：疼呀！

二零零六年十一月

韦纳／戴维曼（Ellis Weiner & Barbara Davilman）：《戏仿版依地语迪克与珍尼》（*Yiddish with Dick and Jane: A Parody*），Little, Brown & Co.，2004。

理想的大学

一

理想的大学该是什么样子？星期天突然想到。

星期天早晨，有我最喜欢的NPR（全美公共电台）主持人丽安·汉森的节目。吃完早饭，举哑铃的时候，丽安就笑盈盈地请来顶呱呱的Puzzle Master谜语大王威尔·肖茨，让我猜十五分钟字谜。

威尔是当得上一个"顶"字的。据维基百科介绍，他拥有我们这个星球上唯一的"谜语学"（enigmatology）学位，前无古人——但愿别后无来者！威尔的故事，得从一九七四年他进印第安纳大学（简称印大）讲起。在纪录片《字戏》里，威尔回忆了那段峥嵘岁月。印大有一条了不起的规定，本科生可以自行设计学位课程，专业方向不限，只消满足基础课及学分要求。威尔从小爱猜谜，就试着提交一份谜语学学位课程计划。教授们大吃一惊，将他叫到办公室问话。他把"学术意义"振振有词说了一通，居然批准了！于是，威尔按照自己的规划，念完谜语学课程（历史与文学为主），写出西方谜语史的论文，戴上了学士帽。他是事业心极强的人。因为，接着他考取著名的弗吉尼亚大学法学院，三年后获法律博士学位（JD），也未受律师楼的"诱惑"而改变志向。他没去考律师，却进了一家杂志社编写字谜，开始了艰巨而辉煌的谜语编辑与创作生涯。今天，他执掌着《纽约时报》的纵横填空字谜和 NPR 周日字谜节目，这一双谜语娱乐业的高峰；家藏两万种古今谜语文献，包括十六世纪珍本；还创办了全美字谜大赛和万国谜语锦标赛，担任世界各地的谜语赛事的主席、评委或特邀顾问。

这一切，都始于那条充满信任又赋予责任的学位课程规定：美国少了一名律师，成全一位天才，为我们——从地铁里的上班族到公园长椅上的休闲客，从歌星球星到白宫主人，所有不时埋头在字谜里的男男女女——带来无穷的挑战和乐趣。

我在威尔身上看到了理想的大学。那里，学生可以自由发展个性与才智，而不必套进同样的模子，试图长成或装扮同样的身材，千人一面，一个脑袋。

二

不知是家境贫寒还是因病辍学，黛文没能上大学。后来结婚成家，攒了点钱，才下决心，去哈佛的社区成人教育夜校报了名。那是十六年前的事。

黛文选了英文专业，她的兴趣爱好。有一门书籍史，是侯敦（珍本善本）图书馆主任司托达先生的课。开始她有些犹豫，怕内容深，考不过。可是司先生把古书行当讲得神了，黛文在今年一月号《哈佛杂志》上说，尽是浪漫传奇似的故事！她一头钻进侯敦图书馆，在司先生的指导下，学会了修复古书。慢慢地，又摸清了古书市场的门道。一不做二不休，她借了八千美元做启动资本，拉上丈夫一块儿四处觅古书。终于，在哈佛附近开了一爿夫妻小店，专营十八世纪以前的古书。现在，这家松木地板、飘逸着羊皮纸同糨糊清香的书屋，已经誉满全球：出版古书目录达三十余种，客户包括欧美各大图书馆和收藏家。不过，黛文最自豪的，还是买到一册破旧的英国史，扉页带一个印记"Bibiothecae Harv; Lib; 1709 20;1;8"。原来是哈佛图书馆一七六四年大火的劫余，当时被人借出而存世的孤本：黛文替哈佛找回来一件珍贵的历史文物，入藏侯敦。

侯敦图书馆从前我常去，听老馆长邦德先生讲中世纪抄本与早期印刷版本。那是邦先生一九八六年退休前最后一次开课，我的导师班生先生嘱咐，邦先生的古书学问尤其鉴定抄本残卷和手稿笔迹的本领没人赶得上，一定不可错过。其时司先生是老馆长的助手，尚在中年，留一部黑白相间的美髯。每节课所用古书，由他放在一个带轮子的小书架上推来书房。然后就恭恭敬敬地立于邦先生身后，从不插话。邦先生讲到哪一本，他便从书架上取下，让我们轮流过目。邦先生自己不看，也无讲稿，只是兴致勃勃一路说去，版本源流、历代著录、皮纸笔墨等等；书，都在他脑子里。

斯玛特《欢愉在羔羊》手稿

　　邦先生是哈佛的语言史博士，古典语文之外，还研究文艺复兴与十八世纪文学。关于邦先生有个出名的故事：两百多年前，英国有个学者斯玛特（Christopher Smart，1722～1771），才高八斗，译过大卫王《诗篇》和罗马大诗人贺拉斯。后来不幸患了宗教癫狂，老在大街上跪着祈祷。结果被送进疯人院，同一只猫儿做伴。关了七年出院，却又因欠债收监，死在牢里。留下一沓凌乱的手稿片断，至一九三九年，方才整理发表，题为《欢愉在羔羊》（*Jubilate Agno*），学界轰动一时。可是好些段落十分费解，仿佛密码，无人能释读。邦先生"二战"期间投笔从戎，曾破译日军密码。复员后到侯敦工作，见了《欢愉在羔羊》的手稿，便有心破译。一天，他半夜醒来，忽然灵感降临：会不会是原稿曾经折叠，破损了导致片断的顺序错乱？他在脑海里"逆向工程"复原……果然，将片断重新"叠"过，原先密码似的文句就一一对上，意思就通了！而且，字字合着节拍，那么热烈，竟是一首祈祷般的献在上帝面前的长诗（B 片断，695 行以下）：

> 因我要细细思量我的猫咪杰弗利
>
> 因他是永生上帝的仆人在尽职在天天侍奉
>
> 因他一见上帝的荣耀照亮东方就礼拜用他的方式
>
> 因他那个样子以优雅的极快把身子围绕七次
>
> ……
>
> 因他懂得上帝乃他的救主
>
> 因没有什么比他静静卧着更加甜美

因没有什么比行动中他的生命更加活泼

因他是主的穷人是呀从来仁爱就这么唤他——

　可怜的杰弗利可怜的杰弗利！耗子咬了你的脖子……

我想，黛文在司先生课上听的"浪漫传奇"，肯定有老馆长寻访古书、破译残卷的故事。大学的理想，或推进学术探求真知、培养人才服务社会的价值观，便是寄寓于如此美丽的一个个故事而传承的。缺了这些故事，钱再多，也堆不出哪怕是稍微像样的大学。相反，大学一旦被金钱腐蚀、为权势支配，就成了发财商人和大员秘书的停车场。

三

读者有心或许会问：那些都是美国的故事，中国呢？偌大的国家，可有一间理想的大学，书上描绘的西南联大不算？

有的。星期天早晨，威尔由丽安搭档，拿字谜把影星汤姆·汉克斯绕得团团转的当儿，我的思绪从印大和哈佛夜校，飞向我的母校昆明师范学院（今云南师大本部）。

如果放在时下流行的大学排行榜上打分，三十年前的昆明师院，绝对只有垫底的份儿，离媒体宣传的"一流大学"指标差十万八千里。然而，她有三样排行榜容纳不了的宝贵价值：自由、宽容、关爱学生。

因为自由，我们班二十一个老知青，"政治面貌"清一色的群众，一入学就"造反"。闹到省政府，闹到教育部，直至发文推翻高考录取截留中学英语教师的"土政策"，把我们从两年制"专修班"恢复为四年本科。因为宽容，我们可以要求（没错，是要求，不是请求）学校掉换政治教员，聘任一位没有大学学历但精通国际共运和党史的"社会青年"刘老师，给我们讲授党史。英语口语，则聘请了缅共老战士、归国华侨郑老师，也是无大学学历的"草莽俊杰"。因为班主任木文典老师与系主任刘钦先生的关心爱护，我得以豁免专业课，"吃小灶"参加刘先生和外教给青年教师开的英美文学精读。

回想起来，那时的昆明师院确是理想的学习环境。教师是"老中青三结合"的梯队，没有评估没有"工程"，自然也无人抄袭、无人交版面费炮制"核心期刊"论文、无人骗取基金塞腰包里当学生的老板。全都一心扑在教学上，认真备课上课，随时可以请教。刘先生本人是香港大学的高才生，尤善作品分析，每一个词每一句话，皆广征博引举例阐释，是新批评派的路子。校园不大，守着几处西南联大的遗迹，烈士墓、纪念碑，让我们一边景仰先贤，一边散步读书。学生不多，互相认识，经常合作，例如与中文系同学一起办报。图书馆藏书不丰，但有联大留下的部分旧藏。除了伙食欠佳，猪肉鸡蛋仍定量供应，不及现在；其他哪一方面，如今排行榜上的"一流大学"即便租到个诺贝尔奖，能够相比？

有一年，弗吉尼亚大学的西南联大史专家易社强（John Israel）教授来访。做完讲座，为了体验学生生活，跟我们班一同下乡。躺在铺上聊天时，易先生说，你们现在蛮像联大呀！他看得很准。那师生戮力同心、艰苦奋斗、勇于抗争、不畏险阻的精神，继承的正是二十世纪中国大学最优秀的传统。而在外语系，这自由的空气和宽容的氛围，是跟刘先生的领导与关爱分不开的。

我最后一次见到刘先生，是在一九八三年。他出差来北京，我陪他去会李赋宁先生。商洽什么公事忘了，只记得他们谈得投缘的笑容，以及走在未名湖畔，他那高高的颧骨上冬日的一抹余晖。刘先生去世的早，没见着九十年代大学的蜕变。不然，当歪风压倒理想之日，"主的穷人""可怜的杰弗利"被一只只硕鼠咬住脖子，真不知他会多么痛心。

二零零八年二月

斯玛特（Christopher Smart）：《欢愉在羔羊》（*Jubilate Agno*），William Bond 校注，哈佛大学出版社，1954。

马尿、理性与译经

——答 B 君

一

这地方名叫啤酒屋，老派，聊天蛮好，是不是？你仔细看这儿的客人，那神情；年纪同我相仿，多半是来哈佛看孩子的。招待员，我们这一位，文文雅雅的是在校生。那边金色的大罐子，是蒸馏器。他们自产啤酒，待会儿你尝尝，要没过滤的，有劲。美国是这样的，懂啤酒的人，或者自个儿在地窖里酿，或者上山沟里水质好的小厂子拎，称作 microbrew，小酿，跟超市里卖的"马尿"是两种文化。

不，"马尿"不是英语，是云南土话。我在乡下的时候，老百姓看我隔三差五往酒厂和供销社跑，拎回来的有些瓶盖撬开还滋滋冒泡，拿过去呷一口——寨子里头他们打着什么分我什么；我搞到的名堂，酒啦火药啦（兄弟民族的生产工具），也给他们——

啊呸，马尿！吐地上了。我说，是你赶马帮饥渴了接马尿喝过，晓得那滋味？

你别笑。话说回来，我的意思是，做学问、办案子，这世界上干什么事都有一个饮小酿还是接马尿的价值立场问题。

二

这一回"80后"算是露峥嵘了，老喇嘛走哪儿，抗议跟到哪儿。破天荒哪，他在西方是神圣，见他一面蒙一辈子的福。你们老师也跟我说，好感动。真的，比李登辉访问康奈尔那一次留学生反台独大联合，还要壮观。

国内民众自发的抵制活动，是否"非理性"、"民粹主义"？操那份心干吗？仿佛老百姓上街，喊喊口号，会坏了谁家的秩序。他又没抢商店，没烧民房。

"理性"而大写，是现代法治的门面。法治的要义，叫形式平等（"法律面前人人平等"），又名程序正义。程序背后，一笔笔见不得人的交易，才是真正享受保护、百般补贴照顾的那个理性博弈者的世界。而老百姓的"非理性"，那博弈者眼里的"民粹"，便是民主政治的主要动力和一大特征。自古如此。不然，高贵的苏格拉底就不会像只牛虻似的去蜇民主，终于被民主的雅典判处死刑。

是的，民主和法治一样，也是以暴力为后盾，因暴力而强盛的。不懂这一点，就不懂雅典以降西方民主传统的生命力所在，包括今日的美国，她的充斥暴力的大众文化。民主与资产阶级法治这两样东西，因此是经常处于冲突之中而相互制约的。现代政治例如西方式代议制民主，按照那个市场经济学家的宝贝，中产阶级"经济人"（马克思讥为"英国人"）的阴郁性格来衡量利弊，不参与才是最理性的选择。因为，它的设计总是让多数人的参与成本很高而收益无从预计。换言之，民主之能够建立、成长、纠正自身的弊端，抵制受法律保护的形形色色的腐败，依靠的绝非法治的或市场经济的"理性"，而是老百姓根深蒂固的"非理性"，即他们动辄上街上访，抵制这个打倒那个，甚而置"自身利益"于不顾的不屈的精神。

有没有小写的"理性"？有啊，到处是它，躲都躲不及；就是日常生活中教我们屈服于现实的一套套托词。

都说知堂老人（周作人）的文章高明，"童痴"冲淡，如一片苦茶。但那是铁屋子里蜷缩久了反以为悠闲，枯坐着品，这么习得的丁点文人趣味。放到"大先生"的文字一旁，在那刺向国民劣根性的思想的投枪面前，就显得过于精巧、小气又太讲理性，文如其人了。他的"寿则多辱"之叹，固然是社会与家庭悲剧；但一个新文学先锋，处于民族危亡的关头却患得患失，实在是不明智又怯懦之至。人的天性，本是健强好胜而不乏搏斗的意志的。"苟有阻碍这前途者，无论……《三坟》、《五典》，百宋千元，天球河图，金人玉佛，祖传丸散，秘制膏丹，全都踏倒他"——这，才是不惧暴力、敢于反抗的自由人格。小民"顺生"、柔弱"守雌"之类的说辞，各个朝代都有，是驯服了的"理性"的自辩和自慰。法治化的今天，"理性"大纛高扬，则是这浮华时代颓唐风貌的一副扮相。

其实小民"顺生"当个良民，至多是一厢情愿。你想，鞭子握在别人手里，良民与否，怎么个讨生活，还得看主子脸色。

三

　　我在写什么？写完《宽宽信箱与出埃及记》，就一直在译经了，不想分心。前两天刚校完《智慧书》，就是接着《摩西五经》的第二卷，五月份可出。对了，上次你提的意见挺好，转给编辑了，重印时改正。

　　《智慧书》也是五篇：《约伯记》、《诗篇》、《箴言》、《传道书》和《雅歌》。这顺序是基督教（新教）"旧约"的编排，源于希腊语七十士本；天主教同东正教另有两篇希腊语的《智慧篇》和《德训篇》，称为次经。在传统本希伯来语《圣经》中，这五篇经文归于第三部分"圣录"（kethuvim），放在"摩西五经"（torah）和"先知书"（nevi´im）之后。顺序则以《诗篇》为首，据说因为古代经师认为《约伯记》讲好人受苦，不宜为圣录开篇。摩西五经是上帝降赐以色列子民的圣法；先知书记载子民圣史，从摩西逝世后以色列入侵迦南开始，到耶路撒冷倾覆、圣殿焚毁、子民入囚巴比伦为止，以及在此期间众先知的启示。《宽宽信箱与出埃及记》的附录有个年表，你可以参阅。圣录，原文意为作品集，即诗歌讽喻、智者箴言、末世预言等等的汇编。这部分"归典"或确认为圣人所传上帝之言而奉为圣书的年代，比前两部分要晚一些。

　　有几个题目，构思得差不多了。第一篇谈希伯来诗律，给《读书》了。这题目你有兴趣？《智慧书》是圣经诗歌的精华，可是中文旧译错漏连篇不算，还拗口，扭了舌头似的——除了法学家吴经熊先生。

总体而言，旧译当中，思高本要比和合本、吕振中本准确。后者大体是和合本的修订，语汇句式全盘继承。英译你知道我推崇钦定本。它的第四代后裔叫"新修订标准本"（NRSV，1990），由《新约》文本权威、普林斯顿神学院（不隶属于普大）的 Bruce Metzger 教授领衔组织翻译，是目前英美学界通行的跨教派译本；有牛津版注释本，文字严谨直白，适于学习。"新国际本"（NIV，1978）也不错，好些读者来信问起，大概国内教会有卖的。那是美国新教保守派阵营的圣经；他们认为 NRSV 的前身"修订标准本"（RSV，1952）太自由派，决定另搞一个译本，捍卫经文"无错"（inerrant）或绝对正确的信条。结果，在大学里例如英文系和宗教系的课上，NIV 就成了禁忌，没人敢用，怕被人当作反动派，贴一个敌视妇女、少数民族、犹太人或同性恋的标签。

吴先生的文言译本，《圣咏译义》（1946）跟《新经全集》（1949），是旧译里文采最好的。《圣咏》就是《诗篇》，天主教的译名；吴先生是从新教改宗天主教的。他是中国传统那种极感性的性格——虽然成名早，一帆风顺，起草宪法，还做过法官，但法律于他如同政治，终是隔了一层，所以放弃并无遗憾——故而每逢触动他心弦的诗章，就自由发挥起来，把底本（耶稣会会士 James M'Swiney 的英译，1901）抛一边去了。比如这首，《圣咏》之百三十一：

我心如小鸟，毛羽未全丰。不作高飞想，依依幽谷中。

> *我心如赤子，乳臭未曾干。慈母怀中睡，安恬凝一团。*
>
> *勖哉吾义塞！饮水辄思源。世世承流泽，莫忘雨露恩。*

怎么样，古色古香的？"义塞"即以色列。你再读读同是天主教的思高本，对比一下，吓你一跳，吴先生简直是在删改经文：

> *上主，我的心灵不知骄傲蛮横，*
>
> *我的眼目不知高视逞能；*
>
> *伟大惊人的事，我不想干，*
>
> *超过能力的事，我不想办。*
>
> *我只愿我的心灵，*
>
> *得享平静与安宁；*
>
> *就像断乳的幼儿，在他母亲的怀抱中，*
>
> *我愿我的心灵在我内，与那幼儿相同。*
>
> *以色列！请仰赖上主，*
>
> *从现今一直到永久。*

这诗的原文仅三节，题记"朝圣歌，属大卫"，大概指调式或诗格，详不可考。头两节，诗人（"我"）向耶和华表白信仰，用一个生动的明喻，讲述自己戒除骄傲和非分的想法，变得谦恭恬静。收尾则按"朝圣歌"的程式，转而道出全体子民的心愿。鉴于小诗风格柔婉，尤其以断奶的孩儿依偎母亲设喻，温馨感人，现代学界多倾向于作者为女性的假设，誉之为《诗篇》中"一颗被忽略的宝石"（《皮氏圣经评注》386b）。

因此，为了再现传统上被"忽略"或障蔽的女性的声音，或至少取开放的立场，让读者自己感受，此诗当以直译为佳。而旧译或因《诗篇》托名大卫王传世，都添进了生硬夸张的男人口吻，如思高本："骄傲蛮横"、"高视逞能"、"伟大惊人"，丢了原作的朴素、细腻、简洁。此外，末句"仰赖"不确；原文是"等待／盼望"（yaḥel，故钦定本：hope，犹太社本：wait），即（女）诗人祈愿，困厄中子民永怀希望，盼来主的救恩。

综上，遵循原文风格、辞藻和意象顺序，由"心"而"眼睛"而"灵"（喻整个的人，非指与肉体对立的灵魂，那是后世的观念），长短节拍交替，拙译如下：

> 耶和华啊，我的心不骄傲，
> 我的眼睛不高；
> 那些大事超出我的能力，
> 奇巧，我不敢奢求。
> 不，我的灵已平和已安宁，
> 宛若断奶的孩儿
> 偎在母亲怀抱，我的灵
> 仿佛那孩儿恬静。
>
> 愿以色列把耶和华翘盼，
> 从今天直至永远。

　　所以你看，译经一半是学问，一半是创作。创作靠什么？靠生活经验、想象力，靠技艺和灵感。一句话，不能太理性，循规蹈矩。

　　做学问呢，应当小酿——你说到点子上了。不能超市批发，行政规划，数字评估。那是马尿。

二零零八年四月

读　注

一

世上的书可分两类，有注的和没注的。

有一天，我的洋教女从她的神话书上抬起头来，指着我看的书问：这是什么？Faustina，我说。那阵子她刚开始学着读故事，我的任务，是替她把不会念的神明鬼怪的名字念出来。不，这是什么？她把小手指摁在 Faustina 后面拖着的那个阿拉伯数字上。啊，是个脚注。脚注是什么？就是下面这一段话。一段话是什么？嗯，那是写给大人看的。

我在查阅吉本的《罗马帝国衰亡史》，Faustina 是哲人皇帝奥勒琉（161～180 年在位）的美人皇后。吉本写道，那哲人生性老实，耽于玄思，常为奸佞小人蒙蔽，皇后风流出轨亦不觉察，还提拔过

她的几个相好，并且在自己的记事本（后人题为《沉思录》）里向诸神谢恩，赞叹妻子"如此忠顺、如此温柔而风姿又那么美妙单纯"。接着，便是那条给大人看的脚注（卷一章四，注4，括号内是我的插注）：

> 见《沉思录》1:17。全世界都笑话 [皇帝] 轻信，不过达茜尔夫人（*Mme. Anne Dacier, 1651 ~ 1720*，路易十四朝才女、大翻译家）向我们保证——这种事我们可信赖一位夫人——丈夫嘛总是能骗过去的，只要妻子肯屈尊，扮一扮假就行。

为什么？身旁的小读者还在追问。我把桌上堆着的书一本本翻开，让她检视：瞧，大人的书都是有脚注的。她这才放了我：I see。

是呀，除了大人，还有谁会看书上的注呢？我忽然意识到，我已经"注里进、注里出"好多年了。法律方面，法条案例学说评论，怎样检索？输入主题词，找几条认真的脚注，文献就一篇篇出来了。译经呢，至少一半时间花在经文的脚注和古往今来各家注疏上，辨析异文异读；然后才翻译，给译文作注。而现在，拿起一本闲书，也是那密密麻麻的脚注尾注而非正文，更让我觉得有趣。

二

重温吉本（1737 ~ 1794），是受了另一本闲书的鼓动：《脚注探微》讲欧洲启蒙以降史学方法的嬗变，以脚注为切入点，推崇吉

[英] 沃顿（?~1813）：吉本像

本为人文主义与精确论述成功结合的典范，开篇即举出上文这一例。我说给内子听，笑了一通，傍晚散步，便去小镇的图书馆借了一套《衰亡史》回来。

那是一百年前的旧版，装帧插图较新版精美。编者 J.B. Bury 是当年剑桥的古典史权威，校注吉本的不二人选。于是书中除了长序、附录和引得，还添了不少编者注，意在补充文献、订正舛讹；只是学究气重，置于原注一旁，读来每每令人莞尔。比如关于那美人皇后，编者注指出，吉本引述的史料不可视为通奸的确证，因为她给奥勒琉生了至少十三个孩子。这话吉本若是听见，恐怕要冷笑的：私通就不会怀孕？她儿子 Commodus 怎么看也不像皇帝老子，才流言不止的呀。

据说吉本的写作习惯是先打腹稿，把整段文章（可长达数页）在心里想好，用耳朵听过，一句句顺畅了满意了，才落笔。故而气势磅礴，浩浩荡荡，宛如大江涌流。相比之下，他的注释就率性随心了，处处显出箴言般的睿智、委婉的讽刺；时而又搭配一段对教会不甚恭敬，令正经人"社会"难堪的引文。历代圣徒施行的种种奇迹，在他看来跟迷信无异："圣伯纳（Bernard of Clairvaux，1090 ~ 1153）记载了友人圣马拉基的那许多奇迹，怎么从未留意自己的奇迹，非得要同伴和弟子来精心铺陈？"（卷二章十五，注 81）写到早期教会盛行禁欲主义，信从者千方百计独身守贞，抵御恶魔，他笔锋一转："其中少数人，博学的奥利金（Origen of Alexandria，约 185 ~ 254）也算一个，则断定，最审慎的办法，是解除那诱惑者的武装。"然后搁下一条脚注，揭开底牌（同上，注 96）：

> 见优西比乌《教会史》6:8。奥氏出名，激起妒忌而遭打击之前，这不寻常的举动曾颇受赞赏，并无制裁。然而他的通常做法是以名喻解经，不幸偏偏就此一事，取了字面的意思。

原来，这位考释经文擅长名喻的大学者希腊教父，最是倡导禁欲修道，且身体力行，终年赤脚、睡地板、衣袍不换又时时禁食。

竟至于把耶稣的一句训言，"有人从娘胎出来便是阉臣，也有被人阉的；但还有的却是自阉，是为了天国"（《马太福音》19:12），"取了字面的意思"去照办，将胯下的"诱惑者"割了。而其实，从上下文解读，耶稣讲的是讽喻；"阉臣"是指决意独身，或休弃不贞的妻子就不复再娶，以归圣天国者。诚然这道理，如耶稣所言，不是人人能够领悟或通达的（同上，19:11）。

《衰亡史》里这些"描绘野蛮与宗教的胜利"的文字，用吉本的话说，无非是还历史本来的面目，"注册人类的罪行、蠢事与不幸"。可是，当年的神学家认为，这是把教会跟入侵罗马的蛮族相提并论，就发动了猛烈的"炮轰"和人身攻讦。但吉本始终保持沉默。只有一次，某个戴维斯先生放了狠话，说他的脚注弄虚作假，歪曲史实，糊弄读者，他不得不撰文反驳；颇有绅士风度地请对手"随便哪个下午，待敝人外出后，光顾寒舍"；由仆人领进书房，即可见到"为拙著直接提供资料的作者，古今圣俗，一应俱全"（《脚注探微》，页100）。直至晚年作回忆录，态度才稍见缓和，说：假如早知"虔诚胆小审慎之士"会如此惶恐不安，有关章节或许可写得更含蓄些。

近世的读者，多半把吉本的注当作"燕谈录"（table talk）看待，欣赏他的眼光犀利、妙语连珠。常言道，文如其人；同理，读史亦即读史家其人。因为史家的眼光文字对于我们后人，也是语境化的历史的一个剖面，须报以同情的理解。如此，评家所谓吉本的"性生活"全在脚注里面，就不纯是戏言了。

吉本行文，以冷静著称。但间或亦有动情之处，如论及穆圣，插一句"交谈可丰富悟性，孤独却是天才的学校"。他自幼多病，体质孱弱，母亲早亡；喜爱读书，却不习惯学校生活，是个早熟的天才儿童。十五岁入牛津玛德莲学院，待了十四个月，"一生中最无聊无益"的时光，因改宗受洗入天主教，被父亲勒令退学。随即被送往瑞士洛桑，寄宿在一位加尔文派教士巴维亚尔先生家，跟他苦学五年，遍读古代经典。其间到法国旅行，结识名流，同伏尔泰订了忘年交。但他的希腊文不如拉丁文娴熟；《衰亡史》后三卷转向东罗马（拜占庭），史料运用及翻译就有些错漏，加之对斯拉夫各族和阿拉伯文明了解未深，且不乏偏见，学术价值遂不及前三卷。

据时人记叙，吉本矮胖，身高不足五英尺，红头发，尖嗓音，衣着花哨而言谈举止法国派头，是他少年留学的印记。在洛桑，他爱上了一位法国教士的女儿苏珊，终因父亲坚决反对，未能成婚。这是他一生唯一的爱情。苏珊姑娘十分伤心，她的女友欲请卢梭出面，规劝吉本。但卢梭不肯，推说吉本这人太"冷血"，不会让姑娘幸福。后来，苏珊做了路易十六的财政部长夫人，育有一女，便是风流一时的浪漫主义文学沙龙主人兼小说家思达爱尔夫人（Mme. de Stael）。企鹅版节本《衰亡史》（1985）有一条编者注（页9），说吉本某年重访巴黎，受苏珊夫妇热情招待，写信报知友人，信上有几句话自嘲又略带惆怅，可见他性格的一面：

> ［苏珊］对我体贴极了，夫君尤其文雅。还要怎样羞辱我，才算残酷呢？天天晚餐招待，然后自己就去睡觉，留下夫人让我单独陪伴——好倨傲的安枕无忧啊！把个老情人弄得彻彻底底无足轻重了。

[佛兰芒] 范林特 (1609~1690):《基督与淫妇》

三

　　前文提及译经读注。那注却是笺注，跟吉本的注性质不同。后者是史家自注，循惯例有专业的功用；它同正文的关系，可概括为"正文立论，脚注证明"，发展到今日，便是大学人文社科的普通论文注释的基本模式。笺注则是他注，即给前人著作或经典作注。全世界各个民族，凡有成文经典的，大都有悠久的笺注传统。注家便是经典与读者间的中介，《圣经》亦不例外。只是经文的传世抄本（原文和古译本）繁多，渊源各异，学者考订文字、探究经义、注释译文，就有一项必不可少的任务：辨认古人抄入经文的笺注。

笺注怎么会同经文掺一起了呢？原来，古人（经师僧侣等）誊抄经文，时而会在行间和页边添一些注释性文字，称为插注、边注。例如，在生僻晦涩的难词上方，用两三个词提示，可与某处经文互训；或者在应避讳的名号旁，注明虔敬的读法或替代用语。有的地方还会写上一句告诫，以免读者误解了经文。当然，凡有脱漏、损坏的章节，便要设法找完整的本子来对照，将它抄全，形成长短不一的补注（如《马可福音》16:8 之后，原文善本不载的几种结尾）。但是，这些增补的文字跟"正文"之间，分野往往不太清楚，字迹又相似。后人倘若不细心，就容易把笺注当作前人抄脱的经文，一并誊录了。

比如，《诗篇》之百三十九礼赞上帝全知，明察一切。诗人（托名大卫王）说：假如能藏进黑暗，长夜做我的缁衣，躲一躲耶和华降下的痛苦考验就好了。"然而黑暗绝非你的目障（直译：对你绝不黑暗），深夜如白天明亮：黑暗不啻光明。"（139:12）这末六字破了对句格律，文意重复，并且是亚兰语（用希伯来字母书写）。通说便是经师插注，意为对于造物主，黑夜不可能障蔽任何事物，包括人的一言一行。

说到插注，《新约》里有一则"耶稣与淫妇"故事，多数译本放在《约翰福音》第八章开头，大意如下：

耶稣走出耶路撒冷，至城外橄榄山宿夜。次日一早回到圣殿，四方百姓又来，他便坐下为之施教（旧译不通：教训他们）。这时，耶稣的敌人，经师和法利赛人扭了一个妇人来，说是与人通奸，当场拿住的。摩西之律规定，犯奸淫的应扔石头砸死（《利未记》20:10，《申命记》22:22 以下）。故此他们要耶稣说，该怎么办。意图迫使耶稣表态：如果主张放人，即可告他背弃律法；如果允许处死，则基督仁爱、怜悯、宽恕的教导便成了伪善。耶稣一言不发，弯下身去，用指头在地上写。他们反复追问，他就站起来，道：你们当中谁没有罪，谁先拿石头砸她！说完，又弯下身去在地上写。那些人听了，便从年老的开始，一个接一个溜走了。末了，只剩那妇人和耶稣留在殿上。耶稣起身，问她：女人，那些人呢？没有人定你的罪吗？妇人答：没有，大人。耶稣道：我也不定你的罪。去吧，今后别再堕罪里了。

这故事虽然家喻户晓，描写耶稣的小说跟好莱坞大片都少不了拿它渲染，学者考证，却不属福音书的原文。它情节与上下文不衔接，语汇风格也不相似，明显是插入的片断。更重要的是，传世希腊文抄本中，年代较早的皆无这一片断；古译本，如古叙利亚语、科普特语和部分古拉丁译本，也没有；早期教父的著作里亦从无引用讨论。而载有这故事的中世纪抄本，又把它插在不同的地方：除了《约翰福音》8:1 以下，还有接 7:36 的；或者置于福音书末尾，作为补注；甚至插在《路加福音》21:38 之后（仅就情节而言，移到这儿也的确顺一点）。但故事应源于口传，不像是中世纪僧侣的发明。"教会史之父"优西比乌（约260～339）记载，有一位小亚细亚的主教帕比亚（Papias，约60～130），博闻强记，撰述过福音书作者的事迹，并"一个妇人在主面前被诬告犯了好些罪"的故事，收在一部"希伯来福音"里（《教会史》3:39:15）。历来有人猜测，此即"耶稣与淫妇"片断的前身，只是帕氏著作早佚，无从证实了。或许，那片断原是抄本页边的一条笺注，抄本主人录下的一则耶稣传说；后人误以为是漏抄的经文，将其补入新的抄本。读的人多了，大家都喜欢听，渐渐地，就流传开去，成了福音。

译经若是始于读注，普通读者通过译本读经，在很大程度上，也就是读译经人读注的觉解的成果了。然而，那觉解成果的完整透彻的表述，又未必是译文有限的字句所能承载的。所以我想，译经人欲求完满，非得注经不成。

《新约》我还没有译出。但为了注经，陆陆续续已读了些福音书的评注，包括"耶稣与淫妇"片断。有两条关于律法和抄本异文的笔记，准备用作故事的插注，不妨抄下供读者参阅：

> 通奸而"当场拿住"：暗示指控者（经师和法利赛人）至少有两名证人，能够引摩西之律定那妇人的死罪了（《民数记》35:30）。
>
> 耶稣"用指头在地上写"（kategraphen，旧译画字，不确）：此句歧解纷纭。部分抄本多一句，说耶稣写的是"他们每人的罪状"，经师法利赛人看见，"受良心谴责"，羞愧而退。解作耶稣佯装写字而拒绝定罪，亦通。因为他先已说过：人子降世，不是

来定罪，而是来拯救这世界的（*3:17*）。但是，他既已进入圣城，受百姓欢呼、奉为受膏者（基督）并以色列的王，那一句"你们当中谁没有罪，谁先拿石头砸她"，便足以给一切自以为是的"假善人"定罪了。

二零零八年十月

奥勒琉（Marcus Aurelius）：《沉思录》（*Meditations*），George Long 英译，哈佛古典文库，1909。

格拉夫顿（Anthony Grafton）：《脚注探微》（*The Footnote: A Curious History*），哈佛大学出版社，1997。

吉本（Edward Gibbon）：《罗马帝国衰亡史》（*The History of the Decline and Fall of the Roman Empire*），J.B. Bury 校注，七卷，Methuen & Co.，1909。

优西比乌（Eusebius of Caesarea）：《教会史》（*Historia ecclesiastica*），二卷，哈佛／罗伯丛书，2000。

亚当无绿坝

本周林行止先生的文章大妙（《上海书评》，2009.6.21）。谈到兽畜多有但亚当独缺的阳具"软骨"，让我想起从前大山里头花季不护航无绿坝的苦日子来了：牛"鞭"狗"尾"都腻味了，要羚羊马鹿最好是老熊的"灵根"，抹了辣子，火塘边吊着熏成黑黑的干巴，那才够"陪浴"，叫"梦幻"。印象中，血肉之间似乎是有那么一截棍儿（baculum）的，名分上，归放逐它灵魂的那个亚当。

林先生引述的"迷你论文"，作者之一泽维特（Ziony Zevit）博士在洛杉矶犹太大学供职，治西北闪语（希伯来语、乌迦利特语等），兼攻考古。代表作《古代以色列宗教》（2001），年前读过，颇喜他的标新立异。然而，这一篇给亚当安"软骨"，却有点过头了。身为专家而阐释经文，没有任何语文学和史料上的论证，就信口开河，虽说发表在医学杂志上，总还是出洋相罢。

　　这洋相实为一成因论（aetiology）的猜想，即主张《创世记》二章上帝取亚当一条肋骨造女人（夏娃）的故事，隐含着对人类缘何失去了阴茎骨（os penis）的解释。论据有二：一是说人骨非生殖器官，肋条造夏娃不合情理。二是以希伯来语《圣经》的词汇里没有与现代术语"阴茎"对应的专名，断言经文作者凡指阳具，必用比喻或委婉的替代语词。由此推论，希伯来语"肋骨"（zela`）既然可借指椽子木板等支撑物，就能进一步引申，转喻男人的第三条腿：阴茎或撑起它的小棍儿。换言之，伊甸园中亚当沉睡，被造物主摘去的不是肋条，而是胯下的阴茎骨。而传统上译作肋骨，滥觞于《圣经》译本之父希腊文七十士本，后世学者盲从埃及亚历山大城犹太译家（习称七十长老）定的译名（希腊语 pleura，旁、肋旁），竟忘了原文的"复义"。

　　这推断却经不起推敲。

　　首先，传世经文的词汇范围，只能用来表明《圣经》时代希伯来语已有某词，而不能证明缺欠某词。生殖和性器官的名状联想，在古今中外各个民族，都是不可或缺的日常语汇。难以想象，以色列人偏偏是个例外，提及阳具就只会打比方绕弯儿了。实际上，摩西之律直白得很："睾丸打碎者"不可近祭坛（《利未记》21:20）；"下体割去的"，不得入耶和华的会众（《申命记》23:2）。"下体"（shophkah，词根本义流泻），便是男根的一个专名，词典定义：membrum virile。故新修订标准本毫不含糊：penis（one whose penis is cut off，阴茎割掉者）。

　　下体在《圣经》里有种种委婉说法，不是上帝子民的词汇贫乏，而是圣言的启示和经文风格的需要。比如，耶和华同圣祖亚伯拉罕立割礼之约，"全体男子都要行割礼，即割去包皮。这是我与你们立约的标记……我的约须刻在你们肉里，才是永久的约"（《创世记》17:10 以下）。那"肉"字（basar）便是男根的婉称；参较亚当得了夏娃以后，经文所言（同上，2:24）："这就是为什么男人要离开自己父母去依恋妻子，与她结为一体（lebasar ´ehad，直译：一肉）。"男根流泻，古人视为子孙的出处，仿佛圣物，故有立誓手触下体的习俗。圣祖年迈，托老仆人回家乡为儿子以撒择妻，命他将手放在自己的大腿下面起誓（同上，24:2）。"大腿"（yarek），犹言私处，是借喻。其他如称阳具为"筋肉"（gid），以"裸相"（`erwah）指羞处，"小腹"（qobah）喻女阴，都是惯常的不难会意的表达。

其次，骨头固然不是解剖学上的生殖器官，在《圣经》的传统里却是富于生命力的联想的。"骨"（`ezem），词根本义巨、力、多，古人视为精力之源，如《约伯记》20:11，"他（恶人）的白骨本该充满青春活力，却已经随他躺在尘埃"。《以西结书》三十七章，耶和华令先知预言，使枯骨起立，生出肌肤，得灵而复活，以此兆示亡国子民必回福地的未来。枯骨尚可蒙赐生命，亚当的肋条在造物主的手上化作一个女人，又何来的费解？

其实，泽教授的错误的直接原因很简单：他忘记下笔之前再读一遍经文了。《创世记》2:21 的原文，说的不是上帝从亚当胯下取"那一根"肋骨——倘使那样，方可推测是委婉语、借指等等——而是"抽下他的诸肋骨中的一根"，用的是"肋骨"的复数形式（zela`oth）加上"之一"（参观钦定本：he took one of his ribs），意谓上帝从两排肋骨里，拿去其中一条。注意：亚当原有的肋骨是否比我们多出一根，经文并无交代；但上帝未把肋骨全部摘除，则是肯定的。故泽教授的新说，一句话即可问倒：假如肋骨（复数）指的是亚当胯下的阴茎骨，那么上帝留下的那些小棍儿，到哪儿去了？

肋骨造夏娃，在古人眼里，不是没有困惑之处，但与胯下无关。根据《创世记》一章，上帝创世，第六天造人，"取的是他自己的形象；男人女人，都依照他的模样"（1:27）。既然男女一同来世，怎么到了第二章，耶和华又抟土造了亚当，之后，因看他孤独，才取他的肋条做夏娃呢？我们现在知道，那是两个渊源不同的创世传统的文本片断，编在一起了（并托名摩西）。但研究义理，仍须回到历代圣贤的纷纭诠释。次经《智慧篇》说，上帝造的第一个人，原是不死的，因他的形象得自永恒之神性（2:23）。这"完人"与后来不幸受了蛇的诱惑而堕落的亚当，不是一回事。亚历山大城的犹太哲人菲罗（约公元前 20～50）也认为，上帝取自己形象所造之人和拿尘土捏的亚当，本质不同。前者是存于心智的形象，乃是纯精神的不死的"型"（idea）的创造；后者才是我们可以感知，有灵有体有性别年齿，故而必死的人类（《论创世》134）。

至于这两趟造人的重复，更有巧妙的解读。犹太拉比以为，创世第六天来世的男人就是亚当，而女人只是他体内一条肋骨的名字——希伯来语"肋骨"是阴性名词。第二周，耶和华才把那肋条取出，塑成夏娃的模样，交给亚当为妻。故人祖醒来，大喜过望，称她是"骨中骨"（《五十禧年书》3:6-8）。传统上，肋骨也可喻指女身及贞洁（《玛加伯四书》18:7）。故经师素有人祖双性同体的讲法：

经文所谓"男人女人都依照他的模样"，实即两性同源，皆出亚当的意思。而男女分体，肋条造夏娃，则是上帝安排在第二周的伟业（《太初集解》8:1）。

亚当（人、男人）胯下的形状构造和兽畜有所不同，这在《圣经》时代的以色列人看来，该是天经地义，无须另觅"成因"的。上帝抬举亚当及其后裔（人子），"乃至稍逊神灵，而将光荣与尊严赐他为冠，让他主宰你（上帝）的亲手所造，把芸芸万物置于他的脚下"（《诗篇》8:5-6）。人的形象脱胎于造物主，他有独特的生理结构，又有什么可奇怪的呢？所以，泽教授的猜想的缘起，与其说是原文有"复义"，不如说是现代世俗社会不再信奉神创论之后，在充斥着语词禁忌的绿坝世界的臆说。

在此意义上，这猜想的病理机制跟中文和合本《圣经》的某些舛误是一样的。"神说，诸水之间要有空气，将水分为上下"（和合本《创世记》1:6）；当年英美传教士把上帝创世第二天所造的"苍穹"（raqia`），那座晶莹透亮托起天河罩住大地的穹隆，误译作"空气"的时候，所暴露的不仅是学养浅薄，译事粗疏——还展现了一种业已植根于他们的意识，但与经文义理相悖的世界观。

二零零九年六月

泽维特等（Scott Gilbert & Ziony Zevit）：《先天性人类阴茎骨缺失》，载《美国遗传医学学报》（*American Journal of Medical Genetics*），Vol. 101/3，2001。

黎明的左手

前贤译诗，所定的译名，往往比通行的新华社标准要好看中听。《鲁拜集》的"鲁拜"（ruba'i）又叫"柔巴依"，平声，飘逸着西域风情。作者 Omar Khayyam（1048～1131）是波斯哲人兼大数学家、天文学家，郭沫若译作莪默，如今恐怕只可唤作个奥马尔了。《鲁拜集》在英文世界的美名，得归功于诗人费慈杰罗（Edward Fitzgerald，1809～1883）的"自由翻译"。费氏出身富裕人家，母亲是社交圈的美人，他却从小嗜读书而性格孤僻。在剑桥三一学院，他同丁尼生、萨克雷等三五个文学才子订交，毕业即隐退乡间，平日只喜欢跟本地渔民泛舟弄潮，终生未事任何职业。四十七岁才下决心结婚，新娘长他一岁。结果没过几天，就躲到朋友家，捧起一本书，不肯见新娘了。那本书便是《鲁拜集》，"莪默，给我送来了慰藉"，他说。

［英］萨利文（1869~1933）：《鲁拜集》插图（快斟酒来）

费氏译诗可谓苦心孤诣。稿成,只印了二百五十册,未署名,面世(1859)却受了冷遇。两年后——其时书店已作削价处理,从一先令降至一便士一册(一先令等于十二便士)—— 一个偶然的机会,被罗赛蒂、史文朋、勃朗宁、罗斯金等诗坛名流与批评家看到,大加褒扬,逃婚的书蠹才成了明星。不过,费氏的《鲁拜集》并非学者式严谨的翻译,也不按原文抄本的编排顺序,而是重新组织,大胆联想,甚而借题发挥,将自己对人生挫折的感怀,融入原作的略带忧伤的享乐主义和对正统信条的怀疑精神。他认为,一首诗直译与否并不重要,但须是"活的"。"倘若不能留存原作的生命,就得注入译家自己次等的生命;宁要一只活麻雀,也强如老鹰标本"(引自 A.S. Byatt 序)。兹以开头的两阕为例,试译如下——"鲁拜体"格律为四短行押尾韵,aaba,似中国绝句,但作法上是末行发力,破题"如指甲抠心"(波斯诗人 Sa'ib 语):

Awake! for Morning in the Bowl of Night

Has flung the Stone that puts the Stars to Flight:

And Lo! the Hunter of the East has caught

The Sultan's Turret in a Noose of Light.

醒来! 晨曦已往黑夜之碗

扔进石子,星星逃散:

看,那东方的猎手抛出光索,

套中了苏丹的塔尖!

Dreaming when Dawn's Left Hand was in the Sky

I heard a Voice within the Tavern cry,

"Awake, my Little ones, and fill the Cup

Before Life's Liquor in its Cup be dry."

梦里，黎明的左手刚伸上天空，

忽听客栈内一声喊：醒醒

我的孩子，快斟酒来，

莫叫今生的佳酿短了一盅。

据说，从前阿拉伯的骆驼商队凌晨上路时，以石子落碗为号。

百年新文学，浸淫于欧风美雨；几代诗人学者皆对费氏《鲁拜集》情有独钟，汉译遂层出不穷。胡适、徐志摩、闻一多、朱湘，及李霁野、黄克孙、虞尔昌先生等，都试过身手，丰姿各异。影响最大的，似乎还是郭老的译本，只是其底本为第四版修订本（1879），颇可惜。因费氏的修订大约受了评家的压力，束缚了他的"活麻雀"的灵动，虽然稍贴近原文，读来却像是"老鹰标本"。郭老的译文热情奔放，笔触精准（"高瓴"凑韵，除外），大致可见与初版的迥别：

醒呀！太阳驱散了群星，

暗夜从空中逃遁，

灿烂的金箭，

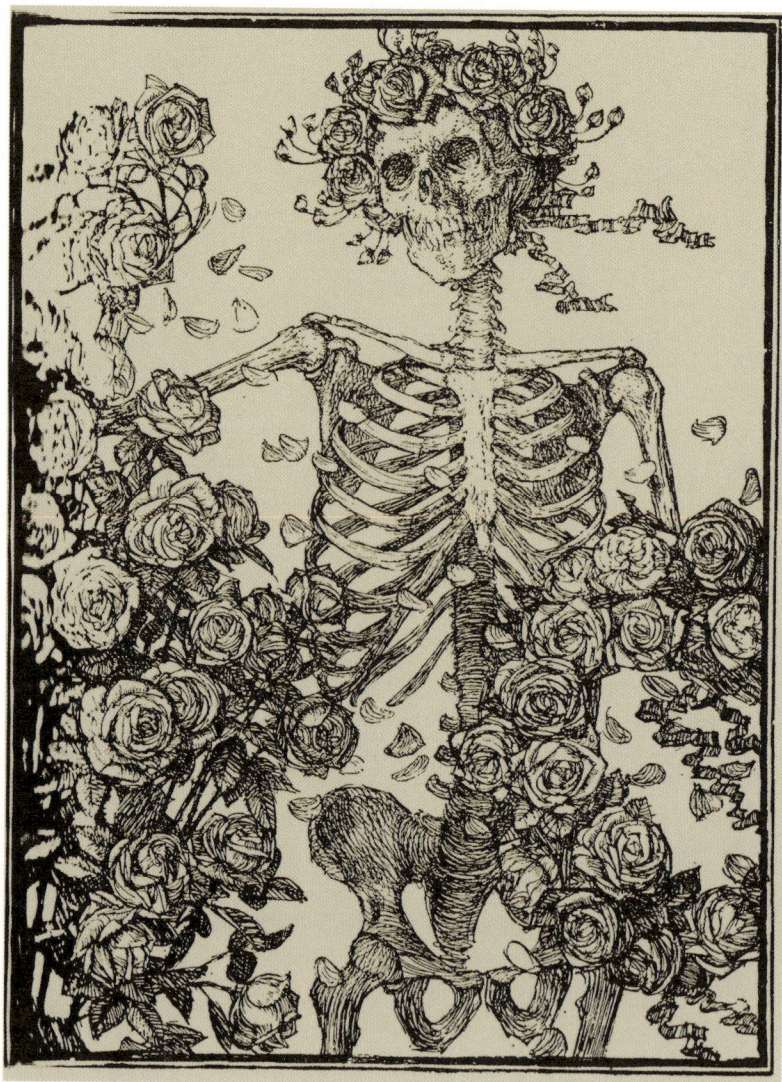

［英］萨利文（1869~1933）：《鲁拜集》插图（玫瑰骷髅）

射中了苏丹的高瓴。

朝昧的幻影破犹未曾，
茅店内似有人的呼声，
"寺院都已扫净了内堂，
托钵人何犹门外打盹？"

　　当年博尔赫斯在哈佛作"诗艺六讲"，论及《鲁拜集》，激赏费氏初版的大胆比喻，特意举出"黎明的左手"为例。左，或左手，在《圣经》与近东文学的传统，常有邪曲、不祥、罪恶的意味，乃至充当异族或"他者"的象征。而莪默的原作，压根儿就没有这一短语；完全是译者的戛戛独造。第二版起，改作"朝昧的幻影"（phantom of false morning），则精巧隐晦有余，少了点神秘的猝不及防的冲击力。假使这"东方情调"的一束诗章，不称翻译而是当作费氏的原创发表，罗赛蒂、史文朋他们还会赞不绝口吗？博翁问道（页 69）。只怕要说他滥情、媚俗，没翻几页，就把诗集丢回那堆一便士削价书里去了。

　　　　　　　　　　　　　　　　　　　　二零一零年八月

补注：

　　月前接小网友电邮，谈"黎明的左手"同"朝昧的幻影"有何寓意。上网"古狗"一下，见英国老牌杂志《天文台》（*The Observatory*）登过两封读者来信，论及费慈杰罗这一双比喻的出处与知识背景，颇有趣。第一封写于一九零五年七月，距今一个多世纪了；第二封更正并补充前者，时隔八十三年（署一九八八年四月），作者为美国西南得州大学物理系和英文系两位老师。简述如下（卷28，页356；卷108，页181）：

按费氏本人的解释，两短语意思相似，皆指破晓前东方地平线上一种短暂的白光，波斯语叫"假黎明"（subhi kazib），比"真黎明"（subhi sadik）的到来约早一小时。其实，这就是天文学上说的黄道光（zodiacal light）。"假黎明"、"伪拂晓"之类，是中东各地通行的俗名，近世西方旅行家时有记载。那光的形状常呈斜三角形，故又名"狼尾"，是一片柔和的银辉，突然出现，片刻消失。中古阿拉伯诗歌亦有咏叹或借以喻理的，如诗人 Jami（1414～1492）的箴言："假黎明说的是真话，但她的微曦仅有两口气长。"如果"subhi kazib"一语源出《鲁拜集》，或许莪默的诗章便是近东关于黄道光的最先的文字记录。

然而早有学者考证，无论"朝昧的幻影"还是"黎明的左手"，都跟《鲁拜集》无缘；莪默的原文是"sahari"，亦即黎明、清晨。所以除了费氏，各种西文《鲁拜集》均不见"false morning"或"假黎明"的译法，而只作 at dawning, the rosy dawn, one morn, un matin, morgens, heute morgen，等等。那维多利亚朝诗人的成功，果然全靠"自由翻译"来"注入译家的生命"，就像他在致友人 Edward Cowell 的信里说的（1857），纯是消遣，尽兴，好玩："It is an amusement to me to take what Liberties I like with these Persians..."

二零一一年三月

博尔赫斯（Jorge Luis Borges）：《诗艺六讲》（*This Craft of Verse*），哈佛大学出版社，2000。

费慈杰罗（Edward Fitzgerald）：《鲁拜集》（*Rubaiyat of Omar Khayyam*），A.S. Byatt 序，Edmunt Dulac 图，Quality Paperback Book Club，2000。

《鲁拜集》，Peter Avery & John Heath-Stubbs 英译，企鹅丛书，1979。

福哉，苦灵的人

——《新约》前言

译经与古人为伴，迄今快九年了。先攻圣法，复求智慧，如今这一本《新约》，是第三卷。本想如前两卷那样，作一篇序，附上释名、年表的。可是一稿下来，掂一掂，已经相当厚重，便略去了，将来另刊；只留一份简要的书目，供读者参考。这儿就谈谈译经的原理、大势和拙译的体例，或对阅览研习、查经解惑有所裨益。

大凡经典，都有层出不穷的译本，《新约》尤甚。究其原因，大致有三。一是学术在进步，二十世纪中叶以降巴勒斯坦和近东地区一系列重要的考古发现，犹太教同早期基督教伪经及各派"异端"文献的解读，极大地丰富了学界对耶稣时代的宗教思想、政治、法律、经济、社会体制和物质文明的了解。《新约》各篇的许多译名、词语源流、人物史实乃至教义，都有了新的考释。前人的译本，从学术角度看，就需要修订甚而重起炉灶，推陈出新了。

其次是语言即读者母语的变迁。旧译之让人感觉"旧"，一半是由于译文的语汇表达，跟读者的社会语言习惯和文学标准——广

义的文学，包括形象化的宗教思想与道德感情表述——有了距离，变得不好懂了，容易误会，对不上经文的原意。因此，旧译的订正、翻新，往往又是不得已的事。而且，译文既是原著的一时一地的解释，时间便是译本的死亡天使，再怎么忠实顺畅也逃脱不了——除非译作有幸加入母语文学之林，脱离原著而自成一间文字殿堂，门楣上涂了天才的血，深夜大地哀哭之际，那专取头生子性命的毁灭者才会逾越不入（《出埃及记》12:23）。当然，这是在讲译家的理想了（详见拙著《宽宽信箱与出埃及记》，页79以下）。

第三，西方资本主义消费社会的建立，全球化经济体制和文化输出，催生了文化多元、价值开放、包容异见异端的大潮。从前传统社会，宗教或宗法信条是道德的基础；可是从启蒙开始，进入现代资本主义，如康德所言，两者颠倒了关系，道德反而成了宗教的基础。当今道德立场的多元趋势，就不免颠覆一部分传统价值，影响到人们对经文的诠解和运用。不仅学术译本，连较为保守的传教或"牧灵"译本也受了压力。例如，英文"新国际本"（NIV，1978）是美国新教保守派阵营的传教译本。原是针对钦定本的"修订标准本"（RSV，1952）的自由派倾向，组织教会的专家班子翻译的，为的是捍卫经文"无错"（inerrant）的信条，坚守新教传统教义。可是，不久前新闻报道，新国际本也在修订，且专家班子已开会决定，采纳"两性包容"原则，学一些跨教派学术译本如"新修订标准本"（NRSV，1990）的榜样，把没有必要，但可能理解为仅指男性而排斥女性的经文一律改掉。例如阳性单数第三人称代词"他"（he, his, him），改成不分性别的复数

"他们" (they, their, them)，或代之以无性别色彩的名词。试想，这得改动多少句子，从摩西的诫命到保罗的规劝，又是多大的传教"牧灵"压力，才会让主事者向美国社会的主流意识形态和"政治正确"妥协，变相放弃经文"无错"的信条？

顺便说一句，相较之下，中文的"他"远没有英文那么硬性，用法也活得多，常能兼容男女两性，或者泛指、虚指（如睡他一觉），还可以用作指示代词（他人、他乡）。中文表达，在好些方面，确实跟古典希伯来语和《新约》的希腊语普通话（koine）有相通之处；就文字的简洁含蓄与灵动而言，甚而十分相似。这是现代英译，尤其学院派的造句修辞（因译者多数是大学教授）所无法比拟的。

中文《新约》不时需要修订和重译，也不外乎这几条道理。不过具体到旧译的诸多困难，似可拈出以下几点略作剖析。

旧译的成就，以新教和合本（1919）为最高，堪称几代英美传教士在华译经的"天鹅之歌"（见拙译《摩西五经》前言）。然而和合本的舛误极多，且被之后的白话译本大量继承，如思高本（1968）、吕振中本（1970）等，给读者造成不少困惑，亟须纠正。比如，近东名物每每误译：海枣（椰枣）作棕榈，毒麦作稗子，提灯作灯笼。犹大领来抓耶稣的一营士兵和差役，居然"拿着灯笼"（和合本《约翰福音》18:3），纯如国产古装大片里的场面。动词更是错得离谱：迫害作逼迫，记住／挂念作记念，惊愕／惊讶作希奇。有个百夫长爱仆病重，恳请耶稣救治；他虽是外族，却非常虔敬，耶稣听了他的信仰表白"就希奇"（和合本《路加福音》7:9），仿佛太阳下真有什么新事，让降神迹的人子少见多怪了。

有鉴于此，本卷夹注在简短的释义、重要的异文异读之外，择要举出旧译一些典型的舛讹及语病，以和合本为主，兼及思高本。例如《马太福音》五章，耶稣登山训众，第一句"福哉，苦灵的人"，夹注："苦灵，喻（甘愿）贫贱。旧译虚心、神贫，误。"分别指和合本、思高本的误译。希伯来传统，"灵"（ruah，希腊语：pneuma）指人的生命之气、整个的人、精神、灵魂；"苦灵"（ptochoi to pneumati），实际是一句希伯来/亚兰语习语——耶稣与门徒百姓讲亚兰语，故福音书所载非耶稣原话，而是经后人整理编辑，译成希腊文的数个版本——指人在"灵中"即精神上或整个的人甘愿贫贱（ptochos，本义蜷缩、乞讨，转指赤贫、穷苦）；绝不是要人"虚心"行事（谦虚），或安于"神贫"（精神贫乏）的状态。耶稣以举扬贫苦人为"九福"之首，否定传统偏见，指明了他的天国福音的一个核心理念（参阅克罗山，页270以下）。

再如，耶稣被捕前同门徒一起吃逾越节晚餐，席间他告诉众人：你们当中有一个要把我交出去。门徒们又悲又恼，一个接一个问他：不是我，对吧？出卖老师的犹大也说：不是我，对吧，拉比？耶稣的回答，若依照和合本的译法，"你说的是"（《马太福音》26:25），即是同意犹大，自相矛盾了。其实这句话（sy eipas）也是亚兰语习语，直译如钦定本：Thou hast said，你说了，"你"（sy）字重读；通常用来表示事实不容否定，委婉拒绝对方的想法，暗示其错误，相当于汉语"那是你说的"。正如后来罗马总督彼拉多审讯耶稣时，问他：你是犹太人的王，是吗？耶稣又这么回答："那是你说的。"（sy legeis，同上，27:11）暗示自己并非要称王作乱，反抗罗

[意] 杜桥（1278~1319）：《基督与撒玛利亚妇人》

马；基督的国不属今世，乃是在天上。旧译"你说的是"，却成了人子招供，承认耶路撒冷祭司当局的指控和捏造的罪名；而彼拉多把他当作罗马的敌人钉十字架处死，就是合法的了。

有趣的是，旧译有个别关键术语的误译，按学术标准不足取，却可能不是疏忽，而是传教士的刻意选择。例如，和合本将"言"（logos，钦定本：word）译作"道"："太初有道"（《约翰福音》1:1）。无论讲本义、转喻，还是阐发传统教义，这"道"都是误译。希腊

［意］丁托雷多（1518~1594）:《耶稣在玛莎和玛丽亚家》

语"言"的动词（lego）本义，有收集、安排、挑选的意思（荷马史诗的用法），言说在希腊传统，便蕴涵着思辨、理智、启示、精神追求，故而可以用来指称人格化的不朽不灭的神性。这一用法恰好跟希伯来语《圣经》里"言"（dabar）的一些义项吻合。后者不仅指言说的内容，也指言说行为及其后果。所谓"创世之言"或"圣言"，并非只是《创世记》一章记载的那几句话（"上帝说"），它着重的是至高者的大能、一言创世，及延续至今而达于万代的救世宏图：圣言乃是人类作为受造之物的道德与信仰依据，拯救的预定同保证。故在希伯来智慧文学中，又把它描写为参与创世的大智慧（hokmah，七十士本：sophia），赋予人格化的诗意的形象（《箴言》8:12-31，次经《德训篇》24 章）。耶稣时代的犹太哲人，如亚历山大城的菲罗（Philo of Alexandria），对此多有阐述。这些，都不是植根于中国哲学的传统术语"道"所能涵盖的。所以，为准确理解计，还是直译作"言"较好；能够提醒读者注意外来的宗教思想和表达。

然而，和合本不仅把"言"改作"道"，还进一步，有选择地把另外三个重要术语"道 / 路"（hodos）、"真理"（aletheia）与"信仰"（pistis），也译作了"道"或"真道"（《雅各书》3:14，《迦拉太书》1:23，《提摩太前书》1:19）。跟希伯来语经文的用法一样，《新约》中的"道"，除了本义道路，还可转指人的精神生活方向、道德准则、上帝之道等。基督的会众便美称为"道"（《使徒行传》19:23，22:4），信徒则叫"入道之人"（同上，9:2）。而和合本将圣言、耶稣之言（即福音）跟信仰、真理合并，归在"道"之下，就从根本上修正了教义。这恐怕不是一时的草率。

我对清末民初的传教史没有研究。这儿仅指出旧译在若干核心术语上的混淆。但为什么传教士译者要引入"道"，这样一个传统中国哲学与宗教术语，不惜曲解经文改造教义，一定是有着现实的考虑或传教经验支持的。不管动机如何，这一选择的历史意义是深远的。因为，加上其他一些重要术语有意无意的误译，如"信仰"也译作"信心"——强调立信皈依基于心愿，而淡化预定论和选民观念——新教的传布，就有了鲜明的"中国特色"；殊可视为基督教中国化的一项成果。因此，虽然以学术要求衡量，我们把此类曲解混淆列为误译，就传教策略跟教派发展而言，却显示了传教士的注重实际、善于妥协。我以为，在这宗教复兴的时代，和合本等中文旧译对基督教核心术语同教义的改造，是特别值得研究的。而且可以预见，随着中国社会开始伦理重建，民族自信心日渐提高，包括基督教在内的本土宗教思想，会有更为多元的发展，甚至产生新的宗派，一如历史上佛教在中土的流布。到那时，一些关键术语的改造创新，便很可能再次成为传道者的选择。换言之，传教"牧灵"的译经，若能扬弃学术之道，由"误译"生发新枝，将是基督教中国化的必由之路的一个标识。

拙译依据的底本，《新约》用德国斯图加特版 Nestle-Aland 汇校本第二十七版（NTG，1993），夹注以"原文"称之；希伯来语《圣经》（旧约）则取斯图加特版 Kittel-Kahle-Elliger-Rudolph 传统本第五版（BHS，1997）。详见参考书目。

本卷的体例与前两卷相同。希腊文、希伯来文语词，皆用拉丁字母转写，略长短音和部分软音符号；词源语音的演化方向，则以

">"表示。但正文里添了三个提示符号，说明如下：

圆括弧内，是汇校本正文采用的读法或诸抄本所载异文。例：《马太福音》3:16，耶稣受洗完毕，从水里上来，"忽然，诸天（为他）开了"。"为他"（auto）二字，西奈山抄本和梵蒂冈抄本脱，但其他主要抄本都有，故汇校本采用，拙译从之。

方括弧内，是原文省略，但中文必须写明才好理解的文字，包括所有原文没有而译文补入的圣名（上帝、耶稣、基督等）。例：《使徒行传》17:26，"他从一 [人] 造出万族"。原文无"人"字，圣杰罗姆拉丁语通行本直译：ex uno，从一。不好懂。故后世西方抄本多写作"一血"，路德本、钦定本从之。古人认为，血孕育生命，属上帝。人，指人祖亚当，据《申命记》32:8；或作族、祖先（如新修订标准本），亦通。参较和合本："他从一本造出万族的人"，费解。

星号"*"表示存疑，即所标记的经文不见于早期抄本、善本与译本，往往也未有早期教父引用，加之语言特征思想观点同上下文迥异，学界通说属于后人增补。如《马可福音》16:9-20，所谓"长结尾"；《约翰福音》7:53-8:11，"淫妇"的故事。《马可福音》原来的结尾突兀：塔城的玛丽娅等三人买了膏遗体的香料，赶来墓窟，却遇上一个穿白袍的年轻人（天使）。后者说耶稣复活了，要她们转告彼得和众门徒。她们"吓晕了"，"谁也没敢告诉，因为害怕"（16:8）。完。似乎叙述被打断了，抄本脱落一叶。后人遂参照《马太福音》等的描写，补了一短一长两种结尾。拙译从通例，取长结尾，标以星号。"淫妇"的故事，则是一则脍炙人口的寓言，但早期抄本与基督教成为罗马帝国官方宗教之前的教父文献皆不载；或录自口传的福音传统。该传统源远流长，一直延续到中世纪末期，包括阿拉伯语和伊斯兰世界流传的无数充满智慧的耶稣福音（参见哈里迪：《穆斯林耶稣》，2001）。

前两卷面世以来，收到许多读者和信友的电邮，提问、商榷、谈心得或祝祷，于我都是极大的勉励，在此一并致谢。还要谢谢清华大学"法律与宗教"班的同学，跟我一块儿探讨经文律法，研究宗教伦理信仰和现代政法体制的依存与矛盾关系。而能够顺利开展这一领域的教学，则须感谢清华同仁的关爱，并江阴孙志华君的鼎力支持。

和往常一样，内子担任第一读者，在初稿上画杠杠打钩钩，提出疑问和详细的修改意见，不放过一个字，一个标点。我愿人人读经顶真若此。

这本书献给书生。我不知道，一个卑贱者走失，他是第几次被凯撒的法定罪，归于忤逆之列（《以赛亚书》53:12，《路加福音》22:37）。但哀牢见证，有人铭记，将近四十年前那一段同为"苦灵"而蒙福的日子。因为，那福藉着这言，已彰示。

二零一零年三月

冯象：《宽宽信箱与出埃及记》，生活·读书·新知三联书店，2007。

哈里迪（Tarif Khalidi）（译注）：《穆斯林耶稣》（*The Muslim Jesus: Sayings and Stories in Islamic Literature*），哈佛大学出版社，2001。

克罗山（John Crossan）：《历史上的耶稣》（*The Historical Jesus*），Harper San Francisco, 1991。

传译一份生命的粮

——答冼丽婷

冯先生好。能否谈谈翻译《圣经》，想达到什么目的？

译经的目的，我在《摩西五经》的前言及附录（彭伦先生的采访）里说了，一是为中文读者，包括信友和圣经学界，提供一个可靠的中文学术译本；二是如果可能，力求让《圣经》立于中国文学之林，即进入汉语主流文化。注意，我说的是"圣经学"，而非任何基督教宗派的神学或教义。后者在西方的历史和理论我做过些研究，算是老行当了吧。但传教"牧灵"跟做学问，是完全不同的事业，没有哪个译家可以兼而得之。因此，现实地看，我的译本也许会影响到"牧灵"译本的修订和术语措辞，但不可能取代其中任何一种。

你在翻译《新约》上共用了多少时间？在《旧约》部分又用了多少时间？什么时候可以完成《旧约》全部翻译，出版新旧约全书？

《新约》用了两年，因为先已译了两卷希伯来语《圣经》——基督教称"旧约"，但西方学界为了尊重犹太人的宗教和民族感情，通常用这一"中性"的说法——参考资料跟术语译名都有了准备，所以进展颇顺利。之后还有两卷，即《历史书》和《先知书》。何时竣事，不太好说，因为俗务繁多。

原先的《圣经》有什么谬误呢？请举例子。

市面上流通的中文译本不少，但我想您指的是和合本（1919）。和合本是上世纪初在华新教诸派达成妥协，英美传教士在上海合作搞的译本，底本是英语钦定本（KJV）的修订本。但由于传教士西学功底浅，中文更不济，未免错误百出。别的不说，《圣经》开篇第一句话，很简单明了的经文，就栽了跟头，详见拙文《上帝的灵，在大水之上盘旋》。天主教的思高本（1968）要准确得多，但风格不如和合本直白，也不如和合本在普通读者中间传播得广。听说，和合本的修订快完成了，希望至少一些明显的硬伤、妨碍理解经文教义的舛漏能得到改正。和合本我批评过几回，然而，就传教"牧灵"的长远目标而言，着眼于新教进一步中国化的努力，我觉得目前还没有更成熟的译本。这一点，我在即将出版的《新约》的前言里谈了。

请介绍如何着手翻译《圣经》。从结构到文字及搜证，如何处理？如何保证翻译时能保存《圣经》的解读功能？

这两方面的诸多问题，我专门写了一本书讨论，叫作《宽宽信

[意] 波蒂切利（1445~1510）：《神秘的降生》

箱与出埃及记》（生活·读书·新知三联书店，2007），有兴趣的读者可以参考，此处不赘言。其实，学术译经跟教会译经的方法差不多，困难也一样，并无什么特殊，只是出发点不同，还有就是注释的角度有异。比如我一般不讲教义，当然也不持任何教派立场，夹注只举出西方学界的通说和主流观点。所谓通说，指的是一二百年来，欧美学者在圣经学、宗教学、古典语文和考古等学科领域，涉及经文解读的一些业已广泛接受的研究成果。这些成果，不光在大学课堂上讲授，也是西方主流神学院的课程内容；如《摩西五经》的片断构造和成书年代的考订，《新约》"对观福音"（头三篇福音文句内容重叠甚多，可平行对观，故名）的文本渊源，耶稣时代巴勒斯坦的宗教思想、异端文献和受膏者（基督）运动，等等。照 Bart Ehrman 教授的说法，如今一个主流神学院的学生，毕业后非得把课上学来的东西忘掉，才当得成牧师呢——有点像我们内地的法学院教育，学生一出校门，参加工作，不论律所法院还是政府部门，就把课本知识和教条原理通通还给老师了。

Ehrman 教授是学界公认的《新约》与早期基督教文献研究的专家，出身普林斯顿神学院，是 Bruce Metzger 的学生。Metzger 先生参与编订了希腊文《新约》的权威版本（NTG），也是流行的英语学术译本新修订标准本（NRSV）的主持者。现代圣经学研究，在一定程度上影响了欧美一部分较为"自由派"的教会对经文的理解。但是，中文教会恐怕一时还不会接受西方学界的学术成果，这跟中文教会自身的传统、中国社会的发展阶段、传教的大环境与应对策略有关，是不可苛责于中文教会的。我自己读经数十年，自然也有一点研究乃至一家之言，但不会放进译注里；准备等五卷《圣经》译成了，再另外著书敷演。

你认为你的译本对一般读者的吸引力及好处为何？

这些年来，收到许许多多读者、信友和学界同仁的电邮，有谈感想提问题的，也有建言商榷的，还有祈祷祝福的，都是莫大的支持。我想，一人独力，孜孜以求，这样完工的几卷译文，能够蒙读者喜爱，引起各方评议，而非如多数旧译那样默默无闻，可算是成功了一半吧。

严复也曾翻译《马可福音》，你有没有看过？评价如何？

只翻了四章吧，我没细读。严几道于福音之道，恐不是麦都思、郭实腊、施敦力、杨格非之流的对手。此事香港中文大学的李炽昌教授探讨过，我在网上见到。他引了一段清人蒋敦复的话，蛮有意思，您听听：

"若夫天教，明季始入中国。利玛窦、南怀仁诸人，皆通天算舆地之学，才艺绝伦。其所著《七克》等书，切理餍心，颇近儒者，故当时士大夫乐与之游。今之教士，其来者间有如利、南其人者乎？无有也。所论教事，荒谬浅陋，又不晓中国文义，不欲通人为之润色。开堂讲论，刺刺不休，如梦中呓。稍有知识者，闻之无不捧腹而笑。"（《啸古堂文集／拟与英国使臣威妥玛书》，引自李炽昌、李天纲：《关于严复翻译的马可福音》，载《中华文史论丛》63 辑，9/2000）。

蒋敦复（1808～1867）是上海宝山人，工词而才识过人，与王韬、李善兰齐名，曾在麦都思创办的墨海书馆（London Missionary Society Press）工作多年，协助翻译《大英国志》，还写了凯撒、圣女贞德和华盛顿的小传。他对传教士的学养素质的评价，应该是出于切身体会。当然，以牙还牙，传教士也损他，"让吸食鸦片给毁了"。只是这些以拯救异教徒灵魂为己任的大人们忘了，鸦片是怎样登陆中国的；要不是托鸦片的福，托不平等条约跟治外法权的福，自家连一句"荒谬浅陋"的话，都没处去叨唠呢。

你认为基督徒中有没有出色的翻译《圣经》人才？或是为何没有？

当然有，吴经熊先生是第一人。他用文言译《圣咏》和《新约》，朗朗上口，起伏跌宕，比那班传教士强多了。此外，还有一位高士——抱歉不是信徒——生前曾有译《新约》的宏愿，若是天假以年，必会成就一桩大功。那便是徐梵澄老人。徐先生是会通了中、印、西三大文明的罕见其匹的大学者，又是得了鲁迅先生亲炙的哲人和文章家，他未能如愿传译《新约》，实在是中文世界的一大遗憾。

翻译《圣经》后，对基督信仰有没有新感悟？你对自己信与不信基督教有没有新的看法或预见？有没有圣经学者在与你切磋《圣经》翻译时，向你传道，希望你成为信徒？你认为你可能会成为信徒吗？

呵呵，女流不忌问芳龄，男辈弗忧查信仰，这问题有点儿"中国特色"。这么说吧，美国宪法有一条原则，名曰政教分离。贯彻到教育领域，教师在校园里借用学校资产传教，就有可能引发官司。美国的圣经学和宗教学界，更是什么信仰都有，犹太教、基督教、伊斯兰教、印度教、佛教……随便向人传教可是犯忌的事，谁敢做啊。诚然，译经须对古人的信仰与先知的启示有所感悟；但同时又要特别注意，那信仰的启示，同我们这个全球化资本主义时代的教派政治和教义实践不是一回事。后者，如前文谈及的，实际是基督教进入本土化或中国化的历史进程，一个个新老宗派社团各不相像的"属灵的"生活。

你认为你的《圣经》翻译达到了文化保育功能吗？新译本是要把《圣经》放到公共领域上吗？

我想您说的"公共领域"不是我们法律上的概念，而是指常人想象中那个教会以外的"公共"空间吧。但教会绝不是一个封闭的组织，她从来就处于公共生活之内，深深地嵌入我们的历史、文化、公共道德和政治秩序。在香港，正如在内地，有哪一个教会不在散发《圣经》，不积极宣道、参与社会建构和社会斗争呢？不如此，她就不能够抚慰苦灵，传布福音，教人立信称义。在此意义上，译经，即使是"非教徒"的译经，也不仅仅是无伤大雅的"文化保育"。我想，圣法的教导、先知的呼唤、耶稣的受难复活的启示，随着宗教复兴和中国社会行将展开的伦理重建，是会为越来越多的国人聆听而认识的。一个日益多元化的容纳不同信仰的社会，需要这样一份"生命的粮"（《约翰福音》6:35）。

二零一零年六月四日

和合本该不该修订

中文《圣经》旧译，以和合本（1919）流播最广。本月，和合本出了新旧约合订的修订版，好些读者来电邮报知，也有问看法的。书我还没见到，不好评骘，但修订是否必要，我以为尚可斟酌。

和合本不仅佶屈聱牙，且舛误极多，已不是秘密。这一点，现在连"护经"的教会学者也承认。但是，从网上信友的反应来看，修订版似乎并不讨好。什么缘故呢？教民念惯了——将近一个世纪的习惯；尤其解放后大陆中断了译经，和合本几乎成了获准印行的唯一"官方"译本，因此在不少读者心目中，甚而变作了某种符号化"圣经"的代名词，不分宗教（犹太教、基督教）也不管教派（天主教、东正教、各宗新教）。可难题是，那错处连篇，留着还是改掉？

假如我是用和合本的教会，倒有一个办法以不变应万变：一个字也不改。当然，这不是建议有关人士收回不"护经"的言论。那样做，是跟全世界的学术过不去；时代不同了，代价太高，不值得。我的意思是，为传道计，那档子病语病句和误译漏译，宁可别动。传道不是做学问，标准是不一样的，万勿混淆了。在学术界，大家是把《圣经》看作古代以色列人和西方宗教的圣书、律法、历史文献、文学经典等等，是从历史语言、考古、神话学、宗教学、哲学各个角度出发，来解经译经，衡量译文，评论得失的。那同教会"牧灵"传道对译本的要求，根本是两码事。"牧灵"是做老百姓的"灵魂"或思想意识工作，传道，则是传中国化、中文化了的某一派基督教；绝非原装进口一套域外的话语，如罗马时代巴勒斯坦的宗教运动跟行为规范。正像国人烧香念佛，谁会去核对梵文巴利文与藏文经卷，搞懂每一个概念？至于和合本的语句拗口，就更不可纠正了，因那拗口的文字系着教民的宗派认同与宗教感情，是历史形成的宝贵的"牧灵"资源。这是首要的理由。

其次，错处有几句不难改，比如耶稣的训示："你们不要论断人，免得你们被论断"；"因为你不体贴神的意思，只体贴人的意思"（和合本《马太福音》7:1，16:23）。是传教士语文不及格、太陈旧，把"评判"说成"论断"，"体贴"跟"体会"弄混了。还有的却需要费点心思，推翻重来，才能还基督之言的神韵："我实实在在地告诉你们……你们将要忧愁，然而你们的忧愁，要变为喜乐。妇人生产的时候，就忧愁，因为［她］的时候到了，既生了孩子，就不再记念那苦楚，因为欢喜世上生了一个人"（和合本《约翰福音》16:20-21）。动词不对，意思全拧了；"实实在在地告诉"，不通，仿佛耶稣心虚，怕门徒生疑似的。参较拙译：

> *阿门，阿门，我告诉你们（amen amen lego hymin）……*
> *你们要悲恸，但那悲恸*
> *要变为欢愉！*
> *女人临盆时多痛，*
> *因为她的时辰到了；*
> *然而诞下孩儿，她就忘了分娩的苦——*
> *欢喜呀，人儿来了世上！*

　　但是，此类舛误比比皆是，而有经验的译家都知道，替人改错要比自个儿重译艰巨得多。更要命的是，市面上已有好几种新教"牧灵"译本，号称"重译"，可实际上大同小异，只是和合本的修修补补，一段话换几个字，语汇表达照抄。结果造成一个困局：和合本在既定教义与风格框架内可作的修订，皆已被这些"新译本"抢了先。故而和合本改动越多，便越是向后来者看齐，即失去特色，终将面临被竞争者淘汰的命运。

　　其三，是老问题：教会如何学术。"新译本"们为什么不肯另起炉灶，而取修补和合本的方式？成本考量之外，主要是忌讳学术，即现代圣经学研究。我在答记者采访时曾提及艾尔曼教授那句名言：如今一个主流神学院的学生，毕业后非得把课上学来的东西忘掉，才当得成牧师（《传译一份生命的粮》，参阅艾尔曼，页12以下）。教会学者，不管读的是哪里的神学院，其"驻会"一职，是必须了断学术方

［德］丢勒（1471~1528）：《圣杰罗姆》

可胜任的。这话有的人听见，又要暴跳了，但我只是引用一位知名专家，台湾中原大学宗教所曾庆豹教授，对学者蜕变"卫道士"的观察（《你们要听：希伯来圣经文本诠释选集》编者前言）：

"这些圣经学者顶多就是在神学院教与圣经科目相关的课程，并且被要求以'教会实际需要'的'实用导向'为主，长期下来他们并不被期待撰写圣经学方面的学术研究，甚至也不关心圣经学研究的近况，总归一句话：他们无心于'学统'的耕耘和努力，博士阶段所学的基本上是报废了，学位的取得不过是作为一纸合法于神学院授课的证明。"

曾先生说，华人教会学者由于长期受制于宗派"道统"，与"学统"疏离，遂形成了封闭心态。对于旁人的研究，往往"不从学术层面进入评判，而是从'是不是基督徒'的'道统'开始"质疑。因为，这么做"可以使自己'看起来高高在上'，以'道统'来伪装自己的学术功底"。即便是基督徒的学术成果，只要不合自家胃口，也动辄借口"无助于教会"，或者把人打入有损"信仰之纯正"的"自由派"，一笔抹杀。

这分析切中要害，至少就修订和合本而言，因为那修订所需的圣经学知识，正是与宗派"道统"格格不入的学术。

又见宗教裁判所

西方学界译经的惯例，译本是不列参考书目的，无论犹太社本（1985）、法语圣城本（1998）还是新牛津第三版注释本（2001）皆

是如此。道理很简单：那样抄一堆工具书名，对读者无益，又浪费纸张；而治圣书的专家钻研原文，学界自有分门别类的书目可供选择。然而，常有读者和学生希望推荐入门的阅读文献，三卷拙译便"针对普通读者同一般学界人士的兴趣需要，不求完备"，各附一篇简要的书目。

不知怎的，有个"环球圣经公会驻会学者"看了书目，老大的不高兴，摆出一副宗教裁判所的架势，指控我"抄袭"，侵犯"知识产权"。语无伦次，近乎谩骂，正应了耶稣的祝福：为我的缘故，受人百般污蔑中伤（《马太福音》5:11）。原本不想理会，但有一条罪名，殊觉可笑，叫作"冯象对其大量借用的 NJB（圣城本旧版的英译，间有异解异读）却只字不提"，不妨为读者略作剖析，顺便谈谈译经的体会。

法语圣城本是笔者屡次向读者推荐，并再三强调拙译研究参考的六种西方经典译本之一（见《创世记：传说与译注》前言，《摩西五经》即卷一前言及附录，《宽宽信箱与出埃及记》论译经各篇，《上帝什么性别》等）。那"裁判所"却扮个假侦探，装出追踪查找，终于破案的样子：他的夹注有抄人家的，还跟着标注参见的经文章节！殊不知，圣城本的注虽然做得好（英译也好），绝大多数却算不上是原创，一如拙译或任何现代译本的释读，只是"驻会"不知其"借用"的源头罢了。所以看到我的一些说法跟圣城本相似，就大喊"狼来了"。圣城本是罗马教廷认可的学术译本，脚注所引学说观点多来自历代天主教哲人学者的论述，但不排斥现代圣经学的研究成果，如《摩西五经》的片断汇编假说（参见《铁锚圣经大词典》有关词条)。"驻会"若是稍有点历史知识,应该指圣城本抄了圣奥古斯丁、圣杰罗姆等人才是。

至于夹注所引参见/对比的章节跟异文异读,就更没法不抄了,原文底本即希腊语《新约》汇校本(NTG)的搜罗已十分详尽,《铁锚圣经大词典》等辞书、指南、诸译本的注释,又各有各的侧重和长处,哪里是圣城本所能包揽而据为专有或版权资料的。"前人种树,后人乘凉",说的便是这学术积累而继承的悠长的传统。不加入传统并"大量借用",如何做到译注"无一字无来历"呢?可惜拙译的夹注限于字数(一般仅允许十来个字或更短),只能挑选其中极小一部分"借用",而无法展开讨论或抒发己见;这是一些友人与评家如高峰枫君引以为憾的。故此,参考书目才特意列了大学教材《理解圣经》、哈佛版《圣经文学指引》、《牛津圣经指南》、《皮氏圣经评注》等。"驻会"认为后者业已过时,是无知。正因为《皮氏圣经评注》是五十年前的优秀学术,立论严谨而偏保守,我们今天才不可不读。学界的新风潮、新资料,另有专著介绍,如书目中艾尔曼的《新约与早期基督教文献选读》和维尔墨斯《死海古卷全编》。只是那新风潮新资料的阐发,包括欧美主流神学院教授们的著作,恐怕"裁判所"读了又要"妇人生产"般的"忧愁"呢。

相关的另一罪状,竟是拙译参考了圣城本的英译(NJB),仿佛后者代表什么不可沾染的罪恶。如此赤裸裸地展览教派偏见,叫"非教徒"看了,谁不齿冷?但是,一部现代法文天主教译本能有英语等多种西文译本,并且译本不断加印,这事实本身就说明了圣城

[法] 杰罗姆 (1824~1904):《灰色"主教"大人》

本崇高的学术地位。记得当年哈金在波士顿大学念写作班时告诉我，老师用来分析的范本，便是 NJB。那个班汇聚了美国一批拔尖的青年作家和诗人，颇可见证圣城本 /NJB 的文学成就。"驻会"说我的译文"处处见到 NJB 的影子"，连后者的"误译"也照搬。那么，NJB 是否误译了呢？我看了他举的三个例子，觉得这问题远远超出了他的学养和经文阅读能力，如下：

例一，《马太福音》4:6，引《诗篇》91:12

拙译：他们（天使）会把你托在手上，以免石子绊你的脚。

NJB：and they will carry you in their arms / in case you trip over a stone.

（他们会用双臂抱起你，免得你绊倒在一块石子上）

"裁判所"以为发现了"抄袭"的证据："绊"不就是"trip over"么？可是，脚踢着石头（proskopses pros lithon，钦定本：dash thy foot against a stone），跌一跤，不叫"绊"叫什么（参较《约翰福音》11:9，《罗马书》9:32-33）？和合本作"你的脚碰在石头上"，太弱，不确，且不合汉语表达习惯，是典型的洋泾浜中文。其实，拙译之所以取"石子绊你的脚"，而非"你的脚踢着石子"，是要再现《诗篇》原文的语序（直译：以免踢石子你的脚），使诗句以"脚"字收尾而同下节押韵（91:13，而你将脚踩狮子和蝮蛇，小狮大蟒通通踏倒）。NJB 略去了"你的脚"（但圣城本保留，同钦定本），恰是我没法"借用"的一种灵活译法。

例二，《希伯来书》1:7，引七十士本《诗篇》104:4

拙译：四方的风，当他的使者，烈焰是他的仆从。

NJB：appointing the winds his messengers and flames of fire his servants.

（指定诸风为他的使者，火焰为他的仆人）

"驻会"断言，此句只可译作"使他的天使为风（或灵），他的仆役为火焰"，亦即如钦定本：Who maketh his angels spirits, and his ministers a flame of fire。但 NJB 颠倒双宾语，也是由来已久的一种读法，且与《诗篇》原文（希伯来文）契合，参见犹太社本：He makes the winds His messengers, fiery flames His servants。而我们说《新约》某处引了七十士本《诗篇》（章节从《智慧书》），是根据两者相同或相似的用词所作的推测，并不一定指《新约》的引文与希伯来《圣经》有分歧。毕竟，七十士本是埃及亚历山大城犹太经师的翻译，当一句引文可有两种读法时，似乎还是应当回到希伯来文的语法语义及语境来理解，这样才念得顺畅（《诗篇》104:2-4）："苍天你（耶和华）铺开作帐幕，大水之上搭你的宝殿，朵朵乌云造你的战车，驾起大风的翅膀疾行——四方的风，当他的使者，烈焰是他的仆从。"

两相比较，我以为"风当使者，烈焰为仆"，要比"天使做风，仆役为火"直白些。而且，"烈焰为仆"可以让人联想《出埃及记》3:2，西奈山荆棘丛中那一团火焰，是上帝的使者向摩西显现；或《以赛亚书》66:15，耶和华以烈焰为怒斥（喻降罚）。若是"仆役为火"，就看不出这几处经文的关联了。

例三，《使徒行传》28:13

拙译：然后沿岸上行，至雷玖

NJB：from there we followed the coast up to Rhegium.

（从那儿我们沿岸而上，至雷玖）

按"裁判所"定的罪名，拙译是照搬 NJB，取异文而不注明；正确的译法应是"从那里拔（锚）出发"。这话却露了他不谙希腊语的马脚。原文动词"perielontes"，意为"（从周围）拿开、取下"，并无"拔（锚）"的含义；即使读作省略了"锚"字，灵活引申，那也是"抛锚"或"松脱锚（链）"的意思（如《使徒行传》27:40，"遂松脱锚链"），而非"拔锚"启程。这个难词注家众说纷纭，是没有定解的。"拔锚"只是部分译本如新修订标准本（NRSV）的尝试（weighed anchor）。钦定本作：fetched a compass，迂回、绕道（故和合本：绕行），也是一种释读，或出自异文：perielthontes，绕行。同样，圣城本的"沿岸而行"（en longeant la cote；岸，指西西里岛东岸，化自前一句"在叙拉古靠岸"），亦是注家的一说，并非它独有的译法。所以圣城本 /NJB 不是误译，亦非异文，而是有标准《新约》词典（如 BDAG）的释义为依据的意译。

　　总之，译经首先是学术，同时也是艺术。张充和先生体味沈尹默老人的法书："看来平易近人，然仰之弥高，钻之弥坚，是由转益多师得来的创造"（张充和，页 218）。善哉斯言。我们译经，也是求那般境界，"转益多师"而化为创作。"驻会"自称，"参与"教会译经即修补和合本已有二十年，想必这道理是懂的：待别的教门的译本应宽容，即使做不到"转益多师"，也不能因为宗派不同，就乱扣帽子，忘了学术也忘了耶稣的教导。

伏尔泰的故事

　　宽容，是耶稣之爱的标识（"要爱你们的仇人，对恨你们的行善，给诅咒你们的祝福，为凌辱你们的祈祷"，《路加福音》6:27 以下），可是传教士往往反其道而行之。月前收到老友寄赠的译著，内

有伏尔泰（1694～1778）讲过的一个故事，颇有趣，恰好替前文曾先生的"教会学者"写照做一历史注释（《宽容论》十九章，载巴尔特，页 182 以下）：

　　康熙年间，广州城里有人吵架，惊动了父母官。传到衙门看时，却是洋大人：一个丹麦遣使团的神甫，一个巴达维亚（雅加达的荷兰语旧称）牧师，一个耶稣会会士。知府命上茶水果脯伺候，然后询问三人为何争拗。会士抢先回答：请大人评理，这两位先生竟敢抗拒特兰托公会议的决定！知府道：什么公会议我不懂，但"三人行必有我师焉"，谁也不可自作聪明，固执己见。遂建议将争端上报公会议。丹麦人道：大人所言极是，公会议应受尊重，所以我们才坚持特兰托之前那几个公会议的意见。哦，知府道，您同荷兰先生，您二位意见一致，反对会士喽？不，荷兰人忙说，他跟那会士一般邪念，却在大人面前甜言蜜语，我受不了！

　　父母官被弄糊涂了：您三位不都是来天朝传教的基督徒吗？该尊奉一个教义呀。会士答：大人明察，他两个实为圣教会的死敌，合伙诽谤我！当然谬论就是谬论，真理在我这一边。知府道：嗯？人难免有差错，各位不妨把道理依次说来。

　　耶稣会会士于是长篇大论宣讲起来，荷兰人和丹麦人边听边耸肩膀。轮到丹麦人发言，他两个对手一脸鄙弃的神色，荷兰人的运道也差不多。知府却连一个字也没听明白。末了，三个人嚷嚷一片，彼此诟骂，父母官费好大的劲才让他们安静了，道：各位如果还想传教，首先一条，既要宽容别人，也要让人觉得可

以容忍，明白了？

　　走出衙门，会士遇上一个多明我会修士，就告诉他，自己打赢了官司，真理全胜。不想那修士冷笑道：要是有我在场，你赢赢看！我会证明你是骗子、偶像崇拜狂！只听几声狂吼，两人扭作了一团。知府闻知，下令拿住下狱，有刑名幕友问：大人的意思，该关多久？

　　吵完为止，知府说。

　　幕友叹道：可怜他们得在牢里度余生了。

　　那就关到彼此原谅那天吧，知府说。

　　据在下所知，他们是永不原谅的。

　　嗯？那几时他们装作彼此原谅了，就关到几时！

　　我想，倘使拿修订和合本的事儿去向那欧洲启蒙的巨子请教，这故事大概会变个结尾——让我们设身处地，尽量宽容，劝知府大人对"卫道士"的偏执狭隘保持最大的耐心：

　　一天，知府忽受圣灵指引，对洋教感兴趣了，遂命释放洋人，不必具结悔过。随即分别致礼，延聘三位传教士并多明我会修士翻译圣书。待到交稿之日，大吃一惊：四人呈上的译本居然一模一样，福音书启示录，字字相同，犹如当年以色列七十二长老在亚历山大城外法罗斯岛上译经，喜蒙主的恩顾（详见《创世记：传说与译注》前言），神迹再临！命幕友择要诵咏，果然美不胜收。恍恍惚惚之间，冷不丁堂前传来一个声音，带着嘲讽：

哼，这一句，也晓得拜"天主"了呀！另一个立刻反唇相讥：对
不起，那两个汉字念"上帝"，你不认得？定睛看去，却是第三
个在嘀咕：管他译作什么，都是抄袭，最早来中国传福音的是我
们！第四个一听，跳将起来：最早被皇上御旨驱逐的，才是你
们——坏事做绝，活该！

父母官还没回过神来，四个人已经咧咧骂骂，一个揪着一
个的头发……

二零一零年九月

《摩西五经》、《智慧书》、《新约》，冯象译注，牛津大学出版社／香港，
2006，2008，2010。

艾尔曼（Bart Ehrman）：《耶稣，被遮断：揭开圣经里隐藏的矛盾（及我
们为何一无所知）》［*Jesus, Interrupted: Revealing the Hidden Contradictions in
the Bible（and Why We Don't Know about Them*）］，Harper One，2009。

巴尔特（Roland Barthes）：《中性》（*Le Neutre*），张祖建译，人民大学出
版社，2010。

《张充和诗书画选》，白谦慎编，生活·读书·新知三联书店，2010。

我动了谁的奶酪

国庆节报刊休息，文章迟几天发表（指前文《和合本该不该修订》），敬请读者诸君耐心。小诗一首，大家同乐。

我动了谁的奶酪

一块蜡黄色长了白毛发出臭豆腐气味的奶酪——

之后耳畔就嗡嗡不停，飞来几只小小的卫士，头盔闪闪发亮：

嗡嗡，你借用了！

借用什么，我惊愕。

这个！其中一只落到翻开的福音书上，停在一条夹注前

昂起脑袋，俨然一副阅读的模样。

哦，苍蝇也看书呢，我心想。

还参见《出埃及记》，它轻蔑地搓了搓腿，是照搬某英文译本！

原来如此。我把另一本打开，请它看相同的参见。

顿时，嗡嗡声连成一片，他还抄了这本！还有这里，这里，

　　这里

都是参见一样的章节，嗡嗡！

所以是大量借用而不注明出处，不列书目，不诚实！

可是，我抗议道，这是学界通例呀，法语德语拉丁语希腊语的

    本子

都这么参见，不另给出处；你们乱说，要受谴责的。

呜呜，眼前一道道黑影，他怎么反应激烈，失态了呢？

而且，而且那些夹注本身也是搬字过纸。看

这一句，"抵押"二字，明明是人家脚注里写着的，嗡嗡。

可是耶稣说：若有人想告你，夺你的内袍，你连外袍也让他拿

    去——

说的不正是《出埃及记》，放债的向穷人索利息

"收人方袍作抵押"那件事吗？

怎么不许我写"抵押"，做个注呢？

不行！一只红头的气势汹汹：经上说的不是"抵押"

是"当头"（和合本《出埃及记》22:26）；另外这句

"太初创世，圣灵盘旋"也不行，除非承认是借用！

那是拙译呀，自家文字也不准引么……

总之，另一只绿头的嘤嘤插话，他没在参考书目中列出。

对不起，我翻到参考书目，这是给普通读者开的，特意说明

    了……

不！那红头飞下去，对准那"书"字，狠狠一弓尾巴

屙了一滴黑屎：难道我们不也是读者？

啊，我赶紧挥手赶它，我怎么没想到呢

书来到世上，除了人读，还有别种的眼睛盯着——

日头下的苍蝇，暗地里的蚊虫，甚而墙角的蜘蛛，不对

蜘蛛读的是网底的苍蝇，我闹糊涂了……

窗外，黄叶满地。

再看那奶酪，竟发黑了

已经驻扎了一支嗡嗡的队伍，蠕动着

胜利地蠕动着，那自得的阵容

仿佛拼出两个字来：

"驻会"

二零一零年十月

小诗小注

A 君惠览：

谢谢支持。此番闹剧，他们策划已久，那"讨公道"的自己说了。面对不义攻讦，耶稣说应该"欢喜不尽"（《马太福音》5:12）。故而"同乐"一下。但拙诗只是温和的讽喻，算是文学尝试吧——新文学有讽喻的传统，从大先生到散宜生，绵延不绝。"文章信口雌黄易，运动椎心坦白难"，这样的旧体诗，不是"湘乡南皮之间"传统道德理想的坚守，而是走新路的坎坷和不驯服。没有几十年革命斗争的锤炼，没有加入最底层的人们的命运，是绝对写不出来的。

扯远了。既有读不懂的，不妨小诗小注，如下：

我动了谁的奶酪

标题，化自 Spencer Johnson 畅销书《谁动了我的奶酪》。小诗与该书，内容风格皆不相类，但语词略有重复。如"奶酪"和

"动"，诗中各出现四次（包括动词"蠕动"），"了"字达十三次之多，按"驻会学者"的标准，或已触犯"大量借用"之罪。

福音书

指拙译《新约／马太福音》，牛津大学出版社／香港，2010。

某英文译本

指圣城本旧版的英译"新耶路撒冷圣经"（NJB，1985）。圣城本有三个版本（1955，1973，1998），前两版有英译（1966，1985）。NJB 的脚注译自圣城本，《新约》部分虽有补充，但内容多涉及天主教教义，与拙译的夹注无关。"驻会"对圣城本／NJB 的不满情绪或宗派立场，笔者完全理解。但本人并非天主教徒，无意也无资格传播宗教，或介入纷争。参考圣城本，如同研究别的经典译本和圣经学著作，纯粹是出于学术和文学翻译的需要。

另一本

即圣城本。迄今为止，"驻会"所举拙译夹注"大量借用"NJB脚注的例证，NJB 脚注皆译自圣城本。这事实，他一定是知道的，然而必须对读者隐瞒。所以想出一条计策，即贸然指摘 NJB"误译"，并断言拙译也跟着"误译"，以便造成假象，误导读者推想，拙译夹注是抄袭 NJB 脚注，而非多来源资料的精选与重构。不幸的是，他举出的三个例子，NJB 都没有误译（且不论拙译是否参照）；相反，不实的指控暴露了指控者的无知，及未解译经之道。我已撰文详细分析（见前文《和合本该不该修订》），此处不赘。

"驻会"指摘 NJB"误译"，既已失败，便失去了捏造拙译抄袭NJB 的罪名的唯一资本，他所谓"铁证如山"的指控也就现出了本相，即谎言。

总结教训："驻会"傲慢，急于攻讦，小看了圣城本和 NJB 译者班子的学术水平。一般而言，成熟的现代西方学术译本之间，译文释读与用词不同，背后都有充分的语文、历史和解经依据，是不能随便斥为误译的。

相同的参见

现代译本之间，标注参见经文章节相同或相近乃是常态，不说明任何问题。因各大语种的学术译本、评注和拙译所据原文底本希腊语《新约》汇校本（NTG），都列有详尽的参见边注或脚注，相同处比比皆是。如"驻会"列举的罪状之一，《马太福音》6:6 夹注中两条参见，《列王记下》4:33，七十士本《以赛亚书》26:20，早已载于 NTG 边注。圣城本该节的参见，则多出两条。NJB 的参见，全译自圣城本。

这里，这里，这里

指"驻会"声称与拙译夹注参见相同或内容相近的诸译本。但是，按"驻会"宣布的学术信条，"抄千百家就叫参考"，他这"大量借用"的罪名便很矛盾。怎么别人包括他自己可以"抄千百家"，这话指着我说却成了罪状？

学界通例

西方学界惯例，《圣经》译本不列参考书目，脚注亦不标出处。如犹太社本、圣城本、新牛津第三版注释本，都是如此。做注不是写论文，规矩有所不同；脚注不求原创，但求"无一字无出处"，是圣经学常识与通说的汇集。这个道理，笔者在接受香港记者采访时也谈到（见《传译一份生命的粮》）。译者注家选取资料，所依据的词典、百科、评注、前人译注、经典著作和学者综述等等，范围大同小异。

实际上，拙译的夹注很难照搬前人的脚注。因为，中文读者所需或感兴趣的背景知识和经文解释，是不能仅从西方译本的注释角度来考虑的。况且夹注限于字数，必须简短，相关资料要精选浓缩重构了才能派用场。若是原样照搬，反而不利阅读而费解了。这一点，相信任何不带偏见的读者，浏览一下拙译的夹注，再读读圣城本或任何西方译本，都会同意。

抵押

《马太福音》5:40夹注：如作抵押，《出埃及记》22:25。福音书此节耶稣诫命的用典，是学界常识，一般注释和学者论述都会提及。"驻会"居然也拿来指控"借用"，仿佛那是NJB（译自圣城本）的独家见解。须知解经是一个两千多年的传统，《圣经》里每一句话、每一个字，均有无数注释的积累。一条简短的常识性夹注，要想不同前人译本的脚注重叠，是不可能的事。

"驻会"所举的绝大部分"借用"，都是此类学界常识，参考书工具书的条目。如《马太福音》2:11，三智士向婴儿耶稣献礼，夹注指出黄金乳香没药的象征意义，以及"后世由礼品推想，智士为三人"。这一说法，翻开例如"驻会"视为"过时作品"的《皮氏圣经评注》（1962）即有。而圣城本的脚注写法不同，未提智士为三人的由来，可见另有所本，或侧重不同。

再如《马太福音》5:39，夹注引《罗马书》讲"戒暴力报复，而非否定与不义作斗争"。相同的看法与参见章节，不仅见于圣城本脚注（文字迥异），也是《皮氏圣经评注》与别的注家讨论的内容。为什么我就不能做注指出呢？"驻会"有点霸道了吧。

又如《马太福音》2:16，希律王被智士耍了，大怒，下令杀伯利恒两岁以下男童，夹注：犹太传说，摩西诞生后，法老受术士蛊惑，曾下令屠杀男婴。此故事流传甚广，详见金士伯的七卷巨著《犹太人的传说》（霍普金斯大学出版社，1998）。笔者写过不少取材于犹太传说的故事，这方面资料早有积累，何须"借用"福音书的一条脚注。

其余的"借用"例证，荒谬之处类同，就不一一指出了。

总之，常识性的简短注释，其源头乃是学界通说，而非某一译本的脚注。换言之，只有反常识或独具一格的内容文字，尤其是错误的注释（如谬称 NJB "误译"），出现在前后两种译本，才有可能据以辨认一方向另一方的借用。而这样的注释，在拙译或一般面向普通读者的西方学术译本，几乎是没有的。

所以，"驻会"先已认定拙译夹注"只是一般性的资料，谈不上什么创见"，再主张 NJB（译自圣城本）的脚注为那"一般性的资料"的唯一来源，便是自相矛盾——是无知还是撒谎，抑或兼而有之，两条诫命同破？

当头

和合本的误译（"你即或拿邻舍的衣服作当头"，《出埃及记》22:26，章节从钦定本，与拙译所据希伯来语《圣经》传统本相差一节）。当头，是向当铺借钱所用的抵押品，《出埃及记》描写的跋涉荒野的以色列人，怕是没有条件开当铺的。故应如拙译作"抵押"
（参较《申命记》24:10 以下关于抵押的律例）。

太初创世，圣灵盘旋

《马太福音》3:16 夹注，化自拙译《创世记》开篇第一句。此
句笔者曾著文分析，指出和合本的误译："起初……神的灵运行在水
面上。"（详见《上帝的灵，在大水之上盘旋》）基督教解经，素以此
句比附耶稣受洗，圣灵降临，开新天地。"驻会"竟不知出典，看到
NJB 译自圣城本的脚注有"hovers over"、"new creation"字样，便
误以为是"借用"。同注，跟着的那句，"膏立人子，开辟新天地"，
也是转引经文（《路加福音》3:22，《使徒行传》10:38，《彼得后书》
3:13，《启示录》21:1）。注经须引经据典，跟"文革"时候讲话写文
章，处处化用毛主席语录，是一个道理。圣城本该节的脚注，内容
文字要复杂得多。

这些没打引号的《圣经》名句，"驻会"看不出来，对于独
力完成了《摩西五经》、《智慧书》和《新约》的译者来说，却是
熟悉的经文。以经注经，是犹太解经的传统方法，希伯来语叫
midrashim，福音书作者更是经文比附的高手，句句呼应，字字有来
历。不能因为圣城本或任何西文译本有条脚注也用了某一传统解释，
或以同样的经文比附，就禁止我以经注经吧？《圣经》面前，译者
是平等的；这既是学术原则，也是基督教思想。

同一母题（新天地）的以经注经，另见《马太福音》9:14 夹
注：约翰的门徒"希望"以禁食悔罪"加速末日审判的降临"，化
自《彼得后书》3:12，"盼到……催来上帝之日"。参较圣城本脚

注：pour hater par leur piete la venue du Royaume，以便用他们的虔敬，催来天国；NJB 同，但以"主"婉称"上帝"：that their devotion would hasten the Day of the Lord，（盼望）他们的虔敬可催来主日。

　　还有的地方，即使文字相似，也未必是"借用"。因有些表达属于术语和学界行话，早已约定俗成了。如《马太福音》9:14 和《路加福音》18:12，夹注"禁食次数超出律法规定"一句，便是源于拉丁语（罗马法）的宗教术语，即 fasts of supererogation，为表示虔敬、悔罪而超出律法规定每周禁食两次（见《皮氏圣经评注》注《路加福音》18:12，参引 Didache 8:1，及拙译《马可福音》2:18 夹注）。参较圣城本脚注：des jeunes surerogatoires，超出律法规定的禁食；NJB 译作：fasts not prescribed by the Law，无律法规定的禁食。都是同一句术语，谈不上谁"借用"谁。

参考书目

　　译本不列书目，是学界通例（见"学界通例"条）。拙译共五卷，已出版三卷。书末的参考书目，是写明了给"普通读者和一般学界人士"及"初习圣经者"准备的。"驻会"刻意隐瞒了这一事实，蒙蔽读者。

　　也许，"驻会"之间对事实和谎言自有一种驻会式的理解。比如，拙文曾提及的希伯来大学《圣经》（HUB，见《上帝什么性别》），一九九五年以来已有三卷问世，即《以赛亚书》、《耶利米书》和《以西结书》，如今网上到处有卖，他却一口咬定"还未出版"。照此推论，则拙译三卷亦可算作"还未出版"了。思维如此混乱而反常识，倒是可以考证一下，是从哪儿"大量借用"的。

苍蝇

特指酪蝇，学名 Piophila casei，约四毫米长，蛆虫孳生于奶酪、火腿、熏鱼、咸肉等食物，英语俗名 bacon fly，咸肉蝇。蛆虫长八毫米，又叫 cheese skipper，跳蛆，形容它高达十五厘米的超级跳跃能力。意大利人有食酪蝇蛆的习俗，制法是取一种 Pecorino 羊乳酪，切开，让酪蝇产卵，待蛆虫孵出，奶酪发酵，变软"流泪"，即撒丁岛的传统美食活蛆腐酪（casu marzu）。维基百科有图片与说明。

发黑

昔日，耶路撒冷城传道人有言（《传道书》10:1）——

一只死苍蝇

能坏一碗配制的香膏，

一点愚妄

能盖过智慧和荣耀。

愿善良的人们牢记。

二零一零年十月八日

果然"一个受攻讦的记号"

——答香港周报记者

欢迎冯教授来访。我们希望就以下几个题目，同教授作一次书面访谈。首先，您怎样看《圣经》的文学和历史价值，特别为中国而言？

希伯来语《圣经》、希腊语次经与《新约》的经典性，是早已为历史所确认了的。因此一般所谓《圣经》的文学和历史价值，实指圣书的新老译本；就中国或华人世界而言，便是如何建立中文译本的经典性的问题。旧译略有成就，尤其是（新教）白话和合本，从一九一九年在上海问世至今，对新教在中国的传播和基督教中国化做出了贡献。不幸的是，和合本生不逢时，没赶上新文学运动，到了上世纪下半叶，读来便像是吃夹生饭了——旧白话同未成熟的欧化句式的夹生。加之传教士学识浅陋，译事粗疏，遂留下无数舛误、病语病句。所以八十年代开始，圣经公会就组织人力预备修订。今年九月，终于推出了新旧约全书的修订版。此前，教会业已出版了几种和合本的简写跟改写本（如现代本、新译本、新汉语本），对和合本多有订正。如今这些"新译本"有了圣经公会修订版的背书，就大大削弱了和合本的权威与合法性。然而，"新译本"并未获得教民的认同；依旧是生涩的文句，难以用于礼拜祈祷，改错亦不准确；好些地方，添个"的"字"和"字什么的，反而把和合本的风格改掉了。例如，《马太福音》5:3，和合本作"虚心的人有福了"，明显误译，不通。新译本改作："知道自己在属灵境界中是贫乏而且有需要的人是有福的。"竟把别人的诠释拿来，充当经文。这是目前中文（新教）"牧灵"译本所面临的一场潜在的危机。

有鉴于此，我以为，修订和合本或许应当缓行（详见拙文《和合本该不该修订》）。轻易抛开一部成熟的"牧灵"译本，很可能会影响到所有新教译本的效用，经典性更无从谈起了。

拙译的目标与"牧灵"译本迥异，不是竞争关系。但我欢迎"牧灵"译本不可避免的"大量借用"（详见下文）。此次和合本修订版《摩西五经》部分对和合本的一些匡正，看得出是参考了拙译及我对和合本舛误的考释的，虽然还有众多的误译跟语病未能割舍。

宗教之外，从文学、语言学等学科的角度去翻译《圣经》，这进路可以给宗教带来什么益处？

文字是圣言的载体，传教离不开文学，谁能把它们分开？（新教）教会译经既然以改写／修订和合本为主，当务之急，便是培训译者班子，提高他们的中文水平。解放后，教会译经南迁香港，给改写／修订工作带来诸多不便。香港中小学的语文教育太浅了，而且往往不受

[法] 多雷（1832~1883）:《受难的法利赛人》

重视。这对研读《圣经》和翻译人才的成长，都是极为不利的。

您可以读读和合本修订版的前言，短短几段话，就出了好几处错。比方说："感谢众多主内同工和顾问们历年来的委身与辛劳。"这"委身"用得委实尴尬，难道"主内同工和顾问"参与修订工作，是迫不得已（见《现代汉语词典》"委身"条）？接着的一句，"靠赖"上帝的恩典，也是生造，难听；应换成"依靠"或"仰赖"。最奇怪的是末尾的祈愿，居然声称"献上这本圣经，求上帝使用，叫更多人归向他"。完全颠倒了教会同上帝（天主）的关系。教会修订和合本，是替信众和教外人士服务，因为和合本有毛病，洋泾浜中文，大家读不懂。上帝全知全能，要读和合本干什么？莫非人信教，加入用和合本的各个宗派，是由于上帝念懂了"虚心的人有福"不成？逻辑不通，简直匪夷所思。

我怀疑，修订者想表达的意思是，"求上帝保佑"或"降恩"，让更多的人阅读即"使用"修订版，并期盼教会藉此而发达。

那么，您怎样看近期本港基督徒对您的译本的批评呢？

呵呵，圣经公会那几个"驻会学者"，恐怕代表不了香港基督徒吧。所谓"批评"，类似自戕，十分可怜、可悲。请注意，他们的逻辑是，只要拙译某处同法语圣城本旧版的英译（NJB）的译文或注释相近，无论是否常识、学界通说、译经惯例，也不管有无别的出处，抑或源于笔者自己的译文或用语，不分青红皂白，一口咬定："大量借用"NJB。可是，依照这荒谬的逻辑，圣经公会非得关门大吉。因为，自二零零四年拙译陆续发表以来，"驻会"们改写／修订和合本，只消超出和合本一个字，即可能落入我的译文、夹注和论著的内容文字范围，故而必然属于"大量借用而不注明"——而且是同一种文字即中文的直接"借用"。而之前、之后旁人相同或相近的译文、注释、论述，一律不许参考。这样一来，"驻会"们岂不都要失业？

例如，《马太福音》2:11，"驻会"若想作注或评论，解释来自东方的三位智士（magoi，修订版：博学之士，化自和合本：博士，不妥）向婴儿耶稣献礼的象征意义，以及后世由礼品推想，智士为三人——他就必须注明是"借用"拙译的夹注，而不能以此说属于圣经学常识，或另有出处（参见维尔墨斯，页11，114）为理由辩解。

再如，修订版将和合本的"逼迫"改成"迫害"（《马太福音》5:10以下），"论断"改为"评断／审判"（同上，7:1），"体贴"（神的意思）改作"体会"（同上，16:23），"希奇"改作"惊讶"（《路加福音》7:9），"记念"改作"记得"（《约翰福音》16:21），等等。这些都是我指出了的和合本的误译和病语；按照"驻会"的荒谬逻辑，恐怕都得算成他们"大量借用"拙译的例证呢。

在翻译《圣经》的过程中，有什么乐趣和困难？教授花了多少时间译经？完成《摩西五经》、《智慧书》及《新约》后，未来有何翻译计划？

译经的计划，是多年前就定下的，现在一步步地去做，不急。须知译经乃是跟亚伯拉罕、摩西、大卫王、以赛亚、约伯等先知圣人同行，是与耶稣、保罗、雅各、彼得、约翰同在，用《圣经》的语言说，不啻蒙神的智慧的恩顾，那是何等的大欢愉！说到困难，当然是少不了的，几乎每一句话、每一个字，都需要踟蹰再三，细细审辨。但是，比起"驻会"们的集体"译经"即改写／修订和合本，我想，麻烦事还是要少很多，条件也好些。您想，他们几十张嘴，头上五六家婆婆，即使一两个人偶尔得了灵感，摸着点见识，经过讨论审查咨询顾问，一大圈走下来，哪怕是神的"默示"，也被磨平棱角，成了俗见。官僚主义跟庸人政治不仅是政府的顽疾，也是教会的赘疣。这是他们六十年来成绩平平，蹉跎岁月而无法进步的根本原因之所在。

乐趣，则最近多了一样，可算是译经的殊荣，就是遭遇无知、谎言与宗教偏见的泼污。经书说的一点不错，人子福音果然是"一个受攻讦的记号，叫众人袒露心底的想法"（《路加福音》2:34-35）。不是吗，历代的贤哲与自由思想者，斯宾诺莎、霍布斯、伏尔泰，在宗教偏见面前，都做过这"受攻讦的记号"（semeion antilegomenon，和合本：毁谤的话柄，不确）。所以我希望他们继续骂，别停歇，骂上个十年二十年，最好是把我的译本和著作通通收缴了，堆在教堂门口，一把火烧掉，上演一场"驻会焚圣经"，那才带劲儿！

二零一零年万圣节

冯象：《和合本该不该修订》，载《东方早报／上海书评》，2010.10.17。

和合本修订版《圣经》，香港圣经公会，2010 年 9 月初版。

维尔墨斯（Geza Vermes）：《耶稣三卷：圣诞、受难、复活》（*Jesus: Nativity, Passion, Resurrection*），企鹅丛书，2006，2005，2008。

误译耶稣

　　《读书》去年六月号有篇文章挺好，《新约圣经：绝对神授还是历史产物》，介绍艾尔曼先生的《误引耶稣》（Misquoting Jesus, 2007）。艾氏在美国北卡罗来纳大学教授《新约》及早期基督教有年，著述极勤，文风活泼，还常上电视，在美国圣经学界可算个公众人物。他的书若能准确地译为中文，对于学界和普通读者，都是一件功德。

　　不过文章有两处小疵，经文引述则涉及《圣经》汉译的一个老问题，似可略加检讨。当然瑕不掩瑜，再说一遍，这文章大体是不错的。

　　先说小疵。一本讨论经文传抄跟校勘的书，上了《纽约时报》畅销榜，而且连挂九周"售出三十八万册"，作者觉得"出人意料"，录了一句《华盛顿邮报》，称《误引耶稣》为"最不可能成为畅销书的畅销书"。其实"最不可能"云云，跟中译本把书名改作《制造耶稣》一样，是营销手法，上海人叫"摆噱头"。在美国，走出学界向老百姓和信众讲《新约》"误引耶稣"，那个效应，是毫不逊色于我们这边的写手言之凿凿，指毛主席诗词哪几首出自胡乔木之手的——要想不吸引眼球也难。此外，九十年代以来宗教全球复兴，圣经学、宗教研究在西方成了热门学科和传媒话题，也是《误引耶稣》得以畅销的市场条件。

文章末尾，谈到艾氏的思想经历，怎样由虔诚的福音派信徒成长为"不可知论者"（agnostic），给人的印象，仿佛他是因为钻研了版本校勘，发现经书的历史"本源"才"离经叛道"的。事实上，艾氏在别处多次声明，放弃基督教，跟在普林斯顿神学院接受现代圣经学知识与历史批判方法没关系。真正让他困惑、心生疑窦的，是所谓"约伯疑难"或"好人为什么受苦"的拷问。经过长久的思考和痛苦的内心斗争，他认为这道难题在一神教教义的框架内，不可能得到合理解决并升华为生活的慰藉；这才告别教会，转向了不可知论（参阅艾尔曼：《上帝的难题》及《耶稣，被遮断》）。至于课堂作业要学生"横向读经"，就是找出福音书里的平行故事，比较语汇情节的异同，这办法古人早有记载，还列出一组组的"对观句段"（synoptic pericopes），发展了精微的神学解释。故此，承认部分经文为托名作品，或者由不同渊源（时代、地域、个人或社团）的片断或文本传统编辑而成，跟主张经书神授，奉为圣言或上帝之言，这两种立场虽然对立，却未必动摇得了信仰，是可以妥协而共存的。毕竟，信仰不靠（有时也不容）论理：人性孱弱，奥义无穷；宗派纷争，永无宁日。教义即人意亦即政治。传世抄本犹如历代译文，充满了消弭不了的歧义跟矛盾，原本是不足怪的。

历史批判的关键，在于跳出传统教义同解经学的循环解释，从语言学、考古学、比较宗教学等等出发，考察产生各个文本传统的社会生活与宗教文化。这现代圣经学的方法，可以追溯到两位大哲——霍布斯（1588～1679）和斯宾诺莎（1632～1677），上世纪下半叶渐次融入西方主流神学院的课程内容，只是一般保守派教会还不肯接受。所以艾氏才说，如今神学院的毕业生若是想当好牧师，得把老师教的通通忘了才行。这实在是资本主义消费社会特有的伦理悖论：信仰被做成了即异化为冷冰冰的一门职业技能，灵魂背弃智慧。

老问题，则是作者从俗，引述经文用了旧译和合本（1919）。和合本舛误极多，传教士译者的理解和表达，带着近百年前新教诸派初具中国特色的烙印；据以了解或研究古以色列的先知、罗马时代的宗教思想抑或西方基督教，就很容易出错。我们看文章论及的两个例子。

《约翰福音》八章有一插入的片断，脍炙人口，叫"耶稣与淫妇"的故事。"加利利先知"（耶稣）回答圣城的经师与法利赛人（捉奸者）：你们当中谁没有罪，谁先拿石头砸她！文章却引了和合本，"你们中间谁是没有罪的，谁就可以先拿石头打她"（8:7）。

这里，"可以"二字画蛇添足，把语气变了，成了条件句，仿佛耶稣是酌情允许砸淫妇的（前年香港出版的和合本修订版，参照天主教思高本，已删去二字）。其实，即便捉奸的是挪亚般的"完人"（《创世记》6:9），先知也不会同意用石头定死罪。捉奸者深知

[德] 老克拉纳赫 (1472~1553)：《耶稣与淫妇》

这一点。他们的如意算盘是，逼耶稣否定摩西颁布的刑律（《利未记》20:10），抓个把柄告他。倘若人子同意（包括酌情"可以"）定死罪，则他教导的仁爱、怜悯、宽恕就成了伪善。不想耶稣一言不发，弯下腰去，用指头在地上写。然后起身反问，诉诸一条更为"基要"的上帝诫命，即爱人如己（爱邻人如爱自己，同上，19:18，34），并以此为宽赦的依据：只要罪人肯悔过自新，就不应机械地适用石刑。只不过，耶稣所说的"罪"并非捉奸者要定的那"罪"，或律法上的罪名。

于是，待捉奸者惭愧而退，先知告诫妇人：去吧，今后别再堕罪里了（meketi hamartane，《约翰福音》8:11）。和合本："从此不要再犯罪了",看似直白,实则偏了。因为耶稣关心的,不是她的婚外性行为或犯通奸罪,而是要她彻底悔改,抛弃"旧人"的一切罪愆而做好进天国（获拯救）的准备。正如耶稣曾在恩屋池（be thesda',旧译毕士大）给人治病,对痊愈的说:看,你康复了,别再堕罪里了（《约翰福音》,5:14）。也是敦促悔罪皈依,而非指那人的沉疴起于法定的某项罪过。那意思,近于他传道伊始,对所有人,律法上不论有罪无罪,宣讲的那一句福音:悔改吧,天国已近（《马太福音》4:17）!

原来"罪"（hamartia）对于耶稣,乃是一种普遍的生活状态,即皈依者必须摆脱的现世之恶,而非律例规定的这样那样罪名。故他的告诫,并无轻饶通奸,下不为例（"不要再犯罪"）的意思。同理,先知拒绝定妇人的罪,也不是容忍违法行为。之前那句话,"你们中间谁没有罪",实际是指出众人皆在罪中,哪怕最严格自律、谨小慎微的法利赛人,亦不例外。如此,才好理解人子对圣法（torah）的态度,"我来不是要废除,而是要成全 [律法]……即使天地灭了,这律法也不会少掉一点一画,定将全部实现"（同上,5:17）。

拉比耶稣不像使徒保罗,是尊重圣法的权威与效力的。紧接着"淫妇"故事,耶稣自称"世界的光",要人通过他领受"生命之光"。法利赛人不服,说那是一张嘴的孤证,依法不得采信。先知道:我的判断必真实,因断案的非我一人,那差遣我的父与我同在（《约翰福音》8:16）。人子引天父为另一位见证,否定了孤证的说法（同上,5:31-32）。他还告诉法利赛人:我就要去了。你们会把我寻觅,会死在自己的罪里（同上,8:21）。那罪,一如他要淫妇悔改之罪，也不是具体的罪名，而是所有不愿悔改的人（包括信徒在内）的生活世界，及下地狱的命运。

这段讽喻除了可疑的文本身份（详见前文《读注》，载《东方早报／上海书评》2008 年 11 月 16 日），还藏着一桩"奥秘"，那就是，故事不可能如读者的第一印象，发生在受膏者（基督）的敌人身上。试想捉奸者既然要用律法来难为耶稣，自己就一定是处处守法的"无罪"之人，当然也不会认同先知对罪的创世论阐发或扩张解释，从而感到"受良心谴责"（据部分抄本），而"从年老的开始，一个接一个溜走"（《约翰福音》8:8）。先是不满耶稣向妓女税吏等罪人施爱，复又"受良心谴责"，这些人是谁呢？应该是跟从了耶稣，但仍旧"奉割礼"的同胞，即福音书所谓"信他的犹太人"（同上，8:31）。唯有他们才会被拉比的箴言说服，认识到自己对律例的看法错了。而这一片断置于第八章开头，而不在别处（如一些抄本），恰好引出后面耶稣同圣殿里听他讲道的"犹太人"决裂。那些"犹太人"信徒不是别个，正是人子受难后还想着把"老师"寻觅的"法利赛人"（同上，8:4）。但因为不曾悔改彻底，终不免"死在自己的罪里"，哪怕他们从未犯法。易言之，这本是同一宗教运动内部的一次"路线斗争"。然而站在经过保罗修正、遗弃了割礼等圣法原则而走向外族的"普世主义"新宗教的立场，此类唯律法主义"异端"或"法利赛人"不啻最可怕的威胁，故而必须妖魔化。结果，便形成了福音书描绘的敌对关系，一伙"撒旦子孙"对基督的"试探"（同上，8:44）。

第二例，在《马可福音》末尾，如下：

[意] 曼泰尼亚 (1431~1506):《耶稣在油榨园》

　　耶稣被捕前率众徒走出圣城，入油榨园（gathshemane，旧译客西马尼）祈祷。他蓦地哀伤焦躁起来，对门徒说：我的灵悲痛已极，几如死了一般（《马可福音》14:34，化自《诗篇》42:5，参较《马太福音》26:38）。文章引和合本：“就惊恐起来，极其难过，对他们说：我心里甚是忧伤，几乎要死。”

　　《马可福音》刻画的耶稣，可不是遇事发愁的伤感少年；他饱经风雨，会发怒也会骂人（例如训斥彼得：你给我后边去，撒旦！8:33）。说他因想到即将被弟子“交出去”，面临残酷的处死而“惊恐”，就过了一点，“难过”又有所不及；“心里忧伤”则近于才子佳人戏的唱词了，况且原文不是"心"，是"灵"（psyche，本义气息、呼吸）。而此处"灵"不可解作"肉"的对立面，如希腊哲人的学说；应按照希伯来用法，指生命，或灵肉一体整个的人（故新修订标准本干脆略去，以"我"代之：I am deeply grieved〔我悲痛已极〕）。

同样，人子被钉上十字架，咽气前那一声喊（也是文章引用的）：父亲啊，我把我的灵，托付与你的手了（《路加福音》23:46，引《诗篇》31:5）！此句的"灵"（pneuma，本义风、气），亦是喻指生命。"托付"（paratithemai），和合本作"交在"（你手里），不妥。因为人子来世，为拯救世人而受难、复活，并非简单地交出灵魂（咽气），而是奉献生命，完成天父嘱托的使命。这道理古人都明白，所以拉丁语通行本译作：Pater, in manus tuas commendo spiritum meum；德语路德本：Vater, ich befehle meinen Geist in deine Haende；英语钦定本：Father, into thy hands I commend my spirit，皆是"托付"（commendo, befehle, commend），不作"交在"。

就译艺而言，取"托付"而不用"交在"，还有一层考虑，便是近义词的区分。"交在"或"交出"，福音书里一般是译希腊文paradidomi 及少数同源词（didomi 的派生词）。仍以《路加福音》为例，撒旦诱惑耶稣，说：权柄荣耀……都已交在（paradedotai）我的手里，随便我愿意给谁（4:6）。再如基督的名言：那就凯撒的交与凯撒，上帝的归上帝（20:25），"交与"（apodote）是同源词。原文"交出"还有"背叛／出卖"的意思，如"人子注定了要交在人的手里"（耶稣语，9:44）；犹大去见祭司长，"密谈交出耶稣的办法"（22:4）；"那个把我交出去的，他的手就在我身边，在桌上"（耶稣

语，22:21），都是说门徒叛卖老师。"托付"（paratithemi）则词根不
同，本义"置于一旁"。《路加福音》写耶稣受难，迥异于前两部福
音，有一种崇高而安详的韵味——除了插入（善本均略去）的形容
被捕前人子祈祷的那两节：乃有一位使者从天上向［耶稣］显现，给
他力量。极度痛苦之中（agonia，和合本作"伤痛"，误），他祈祷
愈加热切，汗珠如血（直译：汗如血珠），大滴大滴落在地上（22:43-
44）——如果解作耶稣将灵魂"交在"上帝手里，"断气"或者"咽
气"（apheken topneuma，《马太福音》27:50；exepneusen，《马可福音》
15:37），就不甚准确，混淆了原文词义。这是译家不可不留意的。

　　行文至此，忆及之前《读书》还登过一篇（见二零一零年七月
号，《关于"韬光"的误读及其可能的译解》），讨论理雅各译注《道
德经》，颇有见地。然而说到《新约》，试图比较两部经典的思想文
字，就完全错了。不妨也一块儿谈谈。文章提及《腓立比书》二章
的基督赞（2:6-7）：

> 他虽有上帝的形象，
> 却并没有把等同于上帝
> 当作夺来的资格不放；
> 相反，他出空了自己，
> 取一个奴隶形象，
> 诞作众人的模样。

"出空了自己"（heautonekenosen），和合本作"虚己"。作者由"虚

己"联想到老子"虚而不屈，动而愈出"的"道"，便是受了误导。保罗引用此歌，不是要团契（koinonia，和合本作"交通"，误）成员学习耶稣以退为进，用虚取实。新汉语本（2010，和合本的修订本之一）改为"倒空自己"，稍好，但略带贬义。当作"出空"，呼应下句"取一个奴隶形象，诞作众人的模样"。通说这首歌原是基督会众的洗礼颂，信徒欲效法耶稣，入死"出空"而获新生。此为传统解释。其现代教义，用以解释三位一体、言成肉身的基督论，则历史不长，始于十九世纪。

"虚己"还让作者援引了和合本的另一句误译，"虚心的人有福了"（《马太福音》5:3），以为其理类同理雅各对老子的诠释：不想不求，反而实现自己的目标，称之为"韬光"（sheathing the light）；"静虚而不竭"，是谓"虚用"，是一种"否定性思维"，古人的智慧。和合本"虚心"的原文 ptochoi to pneumati，意为"灵中贫苦者"或"苦灵"。灵，即整个的人；或作精神，则有甘愿贫苦之意。贫苦（ptochoi），本义蜷曲、畏缩，乞讨状，如荷马史诗的用法："因一切旅人、乞丐（ptochoi）皆与宙斯同在。"（《奥德修记》6:207）但在耶稣时代，多指穷人，与富人相对，如《路加福音》6:20 以下：福哉，贫苦的人（ptochoi），因为上帝的国属于你们……但是祸哉，富有的人，因为你们已得了安慰。

耶稣运动起于巴勒斯坦北部加利利地区的下层劳动阶级，故而秉承希伯来宗教褒扬贫苦、贬抑富贵的传统。这一点，最初将耶稣的教导同他的讽喻故事，由福地子民口上的亚兰语（"希伯来话"）陆续移译为"海外侨胞"（diaspora Jewry）笔下的希腊文，再逐步编写成书的

"马太""马可"和"路加"们，都是注意强调或暗示的。清末以降，新教诸派漂洋入华，也是在贫苦民众中传播最为迅速，至今犹然（参见《中国宗教报告（2010）》，页190以下）。那么，为何当年传教士译经，会舍弃基督的穷人福音的纲领（"福哉，苦灵的人"），而代之以"虚心的人"呢？又是什么样的传教经验、策略跟社会文化语境，使得那断然"出空了"神格或"夺来的资格"（harpagmos）的人子，来到炎黄子孙中间，化作了"虚己"之"道"，以便"道成肉身"？

　　换言之，我们将上述和合本的一些表达归于误译，只是就学术或译艺的基本要求而论。但传教士译经绝不是做学问，而是为了布道牧灵，达成诸教派的妥协合作。所以，历史地看，此类舛错未必都是学力不逮或圣职疏忽所致，而可能体现了新教中国化过程中，牧灵者有意无意的选择。明乎此，则和合本的造句遣辞，虽然不宜用来研究西方宗教，但对于中国特色的新教思想与实践的理解，倒是一座富矿，是值得用力发掘的。

二零一二年元旦于清华园

　　艾尔曼（Bart Ehrman）：《上帝的难题》（*God's Problem: How the Bible Fails to Answer Our Most Important Question-Why We Suffer*），Harper One, 2008；

　　艾尔曼：《耶稣，被遮断：揭开圣经里隐藏的矛盾（及我们为何一无所知）》[*Jesus, Interrupted: Revealing the Hidden Contradictions in the Bible（and Why We Don't Know about Them）*]，Harper One, 2009；

　　《宗教蓝皮书：中国宗教报告（2010）》，金泽／邱永辉编，社科文献出版社，2010。

法学三十年：重新出发

"文革"落幕，法学重生，不知不觉已逾"而立"。三十年于人生、于学术积累与变革，不算短了。今天我们来回顾和展望，我首先想到两点常见的误会，可以敲敲，做个引子。第一，是说法学是"经世致用"的，法学院应当偏重职业技能训练。因此就拿实务部门的一些指标来衡量，结果如何可想而知；课本上的概念定义学理分析，也仿佛仅仅是纸上谈兵、教条主义了。其实职业技能，例如博大精深的"关系学"，哪里是纸上谈得清楚的？所以叫作"实践理性"，要人去实践中摸索、掌握。再如律师接案子办案子的手段、法官"背对背"调解纠纷的分寸，只能让学生跟着实习，见识见识，谁会课堂传授？

第二，也是出于"经世致用"的迷思，好些人把法学看作替政府出主意、给立法者当幕僚之类的光荣业绩。但是，学问与官僚政治最好隔开一段距离。政治是摆弄人、与人斗的智慧，有人生来就会，不用学。还有的像拿破仑，雄才大略，一尊尊大炮做他立法的资本，《民法典》服从的"硬道理"。法学一旦"经世致用"，就跟法律这件"政治的晚礼服"闹混淆了——闹得神州大地法学院星罗棋布，硕博人口世界第一，作弊抄袭家常便饭，法治话语充斥媒体，终于成全新法治的一翼。这倒提醒了我们，若想总结三十年法学的得失教训，看清前进方向，不妨从新法治的基本策略入手，细加考察；或可推动中国法学反思并抵制受法律保护的学术／教育腐败，摆脱羁绊，重新出发。

下面我就抛砖引玉，分三题谈谈想法。

一、王元化先生的思考

王元化先生晚年，一直在思考一个问题，曾与林毓生教授讨论，引一句诗概括："世界不再令人着迷"，指的是"文明的物质化、庸俗化与异化"，并为之感到"深深的忧虑和悲观"。"文明"大约是委婉的讲法，实指现代资本主义。自从资本主义建成"消费社会"，它所固有的种种病症，如物欲横流、极端个人中心、好莱坞式的愚昧和低级趣味，就开始加速向全球输出。"冷战"一停，更是变本加厉。西方哲人多有阐述，并成为"西马"与后现代主义思潮进入人文社科各个领域的一大话题。因此就理论而言，似乎纯是西学上的问题。但是，王先生的出发点不同。他关注的，不是将那"文明"的百态或变态以中国为例，再添一段注释，而是异化背后的现实，转型中国同那"文明"接轨的困境：曲曲折折，好不容易一只脚踏进"文明"的边陲，却立即受到它许多伤害，究竟出路何在？

王先生的忧思，大概从九十年代中就开始了。一九九六年汪丁丁先生离开港大，在《读书》杂志著文，分析当时香港大学教育的殖民地心态和商业价值取向，如何阻碍了学术进步。文章真知灼见，王先生读了，却想到更大一个问题。他担心，就其"负面部分"而论，"香港教育的今天恐怕将会成为中国教育的明天"（王元化，页281）。不幸言中了。十多年来，中国的大学教育"香港化"、"产业化"不算，还陷入了香港早已铲除的大面积腐败，开足了历史倒车。王先生还想到年轻的深圳大学。深大号称"按照香港模式建立"，一切以实用为先，故不设历史系，因为"历史专业对深圳毫无用处"。王先生引龚自珍语，叹道，"灭人之国去人之史。如果自己先把自己的历史去掉了，那才是可怕的事"（同上）。可知他的理论探索，绝非钻象牙塔的兴趣，而是针对时弊而起的。

"去人之史"，在今日中国，实际是"文明"得以输入、建设而异化的一项先决条件。因为那建设／异化不是凭空发生的，它需要友善的"投资"环境，包括逐步开放的市场和各样优惠特权，以及与之匹配的立法。除了进口一个叫人羡慕攀比即摹仿复制的对象（"文明"），它还营造了一个剥离出历史，只存在于意识形态的虚构的主体，即法律程序意义上的"公民"，又名"理性人"，来遮蔽社会生活中分属不同阶级的一个个的人。而我们知道，以"程序正义"掩饰腐败、消弭抗争，用私有产权的回溯实施改写历史，不是别的，正是新法治的基本策略（详见拙著《政法笔记》）。

所以，王先生晚年对"文明"异化的反思，跟八十年代知识界关于"人性"异化或人道主义的讨论，方向正好相反。他抛弃了后者天真的自信与乐观情绪，把改革的成败、几代人的强国梦，放在了产权复辟于"文明"边陲的历史大视野中，从而间接触及了二十世纪中国革命所未能解决的核心问题。而反抗"去人之史"，归根结蒂，乃是反抗对那核心问题的遮掩、改写和遗忘。又因为这反抗在现时必然是弱势的、孤独的甚而充满了绝望，王先生的"深深的忧虑和悲观"，在文化意义上，便接近了鲁迅先生的精神，尽管他对"五四"先驱的"思想片面性"是持批评态度的。

二、新法治话语的寄生

法制改革最初的动力，来自对"十年浩劫"纲纪废弛的反拨，故谓"拨乱反正"。具体做法，是粗线条"原则性"的立法，重建司法机关，恢复律师制度和政法院系。在话语层面，则以"人治"象征必须根除的极左路线，代之以一种灵活的工具主义"法治"。为夺取"政治正确"的高地，这新法治的学理化的第一步，便是小心翼翼地重新解释马列经典中的片言只语。通过一系列微言大义的"论战"，从区分"人治/法治"、争辩国家法的"阶级性/社会性"，直至"权利本位"替换"义务本位"写进教科书，"公民"成为法定人格、私有产权和缔约自由的主体，渐渐地，"公民在法律面前一律平等"（《宪法》第三十三条）才失去了实质意义，蜕变作形式平等的"程序正义"。同时，随着《民法通则》（1986）颁布实施，开始大量输入（即复活）解放前旧法治的术语和法条解释技术，形成了中国法学与法律教育的法条主义主流。

新法治之强调权利法定、私有产权和程序正义，好处是明显的。它可以帮助压抑或消解政治意识，放逐道德理想，从而模糊关于改革的方向与步骤的争议，绕开官方理论一时不便触碰的难题。所谓"市场经济就是法治经济"，说的便是这一件为产权复辟"护航"的历史任务。这忙于护航的新体制，虽然在"学理"上划归了大陆法系（相对于英美普通法），其政法架构和实际操作却完全是"中国特色"或"人治"传统的。只是在立法技术、表层分类和一般法律术语上借鉴了外国：起初是苏联、德、日，现在是美、英。

"学理"同架构、操作脱节，意味着新法治只能侧重于立法、法条诠释与宣传教育，即建构意识形态，而非解决具体问题。本本上写着的那些个公民权利、诉讼程序、举证规则，也就往往难以落实，取代不了"人治"时代"遗留"的做法，更不消说"上有政策，下有对策"了。几乎每一场改革措施的出台，试点铺开，乃至大案要案"严打""双规"，都不属新法治管辖。立法，只是事后追加的一个正当化程序，普法宣传的频道节目。追加既是惯例，"摸着石头过河"打政策"擦边球"，就绝无违法违宪之虞。

在此意义上，新法治可说是现行政法体制内的一种寄生性话语；是专门用于淡化意识形态色彩、掩饰社会矛盾、输入"文明"的精巧设计。表面看来，中国教育的"香港化"——其实远甚于香港的功利主义，却没有其教职员廉洁敬业的道德自律——是转型社会的局部病症；某些政策制定者的疏忽，改革家经验不足，未能预见或制止"产业化"的危害，等等。故而只消提高认识吸取教训，即可踏上正轨，直奔"世界一流"。但问题远非那么简单。教育，尤其大学教育，是精英话语和人才规训的主要阵地。这阵地若要由新法治来占领，就必须重构意识形态，排挤不同价值。因此"去人之史"的第一步，便是将受教育者改造成"公民"，给他灌输个人中心、权利至上、贪图享乐、锱铢必较的资本"理性"。而要达到这一目的，则必须屏蔽政治意识、贬低道德立场、取消学术与职业的伦理标准。其结果，便是今日大学腐败丛生，半是商场半是官场的"物质化、庸俗化与异化"。

我说"寄生"，是借用卡夫卡关于依地语的一个比喻。

依地语也叫意第绪语，是从前东欧犹太人的社区日常语言，犹太民间文学和大众戏剧的载体。它其实是德语的一门方言，中世纪犹太人的发明；他们往中古高地德语掺进希伯来词汇和表达法，用希伯来字母书写，犹太拉比称之为"德国话"（loshen Ashkenaz）。在卡夫卡时代，布拉格的中产阶级犹太人爱说德语，看不起依地语。卡夫卡讽刺道：依地语最让中产阶级厌恶了，因为它"没有语法"、野蛮；竟然"寄生"于一位高尚的"宿主"即德语，靠着"偷盗、征用、移入［希伯来］语汇"而存活，以至不破坏宿主的语法，就无法译成德语。而要真正懂得依地语，却只能靠犹太人寄居他乡的感觉与心灵（德勒兹／迦塔利，页56以下）。

新法治在政法体制中的运作"存活"，很像是依地语的寄生。它通过输入"文明"的术语口号，如物权、名誉权、知识产权，还有法治、人权、宪政，让宿主的社会主义意识形态逐步接纳"普世价值"，产生一种混合话语，以应付新的政治、经济和社会局势。而且，同依地语一样，这寄生话语每一次"译成"宿主话语，宣传实施，都免不了破坏后者的"语法"规则。但新法治既是"文明"的输入与寄生，它同宿主话语所依托的价值理想就随时可能发生冲突。故而政法体制的有效运作，须取决于两者维持动态的平衡。若以法国社会语言学家高拔尔（Henri Gobard）的功能分类理论观之，就是各守各的"领地"：宿主话语负责维持官僚体系运转、招商引资、处理纠纷等具体问题，领地极广，称为"媒介型"（vehiculaire）语言，即全社会通行的官话。寄生其中的新法治话语，则是统编教材和主流媒体的宠儿，主要用来掩饰社会矛盾，安抚居住在大中城市的"白领"人口，传播他们的信念趣味，描绘他们的利益立场，称为"所指对象型"（referentiaire）或专事意识形态生产的话语（德勒兹／迦塔利，页51）。

明白了这一层关系，一些困扰法学和法律教育的老大难问题，就不难揭露病根了。比如为什么主流法学几乎是清一色的教科书编写法，面目雷同，概论加法条诠释和比较，基本不发掘回应学术问题。再如博导教授抄袭论文，单位极少惩处；歪风猖獗之下，只能由受害人出面，追究肇事者的法律责任，将后者的腐败行为（即对学术共同体与公共利益的侵犯）变成公民之间的民事纠纷，著作权名誉权官司；不仅让大学和主事者脱卸责任，还给司法腐败以可乘之机。这些灾害，原因很多，归咎于行政部门"养鸡场"式的管理，也没错。但如果从"所指对象型"话语生产的角度考察，则以编写教科书充当学术、鼓励抄袭、容忍腐败、回避问题，诸如此类，实为灌输与巩固新法治意识形态的成功策略，现阶段产权复辟输入"普世价值"的不二法门。

这意味着什么呢？我想可以作这么几点观察。

首先，因为新法治的寄生仰赖"普世价值"的宣传，而非具体问题的解决，为了遮掩这一窘境，它只有不断把具体问题转化为意识形态说教，才能保持并扩张自己的领地。所以，主流法学作为新法治的话语产物，就特别强调言说者的意识形态立场，而不愿关心事实的真相和细节；其法条主义论述便有"很强的教义倾向"（苏力，页125），总是把问题说成是立法的不足或体制的滞后，却懒得下工夫调查研究。

其次，这教义与实践的分裂，又不免削弱了"普世价值"的感召力和工具价值。而且随着腐败愈演愈烈（学术与教育领域亦不例外），新法治就很难继续把责任推给宿主，而不承担相应的责任。毕竟，腐败者大多享有完备的法律保护，包括利用法律"漏洞"和繁复的程序障碍；法治"跛足"，只会促使更多的老百姓喊冤上访，转向传统"人治"的渠道。结果，每逢宝马霸道名车撞人，专家意见开脱罪犯，《物权法》草案争议不休，《劳动合同法》变成具文，都引发了政治意识、阶级觉悟的复苏，法律丧尽尊严。

最后，由于寄生"文明"的先天不足并陷于腐败，政法体制的实际运作或话语实践，便形成了一个多元的、多方利益驱动、各个阶级不断谈判的局面。并且，尤其值得我们注意的是，谈判者（包括新法治的受益人和从业者们）无须也从来没有依循那"文明"的"普世价值"的规则。换言之，"皇帝的新衣"之所以还好好披着，天天赞赏，正因为它从根本上说是不碍事、无大用、"漂亮"而已，而未必是它骗得过大人。这多元话语的建立和实践，便是三十年改革的一大成就。如果妥善运用，应对"文明"的挑战，则转型中国就得了机遇：她不必注定了沦为新法治的独占领地，如王先生担心的，一条道走到黑，异化、庸俗、物质主义；她有可能拒绝"香港化"而重新出发——"多难兴邦"，跨越那"文明"的边陲。

三、如何反抗"去人之史"

以上我们讨论了新法治的寄生策略，它同高度"产业化"、意识形态化的法律教育，及彻底官僚化而滋生腐败的学术体制的关系。我这么观察，仿佛法学的前景很悲观了，其实不然。学术体制跟随政法体制，也在形成多元话语的互动。新法治在大学的行政规划、基金收买和山头权威时时陷入腐败丑闻，正好给中国法学的重新出发，开拓社会批判，留下了空间并刺激理论想象与创新。所以展望未来，并非一团乌云而不透阳光。学术前沿和进步，首先是少数人的事业。

近年来一个显著的进步，就是社会科学的理论方法加盟法学，受到年轻一代精英学者的欢迎。社会学、政治学、经济学等进路，相对于教科书"概念法学"有个明显的优势：便于国际交流，提出有学术意义的问题，立足学术前沿。更重要的是，从现实问题和社会矛盾（而非法条术语或立法者的意愿）出发，选题研究，可以展开对法治话语各个侧面的批判，既推动改革，又提升学术。

　　然而最大的挑战，不在体制内的腐败和控制（如买卖学位、竞贿评估、大小山头争夺资源），而是全球化即全球美国化的形势下，中国法学整体上的边缘化、殖民地化，或王先生预见的"香港化"。由于新法治处于寄生状态，意识形态领地有限，依靠"普世价值"维生，无鉴别无批判地输入美国的法律学说和视角立场，就极易蔚成潮流。于是，跟商贸投资金融等领域的立法一样，主流法学在话语层面已广泛接受美国的影响，跨入了"美国时代"。需要指出的是，这并非中国独有的困境。欧洲和日本早已经历了美国法律学说和问题视角的全面"入侵"。何美欢教授曾有详尽的介绍，并引述欧洲法学家的评论："'二战'后，欧洲法律以及对法律的理解所发生的根本性变化，几乎全部是从美国开始的"；"几乎所有新问题都是先在美国被发现和讨论后"才传到欧洲（何美欢，页23，25）。只不过，欧洲和日本的地缘位置，不在那"文明"的边陲；美国化的学术与"国际规范"，其利弊取舍，对于它们，和中国是大不一样的。

　　有鉴于此，中国法学，至少其前沿精英，就应当在拒绝学术腐败的同时，培育强烈的政治意识，关注民族利益，敢于担当历史责任。像王先生一样，把理论探讨的出发点放在中国的现实，而非任何"国际规范"或"普世价值"。如此，法学才能够触及历史真理，即上升为史学而承载民族精神，加入一个伟大的学术传统。

　　这后一点，或许会引起一些迷惘跟抗议：法学怎么成了史学？是这样的。法学的根基，不在法条学理、办案审判等"经世致用"的技术性知识。这些知识当然有用，应该研究；事实上，也是法学家日常的工作，政府和基金会设立的项目。但是不出十年二十年，今天我们阅读参考的那些立法原理、司法学说、案例分析，甚至大部头多卷本的权威著作，无一例外，都会过时，被后人重写或遗忘。道理很简单，法律永远在变动之中，是一个新陈代谢的系统，时时在修订、增删、废止。这在转型社会，新法治寄生的中国，就更明显了。所以无论中外，称得上法学的传世之作，历来只有两类：一类有点勉强，就是选入课本逼着学生啃的那些哲人的片段论述（商鞅、韩非、柏拉图、亚里士多德、西塞罗、阿奎纳、霍布斯、洛克、康德、黑格尔等等）；另一类研究法律制度和思想的演变，则属于广义的史学，即优秀的法制史和法律思想史著作。而改革开放这三十年，恰是新法治的开端，其寄生之曲折、影响之复杂、掩饰的策略、面临的困境，连同职业道德伦理责任的崩溃和腐败化为权利之崛起，正是一流法史的素材与课题。

我希望，将来能有幸读到一部或两部这样的历史——给人以睿智、洞见和悲剧意识的历史。这任务原本是属于我这一代的，然而亲历者未必眼明，且"伤亡"如此惨重，委实不敢乐观。现在，当法学重新出发之际，或许可以寄希望于来者中的俊杰，愿他们"有一双治史的眼睛"，"不为历史的现象所迷惑，不为议论家捉弄"（陈旭麓先生语）。因为，中国法学和法律教育须具备起码的史识，才能走出新法治话语的寄生领地，抗拒"灭人之史"；才能使受教育者如自由的雅典人那样，获得为有效履行公民义务、投身公共政治而必需的美德和智慧。否则，当"文明"建成异化之日，凡自称其公民者，必再一次受到立法者梭伦的谴责（《残篇》之十一）：

将来你们感到悲伤，做错了事，

不要把责任推给众神；

是你们自己把力量交给了 [僭主] ……

人人跟随这狐狸的脚印，

大家脑子空空，

只晓得听他摇舌，花言巧语，

从来不看他实际的行动。

附识

王元化先生我只见过一面，十三年前，在先父的追悼会上。记得他深情地回忆了"一二·九"运动和三十年代清华园的生活。还谈到解放前夕，他在上海地下党文委编《展望》周刊，先父在同济的文法学院执教，是撰稿人，但因为"地下环境"，并无往来；其后岁月颠扑，直至"文革"结束方才相见，等等。之后，又寄来他同先父的合影。从此，王先生的《文心雕龙》，他的思想文字和道德风范，于我便有一种特殊的亲切。前年，友人彭伦君策划，为王先生出一文集《人物·书话·纪事》，因书中收有他怀念先父的短文（即当年的悼词），特意寄赠一册。展读之后，对于他的坎坷身世、高洁的人品和治学的渊源，多了一分了解和体会，更觉得敬佩了。

王先生生前是华东师范大学中文系的教授，曾做过几年市委宣传部长。这后一个头衔，在异化了的世界，是庸人们仰视而趋奉不迭的；那惺惺作态常使他难堪，令他悲哀，激他思辨。作为学者和思想家，他期许后人的，一定是继续他的索求，加入他的究问、怀疑与批判，并且"根底无易其故，而裁断必出于己"。

谨以这篇短文遥寄哀思，纪念王先生。

二零零八年五月

* 本文是作者提交第四届中国文化论坛年会的发言稿。

德勒兹／迦塔利（Gilles Deleuze & F. Guattari）：《什么是哲学》（*Qu'est-ce que la philosophie*），张祖建译，湖南文艺出版社，2007。

何美欢：《论当代中国的普通法教育》，中国政法大学出版社，2005。

苏力：《也许正在发生：转型中国的法学》，法律出版社，2004。

王元化：《人物·书话·纪事》，人民文学出版社，2006。

圣经、政法及其他

——答向继东

　　冯先生，先谈谈您今年出的这两本书《政法笔记》和《创世记》吧。我记得，《创世记》里的故事在《万象》杂志连载时，好像题为《尘土亚当》？

　　是的。但出书时考虑，作为书名，一个多卷本的开篇，为了跟后边各卷的篇章衔接，还是依照传统叫《创世记》的好。

　　您在前言中说，关于《圣经》的版本文字、历史和思想背景，拟另文讨论。这里能谈一点吗？还有，《圣经》早有中文译本，且被广泛接受，为什么还要重译呢？

　　《圣经》对于现代中国人的意义，我在《政法笔记》和彭伦先生的采访里说过，这儿不重复了。希伯来语《圣经》的版本文字，包括中文旧译的一些问题，我准备抽空把译经的笔记整理一下，择要发表，稍加讨论。

中文旧译中流行较广的有"和合本"，可以简单谈谈。那是来华新教各派上世纪初妥协合作，在上海出版的。它用了一种生造的"白话"，念起来大舌头似的，大概是受了传教士的影响吧，我叫它"洋泾浜中文"。本来，经文拗口一点也无伤大雅，让信众和普通读者慢慢习惯就是了。但它运气不好，生不逢时；"五四"以后，现代汉语文学的发展即新文学运动走了另外一条道，和合本那个"白话"就留在死胡同里了。常有教友告诉我：读不懂。当然，我们现在用来思考、写作和讨论问题的汉语的词汇句法和节奏，它的丰富的表达力，还经过"红宝书"的熏陶和马列编译局的锤炼，就更不一样了。你读读香港台湾的学术和翻译作品，马上会感到差距不是一点点，是一个时代。和合本另外一个缺点，是舛误太多，没有吸取当时西方已有的圣经学研究成果。有些地方错得还蛮有趣，我给你举个例子：《创世记》开头，上帝在深渊大水之上造了光。然后说(1:6)——

　　拙译：大水中间要有苍穹，把水分开！
　　和合本：诸水之间要有空气，将水分为上下。

"诸水"不通。原文复数(mayim)形容水势浩淼，并无诸水分流的意思；后者是陆地升出海面后的景象(1:9)。"空气"则是误译。按照古代近东闪族人的宇宙观(希伯来人属于其中说西北闪语的一支)，天空是一座晶莹透亮的穹隆(raqia`)，托起天河，罩住大地。河水透过穹隆的孔隙或窗口漏下，便是雨。所以苍穹为固体，像一只倒扣的碗，是上帝造来分开天上的水和地下的水的。古代译本，例如希腊语七十士本和拉丁语通行本，都是这么理解的（stereoma / firmamentum > 英语钦定本：firmament）。和合本怎么会误译为"空气"呢？我没有考证过。没准，参与译经的传教士们接受了现代科学观念，把经文"重译"了。

《圣经》和犹太教有很大的关系，是吗？

论起源，希伯来语《圣经》（基督教称"旧约"）本是古代以色列人的宗教典籍和民族文化遗产。书中记载的人物事功和神迹，古人留下许多传说。其中有些对后世影响极大，从宗教思想、道德哲学到文学艺术、民间风俗——包括基督教在内——例如恶天使撒旦（上帝和子民的敌手）的故事。我就尝试着拿来"故事新编"了。

我觉得《创世记》和《政法笔记》有很大的不同，前者恐怕是对宏大的人类文化的追溯，而后者则是直面当下的急切关怀。

没有办法，我们老三届"知青"伤亡惨重，"欠债"太多，不得不写。

我很喜欢《政法笔记》。读过您这本书，印象很深。从技术层面来看，您是一位随笔文字的高手，简洁的笔法，犹如史记；从思想层面看，您说的都是关于政法的问题，但文字穿透力极强，犀利而又不露锋芒，且都击中法律背后的要害。这样的书，学府里一般所谓的教授恐怕是很难写出来的。

过奖了。法律其实跟文学差不多，只是文字拗口一些，道理浅白一点；两者都是教化或思想改造的利器。我在《木腿正义》和《政法笔记》里讨论过这个问题。政法实践对于（广义的）文学艺术的依赖、渗透和利用，在现代西方式法治意识形态建成，即支配大众想象力之前，向来不是秘密。问题的关键是，其实现代法治也是这么运作的，靠荧屏故事、报屁股漫画、电脑游戏、武侠和言情小说等等来说事、论理、蒙人。美国也是法盲大国，它怎么治理？当然不靠律师法官，而是靠好莱坞"偶像产业"（包括色情文艺）和主流传媒"年年讲、月月讲、天天讲"，这么潜移默化、灌输教育出来的。否则不能解释，为什么政法业者尤其政客、律师的名声那么糟糕，大众依然相信法治，至少相信没有更好的制度选择。但是，中国又有独特的国情：因为大众媒体和学界老在说"普法"，老百姓以为法律真是看不懂的什么"东东"了，认了"秋菊"的命，哈哈。学者的任务，便是揭示这场"普法"运动之下、之后的问题。

法治的好处是避免政治摊牌

中国的司法问题很多，恐怕一时解决不了。但总而言之，政府的机会主义行为太多。立法则是条块分割，如环保部门起草环保法，文物部门起草文物法。这样，立法者都站在自身利益上。而且立法太容易，法多不治。

正是这样，千家万户上访。

上访人多，是因为老百姓不信任法律，上法庭也不能求得公正。

搞法治，总该让老百姓感到是在维护社会正义，而非宝马权贵，才能有效运作。从前没这么乱，为什么？一方面管得紧，基层组织严密，用划分阶级成分等手段来保持政治高压。另一方面，老百姓多数接受了他们觉得还算公平的社会和财产关系。我穷，大家都穷，加之特权不下基层，心里不平衡、闹事和违法乱纪的现象自然少了。

那时是在财产面前平等；而现在是法律面前人人平等，只不过真难做到。

不错，法治的起点，是承诺形式平等。虽然实际上，法律问题的背后往往掩藏着政治问题。政治问题不解决，法律便只是一纸具文；解决了，达成一种宪政安排，法律问题才可以按司法程序走下去，直至最终解决。发展中国家如此，发达国家也不例外。比如二零零零年美国大选的戈尔与布什一案，联邦最高法院五比四判布什胜。投关键一票（第九票）的肯尼迪大法官说，他之所以把总统宝座判给了布什，是怕两党摊牌，政治大动荡，影响整个社会。虽然后来佛州有争议选票的调查结果表明，戈尔的票数比布什多，但是大法官至今仍认为自己做得对。所以你看，司法解决的好处是避免政治摊牌，让社会各阶层、政党与利益集团和平相处，化险为夷。

腐败会不会成为权利

香港经济学家张五常先生在武汉大学做过一次演讲，题目叫《三种社会制度》。他说的三种制度，一是私有制，二是等级制，这两种都有缺陷，但也有合理性。他担心中国社会滑向第三种制度，就是产品资源的排序既不根据产权，也不根据社会等级，而是根据人们贪污腐败的权力：类别划分对应的是不同政府部门的管制。例如，这个官员管手袋，那个官员管手表，甚至连外汇管制也分成很多等级。这样，贪污腐败就有了方便之门，贪官们的权力慢慢地制度化了。他说，例如在巴拿马，贪污的权力就划分得非常清楚，官员甲负责星期一二三，官员乙负责星期四五六，各贪各的，管制得非常好。

张先生常有高见说论，他本来有希望做港大校长的，可惜。

贪污权力定义得最好、最严密的国家是印度。在印度，国营企业的多数产品的价格都定得低于市场价格，很多官员就可以直接在这个差价中获利。张五常还说，他并不反对贪污，他反对的是滋生腐败的管制。假如自己是个官员，恐怕也会贪污，甚至比别人贪得更有效率、更厉害。所以，真正消除贪污的办法是取消政府的管制。印度的问题不只在贪污腐败，它的主要问题是腐败的权力制度化了。

毋宁说是一种权利。和其他法权一样，腐败的权利也可能被人广泛接受而成为稳定的财产制度，并且在事实上享受法律保护。我在别处说过，这些方面，印度是我们的老师（见《木腿正义》，页160以下）。

您认为，中国当前面对的贪污腐败究竟该怎样去惩治？

很难，乐观不起来。李昌平先生的一本书《我向总理说实话》写得很好，反映一个普遍存在的问题。为什么那些地方的干部腐败了？因为他不腐败就做不成事，更不用说腐败带来的种种好处了。我这次在北京听朋友聊天，有人说中国老百姓的要求其实不高，只要把上世纪五十年代答应的东西都兑现了，他们就心满意足了。

包括宪政制度。中国上世纪三十年代就有个"五五宪草"，但后来因日本侵略打断了。一位学者说，他看二三十年代知识分子讨论的问题，比现在讨论的水准要高。

那时候的人思想开放，什么思潮都鼓吹，可也幼稚得可爱。现在闹过革命，受过挫折，成熟多了。但需要补课，补当年那些书呆子政论家讲过的东西。这就是从顾准先生开始，一直延续到八十年代末的中国知识界的"启蒙"运动。的确，都不是什么新思想，也不是西方发达国家或资本主义中心地带的学界关注的问题。然而，启蒙不是做学问，是呐喊和索求，故名"思想解放"。思想解放需要战士，顾准先生就是这样一名在挫折中奋起的战士。

现代化像一个硬币有两面

从理论上说，中国现代化面对的核心问题是资本主义。作为资本主义边缘地带的一个发展中大国，它不想做发达国家的垃圾箱，不想永远当它们的加工厂，更不想把国际走私贩毒洗钱这些黑社会活动搞到家里来。所以，这个现代化进程不是中国一国的事情；和法治建设一样，也是国际关系问题，必须跟国际政治、军事和商业关系结合起来谋略，以求实现自己的利益最大化。唯有如此，才有可能成为世界民族之林中的强者。毛主席领导，教训不少，但最大的功绩在哪儿？不是打日本鬼子，不是打蒋介石，而是结束中国的"前现代"，就是"一盘散沙"积弱状况，把中国引到可以参与同列强竞争的真正的现代化轨道上来了。

现代化应包括政治、经济、文化诸多方面，但毛时代的许多做法其实都是反现代化的。

反市场经济，反法治，反第三世界例如印度意义上的现代化，反我们现在奉若神明的一切。所以我说他创造了一个现代化的条件，开辟了一个不信邪的革命传统。正是因为有了这个革命传统，中国人的政治智慧才比俄国人高一筹，才有了今天资本再临却并未倾覆的"幸运"。当然，这第二遍现代化比起别人的一遍成功要困难得多；搞第二遍有许多包袱，还要受后进或者叫"后发"的制约。

杨小凯有一篇"后发劣势"的文章，我觉得谈得很好。

我们不仅"后发"，还要把人家吃过的苦头一个不少重吃一遍。第三世界国家为什么绝大多数不成功？因为发达资本主义国家建立的全球政治和经济关系是那样形成的，总是让后进国家吃亏。这是一个极大的挑战。不是说你想搞民主，马上就能成功，变得富强。民主政治作为现代化的架构之一，现实地看，恐怕还要走一段曲折的长路。

有位海外华人学者在网上发表文章，说目前中国又回到了百余年前的"历史原点"，重新讨论百余年来反复讨论的一个问题：中国到底要专制还是民主？认为中国只能实行威权统治的论者说，中国人的素质是产生专制的天然土壤，只有威权统治才能促进经济发展；而要求民主政治的论者则说，只要坚持在中国这块贫瘠的土壤里播撒民主种子，就一定能收获民主宪政之果。您对此怎么看？

这是个虚假命题，逻辑不通。假装有人愚昧无知，立个靶子，搞点民主说教而已。还生活在八十年代似的，哈哈。具体就改革而言，当前的症结在私有产权。《宪法》修正案往前走了一步，可以看作有了共识。但共识不等于就能办事。障碍不在老百姓的观念或所谓"素质"，而在现实利益及其分配与保护、攫取和抗争。例如下岗工人，他有没有产权？他干了几十年，厂子卖了，股份化了，沦为城市贫民，有什么办法和说法给他没有？再如农民承包土地，本来是一项改革，但现在想进一步，如允许出售或转让给他人。还有拆迁补偿。这些"烫手山芋"谁拿？农民没有土地会饿肚子，会暴动。民主喊得再响也没用。

但总是回避也不是办法。

有时候，回避也是办法，甚至是唯一可行的办法。我说过，现代西方式法治的要义之一，便是掩饰社会矛盾，做政治的晚礼服。

政治是什么？这儿湘潭附近出了个伟人说了，就是"与人斗其乐无穷"。民主政治也是"与人斗"的政治，也经常充斥着腐败，像你刚才说的张先生介绍的一些民主国家的"宝贵经验"。中国的现代化并没有一条现成的路好走，那"后发"困局不是一次简单的政治选择可以解决的。如果政治选择可以解决根本问题，俄罗斯和东欧那些前社会主义国家早就好起来了。

俄罗斯是休克疗法，一夜之间私有化了。也许私有化没错，错在权贵利用私有化大饱私囊。

换个制度玩玩，还是同一批权贵。

是的。现在给人一种感觉，好像改革这辆车陷在泥坑里，进也难，退也难，但好在大家都还在想办法；不像当年勃列日涅夫把苏联那辆车陷进泥坑，明明不动了，他把窗帘拉上，硬要让车上的人相信车还在走着，结果当然翻车了。

我想，中国的情况不太一样。中国革命比俄国革命曲折，经验教训也多得多。这影响到执政者改革家的路线，迫使他们慎重。当然，一百步、五十步的口水仗是免不了的，还有虚假命题烟幕弹。但从根本上说，改革的最大受益者是执政者，既得和预期利益那么大，这条路线不可能动摇，这是一。二、改革还要牵动多数人的利益，不仅仅是执政者的事。所以任何政治改革都变得十分敏感，不敢像戈尔巴乔夫那样天真草率、自讨苦吃。我看他来美国参加追悼里根总统，和美国政客一样，把苏联解体归功于里根，就很可怜他。

明明是他戈尔巴乔夫的功劳，主动不"与人斗"，放弃政权；下野后夫妻俩受尽了叶利钦他们的气，讲话还那样顺从。真是人穷志短哪。

前不久，网上有一篇批评新闻官的文章，在民间反响很大。中国人有个毛病，一旦做了官，就认为自己什么都行，要唯我是从。其实，真正的智慧在民间。

这事我也听说了。不过我们最好不要说中国人如何如何；人性都是差不多的，是别的东西出毛病。我想，这些声音能发出来，就是一个进步。这么批评一下，也没什么大不了。而且批评者好像都挺会掌握分寸，晓得怎样打擦边球（这个我们在外国生活久了，就不太懂）。更重要的是，被批评者尤其官员和公众人物，应该学点绅士风度。让人说话，天塌不下来——好像也是毛主席说的，尽管他自己没有做到。现在到了互联网时代，新闻封锁、不让批评也难，还不如透明化一点。透明了，有时问题反而容易解决。"非典"就是一例。这方面，我是乐观派。

其实现代化是一个系统，不可能只要你喜欢的，就像一个硬币有两面，你不能只要一面，不要另一面；必须学会接受它。

早晚而已吧。另外，市场经济本身也要求扩大公民的民主参与和言论自由。有些变化意味深长，比如出版审查，过去是直接追究作者的政治责任，现在一般只追究出版者，撤换报社主编。甚至还送上法庭，让他们请律师辩护，通过法律程序和法治话语来做同样的事，达到同样目的。

二十一世纪是中国的世纪？

您在接受记者采访时曾说到您的北大导师李赋宁先生，说他们那代人很有学问，并说您"特别相信一代不如一代，人类文明的衰落不可避免"。我相信您说的是事实，但从社会发展和进化的观点看，却又未必如此。此前每当我疑惑不解时，总想起梁启超的《少年中国说》。是不是自然科学还是要发展的，而人文学科就不一定，换句话说：自然科学越发达而人文学科却越是萎缩？

人类文明和宇宙间一切事物一样，也有腐败变质而衰亡的一天。但那样的"宏大"推论，对于现实生活和斗争中的人们无甚意义，是饭桌上的玩笑话——那篇采访未经我审阅，把玩笑一块儿发了，引起你的兴趣。我想说的是：盖大楼造大坝磁悬浮的成就，跟社会正义的重建例如消灭贫困、尊重人权，是两码事。我们不能轻信电视屏幕和新闻发布会上的那些漂亮大词和统计数字，被它们牵着鼻子走。要看到背后的资本的利益和权钱交易，新的雇佣压迫关系和社会控制技术的成熟与运作。人文和社科学者之被称为"知识分子"，正是出于这一知识上的期许或探求真理的公共利益——有时候公众未必意识到的自身的利益。

好像您还没有回答我的问题。

你是指科学和人文的发展关系？不存在学科萎缩问题，是大面积的腐败，从业者的腐败。而且就非常有限的媒体报道来看，科技和工程领域的腐败要比人文社科严重得多。

您在同一次接受采访时说："人们主动学习儒家的道德、制度，应该是个好现象，一个民族有了自信心以后，就会觉得家里什么东西都是好的。等中国再富强一些，在知识分子当中，儒家思想的正统地位会慢慢回来。再说，儒家的思想和资本主义没有矛盾。而且中国人历来有大国心态，还会觉得老祖宗的东西更自豪一些。"这话是否也是饭桌上的玩笑呢？

那不是开玩笑，是我们身边正在发生的事情。要知道，美女香车的荧屏广告和八二老叟与二八闺女订婚的喜讯一样，"柔上而刚下"，"感应以相与"，都是儒家那个"圣人感人心而天下和平"的时代崛起的征兆（《易传／咸／彖》）。

还有人说，二十一世纪是中国儒学的世纪。您也真的认为二十一世纪是中国的世纪？

二十一世纪中国会在东亚和全球事务中发挥越来越大的作用，乃至被美国认真地视为竞争对手，这一点大概是可预期的。那么儒学会不会复兴呢？我想不能轻易否定。儒家思想的根子在老百姓的生活习惯和宗法观念那里，"五四"以来，折腾了那么久也没有真正拔掉。将来的政治家怎么对老百姓说话，寻求"凝聚力"？儒家的道德制度人物传说，便是很有用的可供选择的一个符号资源，正如今天的民主、法治话语。历史常常重演，拒绝"进步"。不要以为传统不会复辟。今天，以二奶小蜜为名的多妻制已经大体复苏；明天，与之相称的财产和人伦关系必然会转化为有产者的政治要求。王船山读史，批判"孤秦"，总结出一句话："其上申韩，其下佛老。"儒去了哪儿？原来儒家之学是经世致用——做掩饰用的。等到中国再富强一些，再大国心态一些，能不能重新利用呢？

好像是顾准先生说过，几千年的儒家文化证明，它不能产生民主，只能产生专制。

这话是"五四"的遗产，不是顾准先生的洞见。历史上儒家思想和专制的关系，是个有趣的学术问题，不会有讨论结束的一天。将来儒家思想能否为统治者，包括那些诉诸民主与法治的统治者所利用，则是一个政法策略问题。对于后者而言，历史上儒家如何，是不那么重要的。看看新加坡就知道了。历史的吊诡就在这儿，到那时，如果有学者想继续批判"孔家店"，恐怕还不得不把民主、法治也一块儿搭上骂了。就仿佛《易经》在今天的遭遇，连科学不发达、汉语"单音节"，也算在了它的头上（详见《木腿正义》，页118 以下）。当然，能够这样提出虚假命题来说事，随意混淆事物发生的先后顺序和因果关系而不自知，本身就属于一个我们所熟悉的浑浑噩噩的传统。走出这片浑浑噩噩，承认"知之为知之，不知为不知，是知也"，是我们讨论任何问题，包括传统文化的前提。

二零零四年八月

李昌平：《我向总理说实话》，光明日报出版社，2002。

铁屋与法典

——答杨聪

　　冯老师，很高兴您又来北京讲学，正逢《木腿正义》出了增订版。这次重读，我感觉比当年读初版时理解得深一些了，但仍有似懂非懂的地方，比如这书名，很特别又有点费解。英文译作"Wooden-legged Justice"，就是正义跛足的意思吧？书中同名文章讨论"马丹还家"案时说，这"跛足的正义来得太慢、太偶然、不可预料"，而法律程序却是要让人们相信，它终究会来。这样解释，让我感觉法律程序像是鲁迅要在里边"呐喊"的"铁屋"了。不打破那铁屋，正义的跛足能得到医治吗？

　　这么说吧。程序不仅是政法业务日常操作的需要，还能赋予司法和社会冲突一种仪式上的正当性，从而巩固民众的信念，甄别谬误，区分敌我。有时候甚而令人恐惧。"文革"当中打派仗，武斗，那会儿也讲究程序。比方喊什么口号，怎样动员、孕育仇恨、驱使殴斗，直至光荣牺牲，开追悼会念语录安抚家属，等等，都是高度程序化的。跟"马丹还家"案中大法官记载的那些繁复的审判和行刑细节差不多，也是十分规范精致而有效的一套社会控制与斗争策略的运作。揭示这一点，是法学对于公民素质教育的基本功用。所以我在书中一再强调，法学除开职业训练、理论建构，还应有社会批判的一翼，才算完整。

说到法学，目前国内法学书刊的市场一片繁荣（尽管书的质量良莠不齐），不知您这次有没有逛逛书店？那琳琅满目的图书，常让我觉得无从下手，恐怕许多同学也有这个感受。您在书中推荐了《人民法院案例选》，说实话，我第一反应是愕然和疑惑。从未听哪位老师称赞这书啊，包括教应用法学的老师。

法院系统出的案例集子，学界习惯上不太重视。其实有些编得不错，是富矿，极有挖掘潜力。最高人民法院应用法学所的《人民法院案例选》，杨洪逵先生倾注了大量心血，当得上中国案例编纂评析的第一人。我多年前访问过他和最高院的几位资深法官，请教关于案例选编的问题，故而对他们的工作有所了解。杨先生英年早逝，是人民法院（也是中国法学）的巨大损失。我想，起码要四五个学识一流的法官全力以赴，才能顶得起他一人的工作。这次讲课，就准备专门讨论一组他编纂的知识产权和民商事案例及评语。

您这么重视研究案例，是不是想弥补中国法律教育上理论与实践脱节的缺陷呢？或者背后还有更大的危机？您还多次谈到法学研究的方法论问题，方法论是不是当前法学研究中一个重要但又薄弱的环节？应该如何改进呢？

法律教育是有点脱离实际，比起别的学科，教条也多些。研究案例多少可以破除一点教条。但现在的大学都是拆了"墙"的，不是过去的象牙塔，跟社会不划界，腐败的风气相通，连手段也毫无二致。这就有一个好处，可以从反面启迪受教育者，教他认清学习对象的真实面目，看破"皇帝的新衣"。我们便是在这个基础上探讨方法，求索改革，推进学术的。由此可见，人文社科领域的学术进步和大学教育是不同的问题，后者的堕落正可以刺激前者的进步；学术前沿永远是少数人的事业，即使在廉洁自律的体制下也是如此。至于危机，大概根子在九十年代开始的种种"产业化"、"泡沫化"政策吧，听说很多地方法学院/系的毕业生就业情况不好。纠正错误的政策，说难也不难。一句话，一次会议，一个红头文件就能办到。历史上严重得多的害死了人的错误都这么纠正了。这一点我不悲观。

真是那样就好。您曾指出，新法治的实现，有赖于知识产权"改写历史、重塑文学"，悄悄启动"新的社会与文化屏蔽机制"。前不久，我听说专利纠纷的诉讼费由一千元降至一百元了，可能会刺激专利纠纷案剧增。这对负担已经很重的法院恐怕不是个好消息，对共建和谐社会也助益不多。实际上，近年来知识产权案件数量一直在增长，这算不算新法治一路高歌猛进的一个征候？

没错，新法治业已基本建成。下一步应该关注社会公平、扶持贫弱了。不知专利诉讼费下调，是否有便民维权的考虑。中国的儒家大传统底下有个"健讼"的小传统，解放后压了一阵子，近年又复兴了。你看，现在腐败抄袭的博导教授，敢和被抄袭作品的作者打著作权名誉权官司，而且常能打赢。这么明火执仗欺负弱者，是必须把职业道德和学术独立唾弃了，再把腐败说成是民事纠纷，再知识产权化，以便通过诉讼程序充分利用其钱权勾结的势力；你数数，要经过多少环节，才能走到这一步——让人忘却历史？

读您的文章，很佩服您的结构安排，巧妙而又浑然天成。还有题目，与正文总是那么契合，不落俗套。有朋友说，看这书的目录，觉得像是诗，有节奏感，又充满寓意，尤其是下编。我想这可能是天分与勤奋的结合吧。虽然这样的境界未必是可以学到的，但还是希望您能透露一点作文的经验。

过奖了。文章技法，无非"熟能生巧"四字。美国大学本科有英语写作课，主要练习论说文，很受学生欢迎。我在《宽宽信箱与出埃及记》里提到一位马瑞思（Richard Marius）老师，生前便是哈佛的写作课"教头"。他还有一项见功力的任务，每年六月毕业典礼，毕业班那篇拉丁语演说，由他定稿并辅导朗诵。好的文章是这样的，人在隔壁拿着它念，你还以为他在说话。这是叶圣陶先生打的比方。我小时候母亲在北京编中学物理教材，请叶老和语法学家，还有中央人民广播电台的名主播，给教材组讲作文、语法和课文朗读。那年头编教材，能有那么认真考究。我读了她的信就记住了。现在看学生论文，有时也这样要求：你把这句话念出来听听，像谁

在说话？要他学会用耳朵，把书上看来的别扭句式、累赘语词通通改掉。

那以后我也要用心"听"了，呵呵。过去读初版时，遇到那些陌生的中世纪诗歌、杳渺的异域故事，我就打了退堂鼓。这次重读虽然也未全懂，却喜欢上了里面的诗句，比如讲但丁那一段，"……后来，饥饿压倒了悲伤"，让我感受到了诗的震撼力。但是，这些文章的主旨毕竟是探讨严肃的学术问题，对于我们普通读者，您能否指点一二，下编尤其是前六篇文章，该如何读呢？

那几篇书评原是给《九州学刊》写的，所以是专业论文的路子，不够通俗。结集时考虑到国内对欧洲中世纪文学的评论不多，也许一些读者有兴趣，愿意像你这样多读几遍，就收了。写书评让我意识到一个问题，就是受了西学的系统训练之后如何用中文写作。因为中文读者的知识构成、阅读习惯和欣赏趣味，跟西文典籍在西文语境里的专业探讨，差距太大了。可是也不能老谈些 ABC，把自己套在外国文学翻译介绍的框框里呀。这问题直至写《玻璃岛》才得到解决。刚才你问作文的经验，这也算一条吧：学好外文，"他山之石，可以攻玉"。只是没法向人推荐，因为据说绝大多数人的语言习得能力从十多岁青春期开始就退化了。现在搞成全民学英语，求职晋升之类都要考英语，实在是很大的人力资源浪费。与其考英语，还不如考背唐诗、考书法。

《摩西五经》去年在香港出版，您译经有了重要的阶段性成果。

希望能早日读到。长久以来，《圣经》在国人心目中是宗教教义的代名词，而非文学经典，就像《马恩全集》被当作政治文献而非学术经典一样。中文《圣经》在汉语文学中没有地位，是您译经的动因之一。然而我想，《圣经》不同于一般文学作品，除了文学成就之外，大概很多社会因素也对其经典地位的塑造起了举足轻重的作用，比如宗教信仰以及相关的阅读习惯，因此《圣经》的文学地位就不是纯粹的文学问题了。不知您以为怎样？

古代文献的经典化是一个复杂的社会文化过程。《圣经》的崇高地位跟宗教传播，也跟近代西方殖民主义的扩张和瓜分世界，以及非西方国家向西方学习，移植现代政法制度和意识形态密切相关。我们便是在这三千年历史形成的大格局里，谈论《圣经》的文学地位和它对西方资本主义的深远影响。但这只是就原文而言。《圣经》的无数译本的文学地位却大致是一个语言文学问题，因为译本是典型的优胜劣汰产品。新译本不断取代旧译本，只有少数取代不了的才有幸立于母语文学之林，例如圣杰罗姆的拉丁语通行本、马丁·路德的德译本和英语钦定本。正是在此意义上，我说文学经典包括《圣经》的翻译，本质上不是学术，而是创作，依托的是文学创作的规律和历史语言的机缘。而中文旧译之所以不成功，根本而言，不在误译漏译或义理把握失当（如我在《宽宽信箱与出埃及记》里举例说明的），而是译艺不高，人才不济，未能跟上二十世纪现代汉语文学创作与翻译的主流。

原来是这样啊。对了，年初有一部电影《巴别塔》得了金球奖，让我想起您讲过的宁录造通天塔的故事。巴别塔象征人类因语言隔阂而分裂失败的命运。但是今天，随着经济全球化，资讯交流日益便利，各地的语言会不会逐渐趋于统一呢？前些年您在清华讲学也提到，语言消亡的速度越来越快。有人说，再过一百年，现在人们使用的六千多种语言的90%都要消亡。那么是否可能，打个比方，有朝一日上帝赦免人类的罪过，让语言重新融合为一，人类回到大同世界呢？

阿门，唯愿如此！语言变异和民族起源的解说，《创世记》里其实有两个版本，文本传统的渊源不同。第十章的主体属"P"传统（详见《宽宽信箱与出埃及记／谁写了摩西五经》），记述一部"万族世系"：天下万族同出一源，即挪亚的三个儿子，闪、含、雅弗。含的孙子宁录是"耶和华面前的猎人"，开拓两河流域文明的英雄或巨人（10:9）。语言分蘖不是亚当后裔犯罪的结果，而是按照上帝的旨意或蒙上帝赐福，随着人类繁衍移居各地，自然演变而来的。第十一章"巴别塔"属"J"传统，却讲了一个人类骄傲、挑衅天庭而受罚的故事，反映了留存于早期摩西传统的游牧和半游牧部族对（两河流域）发达的城市商业文明的敌视或不信任。但故事并未提及宁录，后世经师将两章合起来解读，宁录才当了罪魁祸首。

语言变异的原因非常复杂，例如词汇语音语法的更新、方言与行话的生成，语言学家至今弄不清楚；自然也无从预测——部分小语种的衰亡之外——语言统一抑或分蘖的趋势。由于这一"奥秘"，通天塔故事就越加富于哲理的启示和象征意味了，成为人们反复阐释、敷演、改编的"原典"。《摩西五经》我想也应该向学习法律的同学们推荐研读，因为它不仅是文学和宗教经典，也是包罗万象的律法汇编，是"人类有史以来生命力最强最久的一部'法典'"。

二零零七年三月六日

答周刊记者六题

某某惠览：

丽娃河畔匆匆一晤，饭局人多，不及细聊。回来美国才收到你的电邮，谢谢。所提问题，有几个是我最近接受记者采访谈过的，大概已经见报了，不必再答了罢。其余的我按内容归总为六题，简复如下：

一、重庆"最牛拆迁钉子户"

此事我不明底细，无法讨论；因为久居海外，不常回国，也写不了时评。我是"网盲"，上网主要查专业文献和法律资料，每天早晨看几条 BBC、法新社和香港报刊的头版新闻，但并不细读。信息时代信息爆炸，消费不完也消受不起。国内的好事丑闻，多半是听人侃的。有几位年轻朋友脑子灵手脚快，时时通报，让我略知一二，写文章倘若用得着，即可检索。《木腿正义》和《政法笔记》确实分析了一批案例，目的是揭示政法体制的转轨路径和相关的社会控制策略、文化屏蔽机制。你说苏力先生认为我持一种"冷眼观察和批判的态度"？可能是的吧。隔了半个地球，我多少是处于"局外人"（l'etranger）的位置上——当然，没有法国作家加缪笔下的那一位怪异。

　　钉子户、上访专业户等不是新事物，文学作品（如《废都》）中早有描写。大约始于"文革"末尾而在"新时期"成熟，同国家立法和普法的部署并行发展，属于一支顽强的民间传统。你问这类纠纷在美国如何解决？好像不会有钉子户。因为地方高度自治，草根政治和民间公益团体发达（包括商会、环保组织等），老百姓对开发商、对政府都可以说"不"。我给你讲个真实的故事：我们住在波士顿远郊一个滨海小城，城里有许多十八、十九世纪的老房子，有几处还是当年华盛顿和美国革命先驱待过的，很漂亮。某年，一家国际连锁酒店看中了老港口海关一带黄金地段，上上下下游说公关，说是可以建一座高级会议中心，促进旅游，带动经济，增加就业。报上随即大力宣传。然而被我们市民投票否决了：多数人赞同草根公益团体的立场，选择不发展，拒绝商家的诱惑，保护了小城历史和宁居的环境。市府即民选市长和议事会也无可奈何，更不存在州"领导""批条子"干涉的可能。

　　国内的种种纠纷和社会冲突，有的能用法律解决，或者拿传统民法例如物权学说包装掩饰了，让人暂时忘记。有的法律就奈何不得，条文再"健全"也没辙，叫作"钉子"，又名"疑难"案件。现在由媒体和时评家来报道议论"轮番轰炸"，引起公众的注意；像你讲的，点出其中的法律难题，例如怎样平衡"私权"与"公共利益"，也不是坏事。我说过，新法治的"温情"运作，一刻也离不开大众文艺和媒体的宣传配合。新闻报道跟法律时评，便是这文学化的法治的右臂。现时一部分民众，尤其是中产阶级知识分子，对新法治是寄予厚望的。仅就那一份精心培育的信仰而言，应该说，新法治的建设相当成功。

二、程序正义与法治

简单说来，程序就是办事的顺序、规则。我们盖房子、做学问，都需要遵守一定的程序，否则容易出错，影响效率。你举的那个例子也说明问题：排队购买紧俏商品，红袖章老伯伯维持秩序，不许加塞儿，不许代买。为什么？为了避免拥挤混乱，不让力气大的不讲理的钻空子、欺负弱小。在此意义上，程序是公正的最低限度的保障，虽然紧俏商品有限，排在后面的人可能买不到，因而浪费了时间精力，甚至失去别的机会。

但是，法律程序有所不同，其基础是政治权力乃至国家暴力介入的制度性安排。通常情况下，老百姓希望并且相信，政府和国家应能主持公道即伸张实质正义。所以权势者或其雇佣的律师钻程序的空子，利用程序手段阻挠、破坏或延宕正义的实现，老百姓就会不满，要骂人，"丧失理性"。于是在制度上就需要有个说法，一种"学理"或信仰的解释，来安抚他们。所以法治化的社会控制必然有繁复抽象、渲染技术的一面，古今中外皆然。与之相关，还有一个法律人的职业化或精英化问题，是法律人集团一直关心的。就是如何限制法学院/系的规模和数量，加高律师和法官资格的门槛，以使法律人的职业训练和工作伦理跟普通人拉开距离，能够以严格的行业规范和道德自律为条件，向国家换取执业垄断和司法独立。唯有这样，才能把程序正义建立起来，再充分意识形态化，让老百姓接受。这一点，在当前的中国，基本上还未起步。

法治的另一面，则是古人所谓"治吏"或"御臣"，即法律对官员和权势者的约束，或实质上的"法律面前人人平等"。这一面如果软弱，具体的表现，便是反腐败的不力。但这问题不是中国独有的，而是当今世界多数国家和地区的通病，不论民主宪政、资本主义与否，也不论官员是否享有"高薪养廉"的特权。高薪养廉，自然是"肉食者"编造的神话。自古清官穷、贪官富；而且越富越贪，不会餍足。近年抓起来公布罪行的那些贪官，有哪个是因为收入太低、"心理不平衡"或制度不"健全"才堕落的？毛主席时代基层干部没几个钱，但贪污腐败的少，为什么？那时候的思想、做法和制度，在现在的人看来，恐怕是极不健全的。我想，穷根究底，还是官员的道德品质和组织纪律出了问题。而这困局涉及巨大的既得利益和预期利益（又名"呆账"，我论述过），大到了不敢碰也碰不得的地步，因此才变得如此棘手了。

三、"文革"往事

去年你邀我写"文革"和知青的事情，我没答应。一九六六年五月"文革"爆发，我只是个毛孩子，初一学生。跟着高中生外出"串联"，步行"长征"，看大字报，能懂什么革命？我没有回忆"文革"的资格。那个大时代"十年浩劫"的风云人物好些还健在，应该请他们回忆，保存史料。诚然，"文革"中各人有各人的经历，无论造反、保皇还是逍遥（当时把两派之外不积极参与的人叫作"逍遥派"），都有精彩的故事，都值得写下。或如巴金老人提议的，造一个纪念馆或图书馆，让后人受教育，总结教训，永远铭记。

不写还有一个理由。回忆录、随想录之类是老人的专长，不到岁数就忆旧，我觉得别扭，而且极易浪费了文学素材。前些年到北京讲学，在三联书店楼上的咖啡厅会友，吴彬大姐推荐钱宾四（穆）先生一本小书《八十忆双亲／师友杂忆》。我在返程飞机上一口气读完，真是诚笃隽永之至。那种阅尽人世沧桑的素朴文字，只有学问做通了上了岁数的人才能驾驭。大概这就是孔子所谓"从心所欲，不逾矩"的境界吧。

四、现当代文学

我是西学出身，长期在美国生活，国内的小说戏剧，多年没看了，没时间。因此说不上喜欢或不喜欢哪个作家。但由于文学圈子里的熟人多，道听途说，得知一点花絮八卦。偶尔也应朋友邀请，

或者遇上有兴趣的题目，写一两篇评论。

不过，二十世纪的白话新诗我下了点工夫，研究格律和现代汉语的音韵节奏、欧化句式等问题。从郭沫若《女神》到戴望舒、艾青，从食指、海子到世纪之交的"新新人类"，都读。现在回国讲学，遇上年轻诗人还一块儿泡吧喝酒，念他们的新作。

你问对张爱玲、顾城等人的看法。顾城早期的东西好，有童趣。假如当初他停下来写故事，或许会成为优秀的儿童文学作家。而这一块是现代中国文学的弱项。你想，需求那么大，却少有给孩子们讲故事的人才，这民族一定是遭遇了什么不幸。童趣是天生的，教不会，学不来。日本人这方面比中国人强，各门艺术包括民间工艺都能表现童趣。所以他们的动画片做得好，比迪斯尼的还要好。这是我的一个美国"教女"告诉我的，小观众自个儿的评价。

张爱玲文字警策、造句精巧。据说她看书喜欢拿一支笔删改别人的句子，用这个方法训练语感，是个风格意识极强的作家，对《红楼梦》也有独到的见解。可是她的故事对我没有吸引力。旧上海和老香港那些小人物的心态、声腔、做派和出没的场所，我太知道了，不觉得新鲜。

五、"重建西学"

"重建"是我在一封信上说的，收在增订版《木腿正义》，你读得仔细，注意到了。但我的意思并非指前人向西方学习，误读或曲解了什么。那是不可避免的；何况创新有时候就是因误读而起、从曲解出发而成功的。九十年代以来西学之衰落，除了政治和文化生态变迁的影响，还连着高等教育和学界的腐败。如钱学森先生一针见血指出的，大学走了歪道。中国人办教育，二十世纪上半叶举世瞩目的成就，现在通通丢掉了，一律奉行长官意志，"数目字"管理。将来如何推倒重来，扫除垃圾，回归正路，我们这一代怕是不行了，既得利益者太多。看下一两代人吧，也许他们受够了损害，能抓住机会，拿出勇气和政治智慧，迫使"肉食者"及其共谋者让步。

但是，译经跟重建西学或解决社会问题无关，纯粹是出于学术和文学兴趣。这一点我已在《摩西五经》的前言里讲明（见《木腿正义／雅各之井的大石》）。

六、宗教经典

世界主要宗教当中，佛教对中国传统思想的影响最大。前辈学者，凡受过传统教育的，对佛经都有些研究。"文革"以前和"文革"过后，先父常接待外宾——那时候上海人还少见多怪，南京路上常围观外国人——好些是来访的佛教界人士，他少不了陪同参观寺庙，谈论些佛学和经文典故。回家就着绍兴老酒，兴致上来，也跟我们说说。所以佛经故事我很早就有兴趣，读过一些。但佛学博大精深，经文浩如烟海，我是外行。

佛经汉译，大概也有不少错漏，陈寅恪先生等先贤指出过。但译本有舛误，一般不会影响宗教的传播。人们信教，是因为内心有所觉悟而皈依，或者生活陷于迷惘痛苦，无所依凭，欲寻求真理。所以教士布道，都是说些浅显的道理，跟学术讨论是两码事。如今荧屏上那些风靡全国的"心灵鸡汤"节目，也是这样；出点差错，甚至误读了经典，也无关紧要。只消观众看了高兴，对人生增强信心，"爽"了就好。考订文字、辨析义理，是学者和经师的任务，不是普通读者和信众关心的。信仰关乎个人灵魂的福祉，礼拜神明则需要仪式和组织，这些都不是单纯的译经解经所能奏效的。

至于经文载体语言的神圣，历史上只有少数几种语言获得这一待遇。例如埃及的圣书（象形）文字，古人以为是神明所赐，故而须由祭司和专职文书来书写、解读、保管文献。《圣经》的希伯来文和《古兰经》的阿拉伯文，传统上也享有极高的尊崇。因为这两种文字直接承载了神的启示，所传经文则是那启示的完满无误的记录。而基督教《新约》的希腊普通话（koine），则同欧洲的其他语言一样，没有那般神圣。因为耶稣福音的原话，是公元初年巴勒斯坦犹太人的母语亚兰语，门徒们译成希腊文传世，已经跟"天国圣言"隔了两层（详见《宽宽信箱与出埃及记／天国的讽喻》）。更何况希腊文在早期基督徒看来，是异族"行淫"即膜拜宙斯、维纳斯等邪神偶像的污秽了的语言。所以历史上，希腊文虽然一度成为东地中海文明圈的普通话或文学语言，却从未达到"至圣"的地位，像希伯来文、阿拉伯文在犹太教徒和穆斯林心目中那样。

《圣经》汉译，除了研习原文善本、琢磨西文经典译本，还应当参考《古兰经》。《宽宽信箱与出埃及记》里讲海枣与凤凰那一篇，我就核对了几种英译《古兰经》和马子实（坚）先生的汉译，并请教通晓阿拉伯语熟悉中东风俗名物的专家，从而确定和合本等旧译的舛错。马先生学贯中西，曾在埃及留学八年，以阿拉伯文著《中国回教概况》，将《论语》译为阿拉伯文。回国后任北大东语系教授，著译等身，还主编了《阿汉词典》。他是云南沙甸人，那村子从前我每次上昆明都要路过，下车休息，很熟悉。马先生以"忠实、明白、流利"做白话译经的标准，白寿彝先生称赞他的译本"超过以前所有的译本"。所以我读得十分认真，而且希望将来时间精力允许，学习阿拉伯语，从原文研习这部天经——穆圣宣布的"永久的奇迹"。

　　拉拉杂杂就此打住。不知可用否。若有不当之处，请随时见教。匆祝

文祺

二零零七年三月

认真做几件实事

尊敬的校领导，尊敬的贾春旺学长、孙总、梅先生、老师们、同学们：

今天真是荣幸之至，十分亲切，心里充满了敬意，又感到责任之非常重大，任务的光荣艰巨。

荣幸而亲切，是因为我成为了一名清华人，并且是在中华民族崛起的历史关头回国服务。还有什么比这更荣幸的呢？年初，顾校长、陈书记率团访美，招聘人才。他们热情相邀，特别关照，尤其是振民做了大量的工作。结果，就像古人说的，"精诚所至，金石为开"。此刻，我还要感谢李树勤老师，好些年前，他同振民就和我谈过回国服务的安排。当时因为刚开始译注《圣经》不久，俗务也多，便没能成行。这是我不会忘记的。

敬意，则在两个方面。首先，让我对孙总表示由衷的敬意，感谢孙总对清华的慷慨捐赠，大力支持法学院乃至中国的法律教育。昨天我们第一次见面，有点儿一见如故。因为他完全赞同振民讲的教育理念和我们法学院的发展战略，赞同我的学术工作计划，显示出一位在经济一线拼搏过来的企业家独到的眼光。我在边疆农村跟社会底层生活过多年，我很熟悉、赞赏、敬佩这种在艰苦环境磨炼中成就的魄力和眼光。孙总，改天再讨教，我们再聊聊。

当然，今天我们济济一堂，最高的敬意归于梅汝璈先生。我觉得孙总支持清华设立讲席，纪念一位杰出校友，是开了一个好头，立了一个好榜样。其实，这也是西方大学通行的做法，相信将来国内会逐渐推广的。振民曾就命名征询我的意见，我说梅先生应该是第一人选。因为他不仅是著名的学者、法律家，他更是如周总理说的，我们的民族功臣。他和另一位清华校友向哲濬先生，还有倪征燠先生，一起在东京大审判所谱写的，是二十世纪中国法律人报效祖国的最光辉的篇章。当年，国民党政府那么软弱、不力，一心忙于内战；而麦克阿瑟和美国占领军当局如此骄横，罔顾中国人民的苦难、牺牲、世界和平的大业跟正义的原则，甚至为战犯开脱，将他们释放。梅先生以顽强的斗志机智应对，表现了崇高的气节和法律家的政治智慧，终于使主要的战犯伏法，受到正义的惩罚，为中国人民讨还了血债。

现在这讲席以梅先生的英名来命名，对于我，便是极大的鼓励与鞭策了。让我深感肩头责任之重，挑战之艰巨。

是的，是艰巨，否则何来的光荣呢？不言而喻，三十年中国高等教育获得了很大的成就，但同样有目共睹的是，教育正处于极为严峻的挑战之下。今天是喜庆、感谢和纪念的日子，因此我话说得委婉一点。正面地说，我们必须扎扎实实、认认真真地干，一小步一小步地前进，以争取不辜负先贤和英烈的期待，夺取那份应当属于我们的光荣。

这里，我向各位领导、嘉宾、老师跟同学简单汇报一下自己的想法和计划。我想，有这样几件事，是可以贡献于清华的英才教育和中国学术的。第一，自然是实现本人的学术计划。这方面只要保证时间，按部就班做下去，应该说是没有问题的。

我在振民的报告中看到这么八个字"诚信、担当、正直、卓越"。我以为这是一个英才教育的标准，致力于培育法律和相关行业、各个领域的精英或领袖型人才。这样的人才必须有广博的知识，会思考问题、解决问题，能够应付未来的挑战，甚至严重的危机。因此第二，基于这一理解，我想从两方面入手，开课并加强学生的学术训练。一是"法律与宗教"，本周已经开始；二是"法律与伦理"，即职业伦理，下学期开。前者是考虑到目前法律教育分科过细，各自为政，容易耽误人才、压抑创新。冷战结束以来，全球宗教复兴，宗教冲突、骚乱、战争不断。宗教于是成为欧美大学的显学，影响到人文社科各个领域，包括法学。中国既已加入全球经贸体系，利益遍及五大洲，自然不可能站在这潮流之外。国内的社会经济发展同政策实施，也可能产生新的矛盾。宗教问题业已成为全球化时代的政治、经济和军事政策、策略的一个重要因素。我们的学生，即将来中国的英才，就需要从法律的角度学习研究宗教问题了。

　　职业伦理，则是法制建设三十年来一直未能安置的一块基石。伦理缺失，法治就难有信誉，少有尊严，各行各业都大受影响——包括教育界学术界出的那些事儿。在法治化的现代社会，职业伦理又是政治伦理的基础。鉴于基层民主的制度创新的紧迫性，以及将来必然会逐步扩大的趋势，我以为，伦理的重建是改革能否最后成功的一个关键。清华在这一方面是可以，也应该，做领头羊，引领时代潮流的。

　　这两件事办好了，我想就可以促成第三件事，即交叉学科和跨学科研究，既拓展法学，又推动通识教育。通识教育是英才教育的基础，它需要一个氛围，来容纳自由的独立的阅读、思考、提问、讨论、研究、写作。假如上述两方面的探索和课程能够有助于这氛围的形成，那么我对清华文科的全面复兴、再创辉煌就可以做出点滴的贡献了。

　　谢谢大家。

二零零九年十月十五日

在公权力的背后

——答晓峰

近来，公权力滥用的事件屡屡见诸新闻媒体，钓鱼执法、跨省追捕等已成为人们熟知的案例。如何限制公权力对公民权利的侵害？如何对公权力有效监督？人们常常从法制建设是否完备的角度来考虑，但是在清华大学法学院冯象教授看来，法律之上，对于公权力还有更为严格的职业伦理和政治伦理的要求，而伦理精神，恰是我们这三十年改革所忽视的东西。

在您看来，这些滥用公权力的事件，主要是什么原因造成的？

所谓"公权力"，是一句学界的行话切口，把官场腐败抽象化，用来跟另一个抽象概念"个人权利"对照。后者又往往理解成国家通过立法，规定公民享有的人身、财产和社会文化等权利，而政府对之负有依法保护的责任。三十年法制建设，天天这么宣传，称之为"普法"。然而，这么说容易遮蔽一个事实，就是老百姓日常生活中的各样权利和自由，不一定是根据法律产生的，有好些立法之前就在那儿了，像各地的风俗习惯，自古以来"天经地义"的大小事儿。这些自由并非法律赋予的权利，不能简单地视为立法上的空白，随便取消。比如，父母给孩子取名，用生僻字，政府该不该管？我写过文章讨论这事。

还有你们媒体，时不时喜欢唠叨，缺一部《新闻法》哪。仿佛婆婆管得还不够多似的。其实新闻立法，有《宪法》上那一条自由足够了，剩下的只是司法解释、案例分析和学理探讨的问题。做成单行法规，不论由全国人大来制定，还是交到行政主管部门手里，都极易限制新闻自由，反而使得一些不利于言论自由同媒体"松绑"的做法合法化了。套用"公权力"这个委婉语，那就是，立法越多，公权力越大，越能合法地干涉老百姓传统上一直享有的一些自由，以及因为科学技术发展而获得的新的自由、新的权利。互联网就是一个例子。互联网当然需要管理，诈骗赌博、虚假广告、儿童色情网站之类，不管不行。但如果法网太密，一天到晚监控，便会妨碍用户的隐私权与公共利益。如此法治，实属公权力扩张的一条捷径。立法既可以保障公民权益，也能限制甚至侵害公民权益，这是全社会应当十分警觉的。

接下来的问题便是，怎样平衡社会各阶层/集团不同的利益。行政部门有他们关心的问题，被监管行业有自身的利益，此外，还有公共利益。公共利益同前面两方的利益有时重合，有时矛盾。立法，便需要有一个民主程序来保证各方的声音都能够发出来。这一点，有几部法规做得好，如修订《婚姻法》，《物权法》也还可以，拖了几年，让人听见尖锐的批评；有些就匆促了，只照顾相关利益集团，忽视了公众的利益。然后两个环节，就是执法和司法。因为立法技术的成熟，纸面上兼顾各方利益，不等于实际执法、司法就有效能。腐败猖獗的地方，立法再怎么完善，执法司法也好不了。问题出在执法与司法队伍本身的建设。

好，您接着谈。

我这次回国讲得比较多的是职业伦理。改革三十年，成就蛮可观，但代价也不小，职业伦理几乎破坏殆尽。今天的中国，还有哪个行业是让人放心的？从公办学校到政府部门，从人民医院到人民法院，处处是金钱与权力的公开的交易，没有丝毫伦理的约束。北京西城区法院前不久抓的那个院长，判了死刑缓期两年执行，他把法院当作自己的私人公司看待，到他这个法院的案子，朋友分几个，亲戚分几个，行话叫"分案源"。重庆打黑，被"双规"的那位高院领导、高级法官进修学院院长，电视新闻说前两天自杀了，他也是索贿受贿分案源，专门分给自己的律师情妇。他们这些事，都是公开的秘密；单位里风气之恶劣，党纪国法之涣散，可想而知。法治化的现代社会，职业伦理又是政治伦理的基础。因此职业伦理的缺失，便是政治伦理的沦丧。难怪民谣说，干部干部，前腐（仆）后继了。

那么您说的职业伦理具体指什么？与法律有什么关系？

简单说来，职业伦理就是，业者对他从事的工作和服务的对象——若是政府官员，便是对公务、对纳税人——所承担的责任。这责任具体落实在每日的工作当中，维系着一个行业一个部门的道德尊严。例如，当法官的不可私下会见案件当事人，更不能同他们吃喝，收受礼物，这是纪律。上升为职业伦理，则是连容易引起误会或者令人联想到吃请受礼的事，即便完全合法，也不能做。所以在美国，一些娱乐场所，法官是不会随便去的。因为法官的道德尊严不是一个违法不违法的问题，而是法条规范和程序之上，整个法治的权威与效能具体的日常的展现。职业伦理的规矩，总要比法律严格。这也是为什么，从根本上说，仅仅"依法"惩治不了腐败。

再如我们大学教育，实在惨不忍睹。本来教育有教育的伦理，学术有学术的伦理，最基本一条，就是不许作弊抄袭。然而，现在博导教授甚至校长都有抄袭的。揭发出来，学校无不轻描淡写，最多承认个"学风不端"，责任则推在执笔的学生身上。受害人只好上法院告状，立一个著作权纠纷案。抄袭者（被告）便有种种辩解的理由，如著作权（版权）只管作品表达，不保护思想哪，抄袭要看比例呀，重复的文字是否已落入公知／公共领域，如此这般。凶狠些的，还要反诉原告诽谤，损害了他的名誉权。法院就端着这两项权利来回衡量，判定侵权与否。殊不知学术伦理的尺度，要比著作权法规定的侵权要件和范围严格得多。即便没有侵犯版权，只消用了别人的思想学说，或者某个讲法，就算换成了自己的文字，也应该在正文或注释里说明；否则便是抄袭。在美国，大学如果发现这样的抄袭，只有一种处理办法，就是开除（或给点面子，劝抄袭者辞职）。并且其他学校也永远不会录用。没有任何法院会受理学术抄袭的案子，因为抄袭与否，不是法律问题，而是关乎学术尊严，是学界自律的准则。既然如此，就只能由学校聘请无利益冲突的同行，组成特别委员会来调查、鉴定。受处罚者若是不服，可以就处罚决定跟学校打劳动争议官司。当然，这官司不好打，得有特别的理据，或者抓住程序上的漏洞，才能绕开不归司法审查的学术准则。

您的意思是说，职业伦理虽然是不成文的，但它是超越法律之上的更严格的要求？

对，但凡职业伦理，都是在法律之上更为严格的一套准则。因为这个，人才会敬业，并表现为道德尊严。用以衡量政府官员及其行使的公权力，职业伦理便转化为政治伦理。例如，美国的议员州长检察官等等，常有因为婚外情曝光而辞职的——克林顿总统是个例外，凸显了当时白宫的腐败——婚外情不犯法，清教徒时代早过去了，但是高官生活不检点，闹出了丑闻，在百姓眼里降低政府或所在部门的威信，社会影响不好，还会连累同僚和上级的政治前途。因此对不起，只能请他走人。由此可见，约束着公权力的除了法律，更有严格的职业与政治伦理。后者的日常维护，跟执法司法一样，也是重大的公共利益之所在。

要是伦理道德的事情统统交给法律来管，法律是不会有威信的。有威信有效能的法律，必定是适可而止、有所不为的。从前，皇帝手下没多少官，老百姓的家庭细故田产纠纷，多由族中三老调解，除非事关公家，出了人命，一般不上衙门。如此，皇帝的律令才有尊严，不像现在。

与此相关，还有一个法不治众的问题。比如考试作弊，许多地方已是常态，怎么查处？科举时代，那是欺君之罪，要坐牢乃至杀头的。现在丢掉了伦理约束，法律也只好睁一只眼闭一只眼了。前一阵子宣传一位"最年轻市长"，不幸被"人肉搜索"了，查出他毕业论文"涉嫌抄袭"。真叫尴尬，谁来管呢？当地政府管不了，学校也不好办。因为，毕业论文抄袭太普遍了，差不多是学校的生计呀。你知道，相当一部分研究生学额学位，是拿来卖给干部和企业家的。干部企业家读书，还能真给你做论文？让秘书抄一篇交来，算是对你的尊重。他是花钱支持教育产业的消费者，你是为他提供教育服务，是这么个关系，谁靠谁呢？再说，那些垃圾论文也没人会看，炮制出来就该环保回收的，本来不该保存，放网上是疏忽。但这形势跟当年军队经商一样，破坏力太大了；再不制止，中国的大学教育迟早要垮。挽救教育，自然不能靠律师法官。要全社会努力，形成强大的公众舆论，问责主管部门。这样，才能有望重建职业伦理和政治伦理，置公权力于人民监督之下。假如什么事都要立法，让人打一通官司，走完司法程序才能得着一个说法，这会是怎么个情况？恐怕就像老子说的，"法令滋彰，盗贼多有"了。

如果不能仅仅通过法律的方式，那么应该怎么监督和制约公权力？

我想，还是要发展基层民主，广义上的民主。首先，应该提高公民的民主意识、参政意识、监督意识，尤其是保护老百姓说话的权利，即言论自由。总之，光靠一个政府部门监督另一个部门，即便腐败不太严重，作用也是有限的。靠官办或资本控制的媒体，偶尔揭露一些内幕，效果也不大。最好是让普通民众都有途径发言，表达意见。互联网、手机短信，还有漂亮的"散步"抗议，民主意识觉醒了的大众的创造力是无限的。现在的政府官员，跟公司里的经理差不多，实际工作中，他主要是向上级负责，对一两个人、两三个人承担责任。就那责任而言，他的确不需要什么职业伦理，能够顾及国家法律，就挺不错了。可是，一旦把他置于公众舆论的监督之下，情形就大不一样。举一个典型，不久前的邓玉娇案。开始的时候，当地政府本能的反应，恐怕是想大事化小、小事化了。然而这事捅到网上去以后，舆论压力就来了。有些网友还采取行动，老远跑去医院看望邓玉娇，声援她，表彰她的勇气和义举。连办案律师也受影响，忙着调整辩护策略，因为他们不仅要向法庭陈述，还得同时表演给公众和网友看。你看，语境一变，掌权者一下子处于那么多人的目光之下，办事做决定就规矩了。

可是，有些地方政府常常把公权力的滥用解释成个人行为，比如是临时工的行为。

哈哈，托词而已。雇主对雇员职务内的违法行为要负替代责任哪（vicarious liability，罗马法谚：respondeat superior，指的就是雇主责任的不可脱免）。不过，随着法治日益完备，这样的技术性、程序性的障碍会越来越多。所谓程序正义，实际是有钱人的正义，穷人是没法陪着他走程序的。所以，在高度法治化的西方社会，都有发达的草根组织、非政府组织和社会民主运动，以冲破资本与法治的羁绊。必要时，还会采取非暴力的不合作方式，如马丁·路德·金领导的民权运动。那年头在美国南方，种族歧视是合法的；走法律途径来消除种族歧视，不知要延宕到何年何月。民权运动既然挑战了恶法，便不可避免会遭遇法律的暴力，国民警卫队枪杀了抗议的学生。他们的鲜血，而非后来最高法院的判决，才是真正的动员民众推翻恶法的公义之见证。

社会正义同法律的"正义"不是一码事。立法，在现代社会，通常是各个相关利益集团之间，通过代理人和幕僚谈判博弈的结果。而这个过程往往会排斥一些社会弱势阶层或群体，屏蔽他们的声音，牺牲掉他们的利益。我们说"民主是个好东西"，除了肯定它的抽象价值，还有承认它的许多实际用处的意思。其中一个用处，就是纠正精英式法治的弊端，使得民意有更多的机会来表达。每当恶法出台，或者法制陷于腐败，发扬民主，就可以表达民意，动员起足够的社会力量来抗拒恶法，推动廉政。当然，社会民主运动一般情况下是不违背现行法律的，是主张通过合法方式合法途径提出诉求。但即使是最温和的请愿活动，也有可能发生意外；群众情绪一激动，就容易失控，造成财产损失甚至人员伤亡和警民冲突。这就特别考验各级政府责任官员的事件处理能力。所以，民主在中国，大概会是一个缓慢曲折的学习跟磨合过程。首先是政府官员、法治精英得放下架子，好好学习。

对于基层民主的监督，政府官员往往会以侵害其名誉权为由诉诸法律，这个问题该如何看待呢？

　　这是老问题了，我在《政法笔记》里有详细的讨论。法学界应该说也已有共识；只是说归说，未必做得了。比方说，借鉴西方国家的做法，让政府官员即所谓"公众人物"承担较高的举证责任，如证明被告记者的报道不仅与事实不符，而且怀有主观恶意，如明知不实还故意恶搞。这样，就能使一般的新闻报道和批评言论免责，获得法律保护。因此官员的名誉跟隐私权的保护范围，同娱乐界明星一样，要比常人小一点。这举证责任的倾斜，是衡量了各方地位和公共利益的结果。这是靠司法来弥补，以期形成一种惯例。有少数法院作出过类似的判决，运用"公众人物"的学说，认定批评言论即使部分失实，只要非出于恶意，就不算侵害官员（原告）的名誉权。只是中国不是判例法的制度，这些案例对于本院和下级法院并无约束力。近年来，最高人民法院一直在探索，能否建立一个案例指导制度，希望把一些典型的有卓见有价值的判决书整理出来，定期发布，作为指导性的案例，让各级法院参照其阐述的司法原则来判案。虽然不是英美的那种判例法，或许也可以起到一定的作用。这制度如果建立起来，当能弥补立法的滞后和"漏洞"。

　　但根本的一条，还是回到我刚才讲的，要树立政治伦理，叫官员对自己和下属的言行及决策后果负政治责任。明确了这一责任，官员便有义务接受公众和媒体的监督，把别人的议论和批评看作是对自己执行公务、做公仆的评价。像老话说的，"有则改之，无则加勉"，而不应回避、压制，更不可打名誉权官司，有损政府的形象与威信。

限制公权力的滥用，会不会导致另一个结果，就是公民权利的膨胀？

好像还没什么人担心这个。目前的情况恰恰相反，是公权力正变得越来越庞大。这是因为，全球化了的经济高度复杂，行行业业，都需要有力的监管。就说金融市场吧，那么多衍生品，稍不留心，一两个奸商或者流氓公司就能折腾出一次金融危机。所以，二十世纪下半叶以来，国家非但没有退出很多传统市场经济领域，反而在不断加强。事实上，美国就是因为疏于监管，才闹出了大乱子。现在大家都意识到，市场经济离不开政府的有效监管。在这种情况下，就存在一个公权力膨胀、监管者本身如何受监管的问题。这是一个古老的问题。可能还是得靠一种民主制度来维护公共利益，使政府既能够有效监管，又受到各方监督。这样，社会状况和经济都会比较平稳，出了问题也不难对付。

也许有人会说，重建职业伦理，需要付出的代价太大了，甚至会导致社会经济的倒退。

改革开放以来，宣传"普世价值"的结果，是出现了社会主义体制的合法性问题。现行体制的合法性基础在哪儿呢？流行的答案是四个字：发展经济。按照这个观点，必须保证高速的经济发展，那体制才能稳固，社会才会和谐，经得起挑战，包括国内外敌对势力的挑战。而假如现时的高速发展需要用牺牲职业伦理来换取，那"暂时"的牺牲便是有道理的，可以容忍了。但这样的辩解，长久不了。它能在实用的工具理性层面上为腐败开脱，却无法提升到价值理性层面，给人以道德尊严和理想。政法体制的合法性，说到底，是一个道德判断，而非经济指标。这一点，若是和西方国家对比，就可以看得清楚。

比如在欧洲，英国政府的无能低效，是出了名的。我的英国朋友过去常跟我说："打我出生以来，这国家没有哪天不在衰退之中。"但是另一方面，又很少有政论家、社会团体、压力组织和维权人士指责或怀疑英国政府、英国体制的合法性。换言之，两大党执政的无能并不妨碍其轮流坐庄。意大利也是如此，政府非常腐败，但体制的合法性不受质疑。相比之下，中国政府的执政能力要比英国和意大利高得多，不论发展经济，还是灾难危机的处理，都拿得出好成绩。可是，国内国外对于合法性的批评指摘，一直不绝于耳。这也是很大的代价啊。说明发展经济固然十分重要，但仅此一端还立不起道德尊严，也不会赢得竞争者和"友邦人士"的敬重。而道德尊严，正是一切职业伦理与政治伦理的根基。

一句话，以政治伦理观之，"滥用公权力"的"公"字背后，写着一个大大的"私"字，亦即那化公为私的私有制的"私"。那"私"字如今完全合法化了，竟逼得懦弱的"公民"们躲进法律本本允诺的"私"权利里面，将作威作福的奉为了"公"。

二零零九年十一月

方流芳：《学术剽窃和法律内外的对策》，载《中国法学》5/2006。

冯象：《政法笔记》（增订版，附利未记），北京大学出版社，2011。

当普法遭遇房奴

——答 D 君

本期《北大法律评论》组织了一个"政法经验六十年"的主题研讨，从不同角度回顾新中国六十年的政法经验。有几篇论文讲到普法的问题，因此我们想首先请您谈谈对普法的看法。

这个主题好啊，六十年政法经验放一块儿讨论，应该能揭示一些深层次的理论问题。

至于普法，恐怕人家都听厌了吧。再普下去，成了农民工"钉子户"手里"以法抗争"的武器，未免有违普法的初衷和新法治的愿景，不晓得还会让宣传多久？

你知道，普法始于改革开放初期的"拨乱反正"，那时，十年"动乱"熬过来的政治和知识精英有个共识，要清除文化大革命的"极左"思潮和做法。不过，名义上叫"反正"，仿佛回到文革前的"十七年"去，实际走了另外一条相反方向的旧路，而法，就是那条

旧路的一个意识形态符号。

早期的普法，其正当性建立在对文革的控诉之上，可看作一种国家版的"伤痕文学"。后期的普法，却是替资本招魂，即复辟了的资本对历史的回溯与改写。资本要把自己的理想变成所有人的理想，重建私有制的正当性，就必须普法，拿个人权利、契约自由、市场神话和程序正义来装扮自己。当然，普法不仅是宣传法条口号，张扬私权神圣，它还得依托一个有力的载体，那就是通俗文艺，如金奖电影大片、流行歌曲、春节晚会、时尚广告之类。瓦解旧教条，麻痹阶级意识，模糊道德界限，腐败做成权利，掩盖社会冲突，得靠这些东西——靠我们法学家是普不了法的，这些东西，才是那新法治愿景的建筑材料。只不过，愿景终究不是现实，麻痹不等于安稳，掩盖了的未必能够消灭……

没错，是一服麻醉剂。假如中国是个小国，巴掌大一块地方，也许可以这么自慰。但这民族有大国的文化传统和历史使命，近代以来又饱尝屈辱，她是不会被长久麻醉失去记忆，让愿景牵着走而看不到腐败的现实的。事实上，普法越是成功，清醒以后就越是痛苦、失望。我说的"重新出发"的社会动力，就是这么蓄积起来的。

您曾在《政法笔记》里反复强调，法律是政治的晚礼服，但是听您的谈话，似乎这件晚礼服已经成为皇帝的新衣了。这是否意味着立法——普法的思路存在一定的问题？

按照我们教科书上的说法，法条的解释和操作是自给自足的，用不着考虑什么"外部"条件。但其实，法条进入实践，哪能离开政治立场同道德标准，还有各色各样的"主义"包括爱国主义民族主义的支撑呢？伯尔曼教授说过，法律必须受人信仰，才能有尊严。信它的什么呢？无非就是支撑着它的政治、道德、宗教伦理的一些基本价值。要是仅仅通过立法、宣传法制或普及法律知识，就可以在政治和伦理道德之外划出一个法治的圈子，把人套牢，那改革也太容易了。

说起法治，我总想到一个问题：基层民主。这问题一直被"晾"在那儿，不止三十年，六十年了。普法普成这个样子，一件皇帝的新衣，是因为老百姓无法参与啊。我在别处说过，它名为法治，实质上只是一套寄生性话语。真正复杂的重大的问题，从来不靠它解决。它不担负这个任务。它的任务，只在营造并灌输一种意识形态。但既然只是说说而已，不管实际，那么它缺欠尊严，老百姓没人信它，也就不奇怪了。所以，才有浩浩荡荡上访的大军，或通过其他渠道例如"私力救济"讨还公道。你把他们堵回去，他们也不会去请律师打官司；即便是企业家"成功人士"，多半也不用这个法治系统，宁可走政府部门运用关系化解纠纷。

如果能扩大基层民主，实现广泛的群众参与，法治的条件就会发生根本性的变化。学界现在谈论法治，大都是以成熟的西方资本主义制度为样板，亦即以资本主义业已胜利为理论前提，这么讨论设计中国的法治。然而，资本主义在中国才复辟不久，还谈不上胜利。人做事不能太一厢情愿，心里想着一个美好愿景，就把现实忘了。同理，我们也不能假设社会主义未经失败，而探寻社会主义理想的未来。

您说的民主是指代议制民主或选举民主吗？这一期的文章里，有一篇谈到群众路线，您怎样看待群众路线和基层民主的关系？

从各国的实践看，民主是一个开放的概念，不光指选举民主——那很重要，亟须发展——还包括经济民主和各种形式的参与决策、施加压力；它可以也应该容纳许许多多的创新。比如你提到的群众路线，就跟基层民主有一段历史渊源，能够为新形势下的民主参与提供主体性，用于解决实际问题。去年和今年，中国遭遇了一连串天灾人祸，很考验政府和社会的应对能力。从中也可以发现，群众路线多么重要，不走群众路线会落入怎样的困境。正是因为放弃了群众路线，麻痹大意，加之官员腐败，我们的抗灾防灾能力才那么低，农村水利建设与医疗制度才陷于瘫痪。同样，不久前的新疆事件，也是有关政策长期背离了群众路线的一个流血的教训。

当然，在新的历史条件下，群众路线的方式肯定会和三十年前有所不同。传统上，群众路线需要有一个敌人或对立面。那时候，劳动人民有"地富反坏右"阶级敌人做对立面，这是群众路线能够有效动员实施的一个关键。这一点，在国庆游行队伍里，也能体现出来。振奋人心的方阵都是有敌人的方阵，像战争年代走过来的老兵和艰苦奋斗建国的方阵。而那些春节晚会节目似的粉红色方阵，就软绵绵的，让人憋气。搞法治也是一样的道理。法治如果仅是一个个抽象、孤立的程序上的公民的"有法必依"，就会是一盘散沙，像秋菊那样，整一个"法盲"的折腾。法治，应当是全民族的斗争，成长于面对强敌挑战的危机之中；如此才能时刻保持警醒，制度才有活力，有感召力，令人信服。

您似乎是在非常开放的意义上谈论民主等概念的，而且您的法治观，好像也不是一些媒体常常宣传的那种"普世价值"，是吗？

芝加哥大学社会学系的赵鼎新教授，评论过王绍光和俞可平两位先生的近著。他指出一点，讲得挺好，就是九十年代开始，政府渐次认可了民主法治同宪政人权为制度性价值；不论"普世"与否，其实际后果，便是把自己的合法性放在了别人的天平上。于是带来一个风险，因为改革无法一蹴而就，在具体措施上，受制于相关利益集团的博弈及"中国特色"，往往只能先走五十步。但学者和时评家的习惯，是站在一百步的地方来批评。因此，改革家中主事者面临的日常的批评，大多不是反对改革的声音，而是同一条道上一百步对五十步的责难与"异见"。这就很考验政治智慧：怎样使得务实务虚、在朝在野的代表几方利益的精英能够维持共识，度过这一段合法性经受质疑的"转型"历史阶段。好些第三世界国家都碰上过类似的难题，而未能妥善应对，要么政治动荡，要么经济崩溃。中国算是幸运的，迄今为止，在很大程度上避免了五十步一百步之间口水仗的升级，慢慢调整，走到了六十步、七十步。

是的，"普世价值"的口水仗，大体是同一条道上精英内部的争论。虽然双方的口号不同，但基本前提是一样的，都相信资本主义是历史的终点，而法治，即基于个人权利和程序正义的抽象法治，则是通往资本主义的必由之路。这同一九五八年"大跃进"一样，也是乌托邦愿景，教条主义，核心期刊上写写可以，没法拿来指导改革的实践。而思想界真正的挑战，乃是如何走出这个假乌托邦，另辟一条新路。

如果说我们有可能超越这种西方式的资本主义法治，就理论创新或想象别样的道路而言，我们有哪些资源可以借鉴呢？

首先，中国有那么悠长的历史，那么丰富的思想，尤其鸦片战争、甲午海战以降的思想探索，是一笔非常重要的财富。这些年，清末民初那段历史变革和论战，吸引了不少优秀学者，便是一个明证。外国当然也需要研究，但是关心改革的人，最终还得回到中国的历史与现实。

那么，传统的儒家伦理宗法制度会不会复兴呢？也许会慢慢回来吧。不一定先在农村复兴，像包二奶、多妻制，就是从新生的城市资产阶级蔓延开来的旧生活方式。由此而起的财产关系和继承纠纷，必然会产生新的权利诉求，进入司法，获得正式或非正式的认可。渐渐地，还会影响官方意识形态，跟新法治话语合流，到那时，礼法传统可就不再是历史教材上的死内容，而是现实生活中支配人们想象力的一股新潮了。

与之相对，则是社会主义留下的各种资源，包括刚才提到的群众路线，还有集体主义、爱国主义、民族主义、艰苦奋斗等一整套的现代化精神遗产。我说"现代化"，是因为中国的现代性是以民族独立为前提的，而民族独立、民族尊严正是二十世纪中国革命的首要成果。这一点，连五十步一百步的改革家也不能否认。所谓中国特色的这个那个，归根结蒂，说的是想舍弃却丢不掉的这一笔社会主义遗产，而非"打左灯，向右拐"的改革策略。遇上灾难，危机一来，怎么办？翻箱倒柜找社会主义吧。换言之，现在即便是走在别个主义的康庄大道上，也没法扔下这个资源。

前面说到国庆阅兵，唱的是什么歌，奏的是什么乐？全是三十年前的老曲子，《东方红》、《红旗颂》什么的。因为阅兵大游行，不光是庆祝与纪念，更是国家展示实力，政府向全国人民说话。这种大场合说个什么呢？在政法层面上，没法拿《民法通则》、《物权法》和诉讼程序说事，演一台法治话语节目。只能回到过去，回到《东方红》跟《红旗颂》那个年代，也就是回到《宪法》序言，在那儿寻一个支点，这才撑起来，站稳了。

我觉得，中国法学最终能够做出一点成绩、流传后世的，大概还是历史批判。这也是法学著述无论中外的一般经验，一流的法学作品多数是梳理历史问题的。法学只有上升为史学，才能开掘上述思想资源，较好地把握一些复杂的题目。而具体法律领域的探讨，则只能做技术性、政策性或一时一地的考察；时过境迁，也就被人遗忘了。唯有回到历史，才经得起后人评价；才能加入学术思想的争鸣，为学界和普通读者不断阅读、回顾而记住。

您一再提到伦理和价值的支撑问题，这似乎已经超越了法律和政策层面的思考，能不能具体谈谈法律与伦理间的关系呢？您觉得普法有可能在伦理层面上进行吗？

不，法条本身不可能构建伦理。这些年来的立法普法，毋宁说是反伦理的，是以扭曲伦理遮蔽道德为前提的，对社会道德和职业伦理造成的破坏，太大了。费孝通先生早先说过，法律下乡，成事不足，败事有余。讼棍无赖往往成了普法宣传员，叫老实本分的农民无所适从。当年国民党丢了大陆，恐怕跟这种精英式的立法万能主义迷信有关系。说是法律下乡，其实浮在上面，让共产党占了大片的农村。黄仁宇先生有个"夹心面包"的比喻，说国民党未能经营好基层，也是这意思。

但是，普法对城市中产阶级还是有点作用的，个人权利呀，程序正义呀，私有产权神圣之类，多说几遍他们会信。不像那些企业家"成功人士"，眼光毒辣，什么都看得穿，自个儿享受着法治化的美好生活，反倒不信它的理想愿景。不过，城市白领在变成房奴之后也很难说。房奴怕乱，企盼法治，可是新法治是达不到他的预期的。波折多了，就会失望，怀疑，找心理医生，或者看风水练气功。一趟两趟，仍旧不行，那原本麻木了的政治意识便一点点苏醒了。

二零零九年十一月

冯象：《法学三十年：重新出发》，载《读书》9/2008。

王绍光：《民主四讲》，生活·读书·新知三联书店，2008。

赵鼎新：《民主转型，如何可能》，载《东方早报/上海书评》2009.8.9。

下一站，renmin 大学

从清华"打的"进城，堵在半道是常事。后来按友人建议，改乘地铁，时间就好掌握了。北京的地铁，我还是八十年代初大学生胸前戴校徽那时候的印象。如今整个儿鸟枪换炮，而且真便宜，两块钱，随便坐多远。站台够宽敞亮堂——不像纽约那地铁，高峰过后，暗地里耗子比人多，横冲直撞的——而且跟回到波士顿似的，好些乘客把头埋在书报里，要不就"煲"手机、填字谜，气氛蛮 homey。当然，没考虑周全的地方也有，少数几个站，换车"贼"锻炼身体，跟着人流七拐八拐打地道战，足足走了一刻钟，有点和穿高跟鞋的女士们过不去。还有一样，英语报站名——我不否认，那是"国际大都市"必不可少的一项硬指标——做到了女生字正腔圆，不知是社科院语言所还是谁的人工合成，能跟香港地铁的伦敦腔媲美；可是站名中的一个，让人听了起鸡皮疙瘩：下一站，

Renmin University。什么大学？

　　记得从前的译法，叫 People's University，人民（的）大学，全称中国人民大学。同"人民政府"、"人民公安"、"人民法院"、"人民医院"一个意思，名正言顺，一目了然。干吗要改呢？怕刺激了友邦人士，引起贵宾误解，还是自己心虚？倘若以为中文"人民"的含义要比英文或别的国际语言丰富，翻译不了，也是说不通的。这两个字其实是洋人的老传统，亦即主权在民的"民主"（democracy ＜ 希腊语 demokratia ＝ 人民 [掌] 权）传统。人家西方民主国家，人民这个、人民那个的东西太多了。美国《宪法》开宗明义第一句话，怎么说的？ We the People of the United States，我们人民……依照十八世纪的正字习惯，那"人民"还得大写呢。先贤向西方学习的先进思想，民主是其中一条。国家机关及公立机构冠以"人民"二字，乃是宣告新社会人民当家做主，一切为了人民的利益。所以国号"中华人民共和国"，最高权力机关"全国人民代表大会"，武装力量"中国人民解放军"，党的权威喉舌"人民日报"，这些名称，"人民"一律译作 People's。从来没听说，"人民"尤其是"中国人民"一旦挨着大学，就会产生哪样特殊意味，叫英文或任何外语表达不成，必须放弃标准译法。

　　也可能，是中国人民大学这所公立学府变了。出入校门的，早已不是人民干部与"又红又专""把青春献给祖国"的积极分子。当家人放下身段，学了别处一些大学，滋养几个"高眉"（highbrow）精英，或者官场和市场的弄潮儿。这种人是连把"人民"挂嘴角上，装装样子都不愿意的。"人民"于是成了累赘，又不好意思对老外解释，便拿六个字母拼个音，刻上校徽，换了新名：renmin。

高考状元

以前高考在七月，考场里汗流浃背；现在提前到六月初，好多了。但这一考三天，牵动全社会，有时候也折腾得够呛。比如新闻报道，这儿那儿封路，警力出动若干，某市某区下令关闭网吧，免得影响孩子们考试。网吧，大概名声不好，家长不喜欢。可是仅仅因为高考就不让老百姓做生意，似乎法律上说不过去，最好还有旁的理由，并给予合理补偿。

将近发榜，大伙儿忙了起来。负责招生的老师早几天就走了，原来是去联系各省市自治区的状元同家长，做签约录取的工作。据说，这份荣誉一向是清华北大两家争，近年来港大也插一杠子，搞面试，挺红火。几十位小状元的去向，就成了高考过后各地教育部门、重点中学和大众媒体共同关注宣传的一桩大事。

再后来，小状元们便由家长陪伴，一批批应邀来实地体验了。我参加接待了两回，一块儿吃饭，聊聊法学院的专业跟事业选择，谈谈香港和美国的"重点"大学。我的理解，状元如有选择港大而放弃清华的，多半是以为香港的教育比较国际化，因而将来出国深造，在香港申请可能更具优势。但这想法实际是错的。就优秀学生而言，从香港的大学申请欧美一流大学，要比从内地有国际知名度的大学申请困难得多。道理很简单，西方大国的大学，特别是一流大学，历来十分重视中国，招收研究生给中国大陆学生的名额，总是大大多于香港（和台湾）学生。港大、中文大学或香港科大再怎么努力，哪怕在《泰晤士报》排行榜上名列亚洲前茅，也改变不了这一西方学界的"偏见"与地缘政治格局——除非停止实行"一国两制"，让香港的大学完全融入内地体制，服务中国并代表中国。

状元好像女生居多，符合发达国家的潮流；不论"裸分"、"加分"，都是值得录取培养的好苗苗。自从发榜，他们不知听了多少夸张的褒词，照片传遍各大媒体。有的地方还现金奖励，商家则打产品代言的主意。但愿他们经受得起名利的诱惑，保持平常心；入学以后从零开始，莫背包袱。

高考第一名，也就比第二名超出一分吧，多少是碰运气撞上的。举国上下，如此大张旗鼓地表彰少数考生的运气，不是好事，不太健康。但是，政府教育部门带着媒体高调宣传，以现行体制即中学应试教育的策略观之，自有其特殊的社会功用。这些年来，应试教育屡遭诟病，几乎到了人人喊打的地步。然而却无力改革，为什么？因为，整个教育体制和监管部门皆已失去了信誉。以至于离开"裸分"一步，不论"奥数"加分还是校长推荐，在百姓眼里，一概有猫腻或不公之嫌。而高考，却是支撑着庞大的应试教育产业链，包括寄生其中的商业性作弊服务的那一块基石。所谓状元，实为一弊病丛生的教育体制的名牌产品。传媒炒作、政府奖励、名校争夺，无形中扶持且赋予合法性的，正是应试教育。

可见，改革教育的关键，在重拾信誉，即建设职业伦理。听说，也有个别省区不公布状元姓名，拒绝炒作。这是一种对考生和教育负责的伦理立场。哪一天全国都能如此，就有一点希望了。

中国第一考

都说大学生负担重，忙。我问了几个学生，答：必修课虽多，但阅读跟作业的分量一般不大，考试亦容易对付。忙什么呢？课外社团活动呗。还有政府机关、法院与律所的实习，各种资质考试，比如英语、电脑、驾照、公务员，毕业前再加上用人单位的面试笔试。他们也真是能考。没听说哪个考不过的。某日又来报喜，通过了司法考试；那也是法学院学生必考的。

比起高考见不得阳光的作弊丑闻，这号称"中国第一考"的司法考试，就坦率可爱得多了。腐败既是明码标价的权利，"公平交易"就不必隐藏。季节一到，便雨后春笋似的冒出各色各样的报考培训班来，从"基础班"、"冲刺班"到"猜题班"、"包过班"，再到"出题老师"亲临辅导，八仙过海，各显神通。不过，友人告知，考生也不是听任宰割的傻帽儿。几个人凑钱交学费，送一人进去，偷偷录音整理了，放在网上设置密码，供交不起或不愿交学费的广大网友付费下载——嘿嘿，还没当上法律职业人士，先练会钻空子违法的道道。

您如果觉得这个乱法叫"中国特色"，那可太不懂行了。作弊哪能是天朝的土产，民主大国兄弟邻邦例如印度，不也照样腐败？可以说，有过之而无不及。那"中国第一考"真正拿得出手的一盘"特色"，却是考生无须受过任何法律教育。换言之，考试内容虽然涵盖了十四部法律，报考资格却并无专业要求，只消出具本科或本科以上学历证明即可（另据司法部规定，部分地区可放宽至专科）。

　　而且，更有意思的是，考试结果，正规的法学本科未必优于别的考生，状元也往往不是法律专业。

　　周末上友人家"蹭饭"，沙发上拿起一张报纸，恰是满满一版关于上海"司考状元"的采访文章。那状元是学计算机技术专业的，谈到备考经验，她的心得颇说明问题："司法考试和法学素养关系不大，所以没有法律基础的人也不必紧张。复习'司考'，最重要的还是效率和技巧。"（《文汇报》2010.6.25）她自己的复习备考，"满打满算"不过三个月。九十天吃透两本教材，"《指南针攻略》和《考纲》"，就这样，一遍又一遍死记硬背消化法条，终于点了状元。

　　一方面，铆足了劲"普法"宣传法治，强调法律人职业化，审判员改名叫法官，给他披法袍买法槌，花钱培训拔高学历；另一方面，又降低职业门槛，开放执业资格考试，走了一条"民粹主义"的路。这么搞，是否自相矛盾？

国家理性

　　此是章润兄组织研讨会点的题目。国家理性，过去英文著作里常借法语表达，以示文雅：raison d'etat。在西方政治思想史上，大概是马基雅维里（1469～1527）开的先河，之后渐次形成意、法、德诸国的"霸术"或工具主义的"现实政治"（Realpolitik）传统，拿这术语做了一种说辞。不过，那一段历史我纯属外行，只能作为读者，谈谈感想——承志勇君热心帮助，找来时殷弘先生译的迈内克《马基雅维里主义》，翻阅一遍，颇受教益。

《国际歌》作者欧仁·鲍狄埃

Raison d'etat，时先生译作"国家理由"，《读书》今年四月号有篇文章提出商榷，认为从西方的社会历史语境来看，正确的译法应是"国家理性"。我想，"理性"、"理由"都有道理，两者的差异，在视角不同。"理性"是个大词儿，抽象悦耳，可以让中文读者联想西方思想史和当下的意识形态宣传（例如普法）；但不如"理由"有劲，直指马基雅维里式的工具主义。其实，译得灵活点也行，两个词换着用，互训互明，贴近读者的生活感受——让我扯开去说。

还是友人请客，到国家大剧院潜入"蛋壳"见世面，看了一场

[法] 德拉克罗瓦（1798~1863）:《自由》

"主旋律"话剧《这是最后的斗争》（以下简称《斗》剧）。故事挺
"尖锐"，剧名取自《国际歌》的副歌：c'est la lutte finale，毫不回避
"社会基本矛盾"。一高干家庭，老爷子不知受过什么刺激，常有幻
觉，动辄回到革命战争年代，冲呀杀呀，要把名字刻在烈士墓上。
家人遵循医生嘱咐，在他面前绝对不可提及任何涉及党和政府、改
革开放的事儿，例如老二喜欢发牢骚，嘀咕些讽刺干部作风的笑话
段子，老爷子听见，准保犯病。可是除了老两口儿，周围一帮人全
在进步，上上下下，拼了命捞钱捞人。我边看边胡思乱想：有朝一

日，会不会这伙硕鼠建成一国，"团结起来到明天"，他们依法腐败的那一万条"理由"，不就是一门精深的"国家理性"？

而且，如果"理由"统让国家栋梁给占了，唤作"理性"，大写了又名法治，那么缺乏理性，不会理智，浑浑噩噩还守着传统道德、责任伦理的，不就是芸芸百姓了么？于是乎，国家必然与公民对立，"理性"则理应属于"高眉"精英，而民众的愿望诉求，每一次挣扎，无非是说明"民粹"等于无知——这，便是当今法治意识形态下通俗文艺和主流媒体的基本政治立场。

《斗》剧却在这一点上出了格：不但描绘了精英栋梁的腐败勾当，而且推翻成见，把被剥夺的理性还给了替"理性们"打工，进城扛活的乡下人。是的，连上班吊儿郎当，被国企老总（老三）炒了鱿鱼的那个农民工小伙儿，也晓得算计，运用理性编造理由。表面上对老板低声下气，暗地里却在给他的对头当"间谍"，查他挪用公款的黑账。这个猥琐的灵魂，农村人的好品德丢个一干二净，看到老板贪污案发，企图潜逃美国，就趁机上门敲诈，甚而图谋老板父亲即革命老干部的房产；恨不得老爷子老奶奶一伸腿送去八宝山，儿子女儿一总"双规"蹲大狱——好一名手狠心毒、玩得转法治的农民工！

如此，《斗》剧虽是"主旋律"文艺，却一反春晚式的逗乐和插科打诨，回归了严肃的现实主义，让观众直面那标举"理性"的法治化的社会腐败。

也许，这批判的现实主义，预示着一番新的气象，仿佛暴风雨到来前，一只迎着乌云低飞的燕子。至少，在理论上，它可以提醒我们：冷冰冰的工具主义理性，不必是精英集团的专利；以农民工为符号的劳动阶级，也早已不是死抱传统道德、任人欺侮的一群。因为，在资本复辟的市场条件下，法治不光是"理性者"营造"国家理性"的核心策略，同时也侵蚀着普通百姓，诱惑他们接受腐败的"理由"。可以说，唯有腐蚀了他们的道德意识或"伦理共同体"（civitas），将之改造成一个个庸庸碌碌、奉行"市民理性"（ragione civile）的小市民，名曰公民，腐败才可能做成合法权利，即"理性者"实行统治的特权。

现实主义文艺在现代中国，曾有辉煌的成就；其勃兴于晚清，才俊辈出，至上世纪下半叶，方见凋零。今天，当旧的社会关系与社会控制策略以"理性"的面目再临九州，可否期待现实主义更新我们的文艺，进而，"让思想冲破牢笼"——

> *Pour que le voleur rende gorge,*
> *Pour tirer l'esprit du cachot.*

二零一零年七月

迈内克（Friedrich Meinecke）：《马基雅维里主义："国家理由"观念及其在现代史上的地位》，时殷弘译，商务印书馆，2008。

周保巍：《"国家理由"，还是"国家理性"》，载《读书》4/2010。

京城有神仙

这事知道的人不多，但也不是新闻。三年前沈林就透露了，写一剧本，发给我看，题为《北京好人》，借用德国布莱希特《四川好人》那个名喻。

我这位"沈博"（在中戏大伙儿这么叫他）是艺术家性格：临开演一小时，突然一个电话：快来，小庄口儿九剧场，票在某某手里，演出结束请参加剧组座谈。就挂断了。Jesus，这可是北京的周五下班高峰时段，小庄口儿在城里还是城外，哪个方向？幸亏的哥是个老辣的，上高速抢道、下辅路钻胡同撞脖子绝不吝惜，居然掐着钟点赶到了。急急进剧院上楼，迎面一道门微敞着，飘出靡靡的乐音。入内坐了，舞台上已经摇出一队艳丽的短裙，合着节拍，大腿举举，煞是整齐。不想乐池里一声喊：停！都放下了。原来是彩排。忙起身退出，抬头看海报，噢，是"爱恋廿世

[德] 丢勒（1471~1528）：《所多玛的毁灭》

纪"的《张爱玲》哪。

转身爬上三楼，才松了口气：还在排队入场，有几个像是熟面孔，门口招手的那位女生，正是某某。

那神仙乍看是三位，实为一体。戏台后方拉一面银幕，灯一黑，他便降世现身了。宝像采用泥塑，请搞舞美的新秀捏的，模样

不陌生——虽然这年头太多人钻在钱眼儿里，早把那"三位一体"淡忘了：中山装，圆脸盘带一粒痣，脑后贴一圈龙门石窟的佛光，赤县神州普照——多慈祥。

他三位口中念念有词，落下云端，来北京查访好人。走到胡同口，碰见愁眉苦脸的下岗教师老王。那老实头真够老实，没想到毛遂自荐，却推举了隔壁的洗头妹，大名沈黛。于是一夜之间，沈姑娘喜蒙神仙恩顾，开起一爿杂货店。她也确是好人，刚添了只货架子，就开始对左邻右舍有求必应，在胡同里悄悄行善。谁知那帮人得着好处，反而生了坏心。有打她"富豪表哥"主意的（不然怎个洗头妹，哪来的做生意本钱？），有垂涎姑娘姿色的，成日价找她纠缠不休。这还没完，又闪出一个踉踉跄跄寻短见的青年，往细脖子套根绳儿。恰巧被姑娘撞见，救下安慰，他洒了两三滴泪，才慢慢启齿，说是留学生，录取在著名的某太平洋大学；面色好苍白，是叫学费加机票给愁的。洗头妹听得神思恍惚，那小白脸便乘势倒在好人胸口，一边花言巧语求爱，要认作夫妻，一边心里算计：这丫头绣花枕下面藏了几 K 票子？

那阵子我在修订《创世记》，日夜与圣人先知同行。一看这情形，便为那伙作恶的捏了把汗：这沈黛可是神明"认定"（yada`，即拣选）了的好人，你们欺负她，对她动手动脚，就不怕冒犯神明，自寻毁灭吗？尤其那小白脸留学生，敢诱骗姑娘订婚，作对儿"相认"（yada`，婉言性交），这跟所多玛全城男子将好人罗得家团团围住，妄图强奸来访天使时，嘴里嚷嚷的那句话"让我们认识认识"（yada`，《创世记》19:5），有什么不同！

您或许会说：偌大的京城，谁蒙恩不行，偏偏这洗头妹赢了三位一体的赏识？我不信。可是神灵施恩，拯救罪人，向来是不论贵贱的。再说那三位一体，最先是向谁显现的？向迦南荒野里一个牧人，亚伯拉罕（'abraham，谐音万民之祖）。《创世记》十八章：一天下午，暑气最盛的时候，圣祖正坐在帐篷门口乘凉，耶和华在幔利的橡树下向他显现了。他一抬头，啊，那里站着三个人！赶紧跑上前去迎接，俯伏在地：大人（'adon，主，单数）赏光！请允许仆人我招待了再走……

圣祖明明看见来客是三人，为何敬称作单数"大人"？犹太经师有种种解释。但基督教兴起后，教父构建神学，这一细节便被看作"三位一体"奥秘之预象（typos，见《哥林多前书》10:6 注），亦即亚伯拉罕继"割礼之约"（《创世记》17:3 以下），所领受的又一启示。希伯来语"上帝"是复数名词（'elohim，众神，复数表大），单数"大人／主"如暗指上帝，则有强调其至高唯一，或合众为一之意。例如次日（古人以黄昏为一日之始），圣祖的侄儿罗得迎接两位耶和华的使者（即那"三人"中的两位），招呼语用的是复数"大人"。但逃离所多玛时，他恳求天使手下留情，莫毁小镇蕠尔（zo`ar），改称单数"大人"，便是（通过天使）呼吁在天之主。神道若此，既然言及天主"众"可以名"一"，神明降世，"一"现身为"三"，也是不足为怪的了。

还有一点不可忘记，那天耶和华造访亚伯拉罕，目的是开启莎拉夫人的子宫。夫人婚后一直荒胎不育，其时已年近九十，后世美称"由妇道回返童贞"（维尔墨斯，页 220，引亚历山大城哲人菲罗

［荷］鲁卡斯（1494~1533）:《罗得与女儿》

语）。然而，至高者没有做不成的事：圣灵附体，"童贞"欢笑，圣祖百岁翁得了儿子（《创世记》21:7）。

同理，洗头妹经三位一体的认定／拣选，脱胎换骨成一新人，又名好人，便也是"由妇道回返童贞"。故所谓好人，并非按照我们这个"新所多玛城"的道德尺度，例如张奶奶跟谁"爱恋廿世纪"，来衡量所得——若是那样，何劳神仙下凡呢？人自个儿开会评选或者投票得了——不，好人的拣选，乃是以拣选者即神明眼里的善恶是非之别，重造新人的不朽伟业。如此，众恶邻欺负蒙恩女，留学生诱惑沈姑娘，怀孕之后又抛弃她，便犯了阻挠拣选、奸污神意之罪。这新所多玛一如其前身，那覆灭了的旧城，担的是一样的"骂名"（同上，18:20）。

洗头妹怎么办？可怜她一个"童贞女"落在了所多玛人中间，怀的是父亲不要的孩儿，不啻因圣灵感孕而受辱，必须躲避邻人的眼睛。万不得已，她偷偷"失踪"，扮作一个恶人隋大，就是流言描绘的"富豪表哥"，开办一家造假烟的黑厂子，把作恶的通通招了进去。这样，她才有了一块安放枕头的地方，保住了腹中胎儿。

当然，这一幕好人化身恶人，以"恶"制恶的戏中戏，是演不长的，因为"童贞女"的肚子一天天大了。但只要隋大还管着他的厂子和打工仔们，所多玛人就距离报应的黎明还差几步，不至于立刻遭逢那点燃"漫天硫磺"的霹雳，掉进"一扇巨大的窑炉"（同上，19:28）。而众人受了剥削，渐渐心生疑窦，开始打听隋大的真实身份时，这戏中戏的悬念就不限于舞台，而是全体观众和新所多玛城的命运了。终于，"群体事件"酿成，他们揪住老板不放，将他推到神仙面前，提出各种指控，并要求查明洗头妹"失踪"的真相。此时此刻，在三位一体的法庭上，谁可蒙恩，谁必受罚？只见隋大摘下墨镜和礼帽，脱去风衣，露出腆着肚子的"童贞女"的本相——当她手指胎儿，与神明同在之际，蒙恩的肯定不是我们；吃惊而动怒的，是那天庭的判官。

我也吃了一惊，被观众席上如雷的掌声。接着，演员同导演、琴师站成一排谢幕，小朋友登台献了花篮。我想为神仙拍手，向面带愠色的三位一体致敬。可是顶灯一亮，身形便模糊了，成了几条悬于白幡的灰影。

散场时，本想去戏台背面再瞧一眼那儿陈列的宝像泥塑，然而熟人过来挨个儿寒暄，没来得及看，就被拉着塞小车里，吃消夜去了。

于是，跟着编剧、策划、舞美等一干师生，坐进了"鬼（簋）街"的一家饺子铺，热热闹闹吃将起来。这个说，戏排得匆忙了，缺经费呀，台词和即兴动作还不到火候。那个说可以了，没见那留学生好身段，滚倒在地还蹦跶一段舞蹈呢！大家都夸赞琴师，国宝级三弦，老北京味儿。哎呀你们别说，演员道，今儿第三场我才弄明白，什么洗头妹啊，原来是个妓女！众人哄笑，一面比画，学洗头妹在台上的童贞相，弄得她有点不好意思了：有啥好笑的嘛？

是呀！忽然身后响起一个沙哑的嗓音，凑到我耳边，绕着股浓烈的烟味：你不也吃惊了？回头去看，却并没有人坐在那里。只有一张放菜碟子的小供桌，靠着墙，插了三五根红烛，墙上贴了些五六十年代的老照片，红领巾围着老爷爷什么的。

笑贫不笑娼哪，她是神仙下凡扶持的好人！大伙儿叽叽嘎嘎议论，就着啤酒啃鸡爪子、嚼黄瓜。不，不，编剧摆摆手，各位想想，谁天天跟着耶稣一处吃喝来着？是妓女、税吏那些个罪人，还是小心翼翼信守诫命的经师、法利赛人？啊哈！导演拍拍演员脑袋：人家基督能救妓女，把脚伸给她抱怀里抹橄榄油——冯老师，我没讲错吧——让她拿自己的秀发，喏，就是你这一绺染得血红的青丝，这么，对，就这么揩它，洗它（《路加福音》7:36 以下）。好，为何咱中国的神仙就不能降世，来京城挑选我们的罪人，洗头妹呢？

洗了它！洗了它！众人齐声吼道。铺子里的客人都转过头来张望，不知出了什么事儿。那沙哑的嗓音却沉默了。

许久，仿佛身后矗立了一道静静的大山，而饭桌上的笑声与咀嚼，同它隔开一个世界。我几乎不忍去打搅那峦嶂的寂寥。然而，那烟味分明还在，刺激着我的眼睛。末了，我轻轻询问：为什么是她，沈黛姑娘？

一声叹息……停了片刻，那嗓音才远远飘过：为什么？为什么一转眼，这些罪恶的东西，早已剪除的毒瘤，全回来了？我们走时，留给你们的这份产业，是红旗飘飘，一次次斗争史无前例，把污泥浊水涤荡了的。那会儿，你们中间可有一个当洗头妹、泡洗脚城的，嗯？

说着，那嗓音变得悲哀了，但是不等我回答，又厉声道：你起来！

我醒了。在北京的深秋的清晨，屋外，唧唧喳喳，树梢头站着一对喜鹊。

去法学院的路上，前面走着三个人，西装革履，摇晃着身子，步态显得有点沉重。但我已经不再感到惊异：早安，好神仙！我心里同他们打了个招呼，跟着他们默默地前行。走进校园，踏着满地败叶，却又笼罩在焦虑中了（《创世记》18:22 以下）：

这回别处不去，巡幸大学，什么意思？

还有，当年圣祖问过的，究竟要几个好人得了认定，才能宽恕全城？

二零一零年十一月，清华学堂失火次日

冯象：《创世记：传说与译注》（修订版），生活·读书·新知三联书店，2012。

维尔墨斯（Geza Vermes）：《犹太人耶稣》（*Jesus the Jew: A Historian's Reading of the Gospels*），Fortress Press，1981。

诉前服务好

——房山区人民法院的经验

诉前服务好：来到房山区法院调研，座谈"立案诉讼服务改革试点"，这是我第一个感受。好在哪儿呢？好在诉前，而非上法庭之后；好在服务——人民法院的宗旨，说到底，就是为人民服务。

具体的做法，是建一个"民事立案审查、诉前调解、快速裁判一体化的复合立案程序"。法官们说，过去立案庭像是收发室，案件大量积压，"送达难、执行难、信访化解难"。现在变了，仿佛医院门诊部，挂号的先诊断一下，叫作"深度程序审查"，把可诉的跟不可诉的分开，防止恶意或虚假诉讼，平等保护被告的诉权；不适于法院解决的社会问题、敏感案件等，则疏导分流；合乎条件的便积极调解，为当事人节省时间精力和费用。同时，针对案件性质，在区政法委的领导下，整合各部门资源，推动"大调解"。这样，既能保证诉讼的质量，又可促进调解审判的效率与司法公正；对外维护人民法院的威信，对内则理顺案件流程，提升了法官业务和法院统筹管理的水平。

奇怪的是，这么个双赢的局面，却有学者颇不满意。当然他们也是好心，时时呼吁，表达忧思，怕法院丢了正事陷于杂务。什么是"正事"呢？在那些专家看来，就是坐堂听审，电视剧里洋人法官那个模样，一身黑袍，假发卷卷。他只管高深的法理、细致的剖析，叫两造律师一来一去，轮流考问证人，辩驳事实。除此以外，都算"杂务"，尤其是各种形式的调解。一句话，调解不可取，不是对抗式诉讼，也没有判决书，起不到"通过公开审判来宣传法律知识"的作用（郭小冬，页 37）。

其实，近年来人民法院回归调解或群众路线的传统，绝非停止法治建设，或者"开历史倒车"，如一些法学家指摘的。毋宁说，"大调解"复活"马青天那一套"，是"形势比人强"；是"诉讼爆炸"人少案多，法院不堪重负，给逼出来的。现行的民事诉讼法体系，还是八十年代至九十年代初的产物和思路，回应的是二三十年前的案件审理需要、人力资源与知识条件。那会儿还没有"小产权"，恶性的强拆、自焚、警民冲突事件很少，谁能想象"人肉搜索"侵犯公民包括少数贪官的隐私权？时代变了，变得太快；任务却越加繁重复杂，从文书送达、诉前调解、委托鉴定，到执行判决。司法程序上做些调整，不违背人民法院的宗旨，重拾社会主义的政法传统，来一点"发动和依靠群众，坚持矛盾不上交，就地解决"的"枫桥经验"，或者法官会同"四员一警"（人民陪审员、社区法庭协审员、人民调解员、特邀监督员、公安片警）巡回办案，让

"人民调解进立案庭"、"人民法庭进社区",逐步消除"草率结案、诉讼不公、涉诉信访"的现象,有什么不好的呢?立法方面,继去年颁布《人民调解法》,今年又加快了《民事诉讼法》的修订,赶得可及时了。

法学家都爱美国。都说美国人健讼,维权意识强。但美国法院的案件受理量,远低于中国。法官的人均办案数,更是没法比。统编教材不也说,审判周期在那里可以一拖再拖,拖个三五年不稀奇。司法制度太不一样了,普通法是对抗制诉讼,出了名的费钱耗时,穷人享受不起(伯恩斯:《美国庭审之死》)。但那只是次要的因素。最主要的,还是美国人纠纷相对少些,社会矛盾容易化解。诸如商业诈骗、食品安全、小贩砍城管、官员跟房产大鳄勾结的案子,不如中国普遍。正是受制于此类外部条件的"硬约束",人民法院才没法简单照搬外国的制度学说和理念,不论多么"先进""科学"。它只能从实际出发,改进司法,争取让群众满意。

所以还是那句老话,改革家只有多做实地的调查研究,才能了解情况,掌握政策。否则,就谈不上"认识世界"和"改造世界"这两样共产党的大事或"基本任务"(毛泽东:《改造我们的学习》)。这一点,司法改革跟其他党政部门的工作,并无本质的不同。

我们的专家学者的种种诘难背后,其实还有一个误会,就是把人民法院想象成美国或者德、法、日本等"法治国"的法院了。表现在方法论上,便是意识形态化的教条主义。比如,假设中国是在往"法治国"走,奔的是"三权分立"的金光大道。然后拿美国的做法同标准来衡量,挑毛病,摆学说,召开学术会议。这么着,才叫法制改革。结果，诉讼跟调解成了对立的制度，中间划一条不可逾越的疆界，这一边褒作"法治"，那一边贬为"人治"。不幸的是，人民法院没有搬去华盛顿或纽约，受理的也不是美国的家庭与财产纠纷、社会矛盾，依据的更不是美国法律。不是说不能讨论司法改革的方向；学者完全可以质疑其合法性，开展批判性的研究。但是，具体到人民法院的日常工作，我们不能脱离实际，仅从自己的理念或信仰出发，要求法院脱离公检法在一元化领导之下的分工协作制度，放弃它的政法职责。那样说话，服不了人。诉前服务，特别是诉前调解，以政法体制观之，实际是一次富于创新的改革，利用的正是一元化领导分工协作的优势，同时也没有违反民事诉讼的基本原则和立法精神。

难道司法改革可以不理会民主与法治的一般原理么，批评家也许会问，那可是"普世价值"呀！说到普世价值，如今也有教条主义的误解，不肯承认同样的价值选择，例如"能动司法"，可有不同的实现途径。美国的联邦法院自有一套搞法，中国的人民法院为何不能另辟新路？落实在司法程序，调解便是一例。还有什么比诉前调解更为能动而积极的化解纠纷方式呢？诚然这是"中国特色"，但也应当让人尝试，总结经验教训；有了成效，则加以推广，形成并光大自家的传统。此是其一。

其二，既然试一试"中国特色"不算犯规，更非罪恶，便可以进一步探索，构建中国特色的普世主义价值话语。这东西老祖宗一直就有，求的是天下大同的理想。二十世纪中国革命，先贤向西方学习，奉行"拿来主义"，拿来的马克思主义，也是一门普世主义理想和价值观。这些前资本主义、反资本主义的价值理想，能否跟今日中国改革开放的实践相结合，孕育新的普世主义呢？我以为，这个可能性是应该保留，允许试错，容忍失败，并寄予希望的。

我这么说，并无取消正当程序的意思，而是指出老百姓即人民司法的服务对象的一般感受。道理很简单，必须先给群众运送社会正义，他们才会对司法程序抱有信心，才会尊重诉讼结果或法院的判决。实质正义乃正当程序之母；只有法学家才会颠倒了讲，主张程序本身便是正义。

就实质正义而言，司法改革最大的障碍，在于职业伦理和政治伦理的失落。因为，一切改革措施，无论立案审查、诉前调解，还是法院内部岗位、职责和工作流程的重新设置，或者如房山区法院那样，各诉前调解组长兼任对口民商事审判庭副职，打破诉调对立的教条和僵硬的部门界限——这些初见成效的改革，若是想上升为制度的保障，抵御形形色色的腐败而获得人民的信赖，归根结蒂，还是取决于人的素质和工作伦理，亦即职业与政治伦理。

于是，强调人民司法或司法改革的人民性，便包含了伦理重建的大目标。法条至上，唯程序主义，眼里不见当事人的切身利益，不关心社会福祉，不明辨案情是非，不善于做化解矛盾的思想工作：那样的法官是极易丢失职业伦理而堕入腐败的。调解比之于诉讼，有一点根本的不同。诉讼较为技术化，一般不靠说服教育，而是用辩论攻守各样策略，对抗性强（包括律师代表当事人同国家法律周旋）。调解则主要靠说服教育，耐心劝解，用的是另一套"非讼"技术。法官就需要将心比心，设身处地为当事人着想，尽到伦理责任。

　　换言之，一元化领导的人民司法，跟西方式司法和法官独立审判，所倚靠的职业与政治伦理是迥异的。其培育机理和制度约束，也大不一样。抛开人民司法的中国特色，去追逐另一政法制度下的价值立场，未免是"竹篮打水一场空"，既遏制不住腐败，也增进不了司法的效率和公正。

　　这么看，房山区法院的诉前服务改革，更有深一层的伦理建设上的意义。当然，仅只法院一家为人民服务是远远不够的。必须整个国家机器，党政机关各部门都落实这一宗旨，并在全民的伦理重建中起先锋队的带头作用。唯有如此，人民法院才能做到"彻底地为人民的利益工作"。到那时，司法改革包括人民法院的反腐倡廉，也就成功有期了。

二零一一年六月

　　伯恩斯（Robert Burns）：《美国庭审之死》（*The Death of American Trial*），芝加哥大学出版社，2009。

　　郭小冬：《民事诉调结合新模式的探索》，载《清华法学》3/2011。

Re：致辞与山寨

——序《走不出的风景》

B 君如晤：

我上周返美的。正赶上大雪，在纽约机场旅馆捱了一宿，不过把苏力老师给的书稿看了——论致辞与政治修辞的，课上讲过吧。请教两个问题，你们年轻人什么看法：

他在院长任上的毕业迎新致辞极受学生欢迎，当得上北大一块品牌，据说正版之外，还有山寨版。你或者别的同学是觉得他说的道理（思想）好，还是语言生动有趣，抑或别的原因（个性、场合、态度）？老子说，"信言不美，美言不信。"苏力是不是一个例外？

谢谢，节日快乐。

又，山寨版何处可阅？

[三天后]

绝了哈哈，原来院长的"自主知识产权"还未撰写（并依法享有国际保护），山寨版即已上网，四处流传了。而且标题也蛮"感动中国"，是不是？也缠绕些欧化句式，有"力叔"味儿。再过四十年，白头校友回忆"一塌糊涂"（一塔湖图）的学习生活，接受记者或校史专家采访，这段佳话肯定有数不清的版本。

S君帮忙，拿我的问题找同学（校内外皆有）做了个小调查，回复都很率直，有见地：

——既不唱高调说空话，也不惺惺作态讨好学生，总之，苏力老师了解我们的生活，贴近我们的感情。

——很"个"的人，有些执拗。但他的话让我觉得新，可以信，美倒是其次的。

——我对老师了解不多，致辞具体讲了什么道理，记不清了。印象中他很会煽情，有点儿女性化，但不做作。配上他们说的"一张铮铮铁骨的脸"，非常独特（女生语）。

——好些话称得上"美"，甚至过于"柔软"，比如"细雨淋湿了未名湖"，但那只是作为通向某种真实的铺垫，某种未经雕琢和掩饰的"信"。这么看，应该说是"信言不美"的例外吧。

——国人的公共生活一直摆脱不了"假大空"话语，老百姓"审丑疲劳"久矣。苏力老师拒绝官样文章，不落俗套，就具备了打动人的力量。其原理可能近于那个口语词"不折腾"。当然，他有不少出色的修辞和精巧的表达，加上真诚，在教育官员中是罕见的，如果不是绝无仅有。

——回想起来，自己真正被打动，不是在毕业典礼上，而是后来读文字稿的时候。他口才在法学院来说不是最好，要念稿，还带点口音。相比之下，文字更能表现他的激情，"有嚼头"。不过在社会上走红，或许得益于"北大"、"院长"一类的标签效应？

——他有几句"信言"太耿直了，像"这里是北大法学院"，那种近乎赤裸裸的精英意识的流露，得罪人也不奇怪啊。

——像网友说的，是发自肺腑的祝福，贴心。

——前些年有个外系老师，在课堂上说学生不用功，成天听刘德华。学生爆笑。因为刘是"大叔级"歌星，现在谁还迷他呀？苏力老师绝不会犯这种低级错误。他举过孙燕姿、蔡依林、周杰伦、张柏芝、阿娇等人的八卦新闻做例子，大家好惊讶：一位"五零后"大教授，一向拒绝当"公共知识分子"，对"八零后"、"九零后"热衷的时尚，居然那么熟悉！

——老师的致辞之所以受欢迎，我觉得除了文笔，还有一个因素，就是对商业／小资文化略微妥协，例如对青春的伤感抱认可和同情态度，引起了很多人的共鸣。同时，他也温和地批评一些现象，在致辞中强调年轻一代要有责任感、使命感。小气跟大气这样结合，就抓住了同学们的心。我猜想，致辞本身在知识和学术上的作用，或许是有限的。但如果把这些文本和演讲看作大学里实践群众路线的一种尝试，他会不会觉得颇为得意呢？这也是我自己常感困惑的问题：学术与政治，可分吗？

——魅力在他的个性，而不是思想或语言。

S 君：

非常感谢，这么快就做好了调查。

读你们毕业典礼的描述，我就想到四十年前去了——我初中遭遇"文革"，本科和研究生提前毕业，都缺了典礼—— 七一年告别甘蔗地，上哀牢山寨当老师那会儿，小学校也举行毕业典礼，请公社书记、赤脚医生、抗美援越的解放军战士给各族同学讲话。但那讲话不是现在的致辞。讲话，严格来说，属于政治学习。书记领着群众用磕磕巴巴的 pyulniul ddoq（汉话）念几段语录，或者听英雄连长摆"斗私批修"击落 B-52 的光辉事迹，是改造思想，不是对（抽象平等的）公众致辞。程序上，那年头开大会，讲话只是整个仪式的引子，重头戏在之后的会餐。所以书记掏出笔记本，传达"农业学大寨"的"大好形势"，学生胸前兜里插着的却不是自来水笔，而是竹筷，书包里装的除了课本，还有饭盒。受饥寒的孩子，享用不了"耳食"。那典礼真正的主持人，正在厨房忙乎，指挥高年级阿妹担水淘米洗菜。那天一早，才起床，就听见猪圈里嗷嗷叫。此刻，布置成会场的茅草房教室已飘进了肉香，大伙儿偷眼瞅着门外：去供销社背酒坛子的阿哥，快回来啦……

山寨上那头两班的学生，年龄与我相仿。如今，他们好几个已是领导岗位上的民族干部，"仓廪实而知礼节"，致辞的公务怕也不少呢。

学祺，冬安。

B 君：

你这个段子有趣，央视小品似的。我改两个字：苏力先生的课人气旺，学生得占座儿。第一天，快上课了，撒贝宁同学见教室第一排还坐着个头发花白、工友模样的人，正想上前"今日说法"：师傅，暖气修好了，您放心走吧！不料铃声一响，那人起身向大家道：我叫朱苏力，这学期的法理课由我来上。接着，便滔滔不绝，跟亚里士多德、波斯纳、《赵氏孤儿》挨个儿对起话来。

我们念书那时，小品演的是季老。新生报到，以为他是东语系看门的师傅，让他照看一下行李，老先生就老老实实在那儿守了半天。

的确，大学致辞不易。根本原因，是高教体制官僚化，沾染了腐败风气。于是大学日益成为舆论质疑、揭露、调侃的对象，陷于公关困境。这是老百姓参与政治和社会监督，或民主化潮流所致。但大学既已蜕变作官场的一角，势必"党八股"泛滥，"面目可憎"，如毛主席从前批评的。当然，学生不会买账；尤其北大是现代中国学生运动的一只摇篮，有"五四"精神，有独立思考张扬个性的传统。校长院长们致辞如何拿捏分寸，既不出格又要得体，完成公关任务？只能像苏力说的，"责任高于热爱"，"尽管你不喜欢，还要干好"。

其实，现在校园里需要练习政治修辞的，不仅是头衔带"长"的，老师上课或做个学术讲座，也差不多在办"百家讲坛"。踏上讲台第一个感觉，进了录音笔和手机电脑乃至摄像头的包围圈。接下来的一切，我的每一句话、每一个表情，都会记录在案，随时上网发布——跟坐在电视台演播室里没什么两样，只缺化妆师涂涂抹抹了。曾经考虑，是否允许录音录像，因为从知识产权、肖像权或隐私权的角度看，数码技术的进步，已使法律保护与制裁形同虚设。

但观察下来，似乎好些人读书已经离不开录音笔；再有就是受同学委托录音，不仅可归于（民法上）"善意"的复制和使用，更是充满了求知欲的"敬意"。所以就"师随生便"了，只是要求别放网上去。主要原因倒也不是著作权，而是讲课内容（史料案例、前人论说除外）往往是思考中的前沿理论问题，课上讨论辩驳，可以"教学相长"；公之于众，则多有未成熟处，文字亦不准确，容易引起误会。将来厘清头绪，成文发表，才算对读者负责。

同样，学生的言论自由和隐私权益也是一个难题。倘若教室成了演播室，同学发言或表现被一一记录，未经本人许可传到网上，那课堂讨论便很受影响了。提问回答都得当心，例如避开一些敏感话题，或者任何可能得罪人的说法。因而最稳当的策略是随大流，开两句轻松调皮但"政治正确"的玩笑，人人学做节目主持人。长此以往，我们的上课和讲座，会越来越像肤浅的表演，像娱乐片。严肃的问学，自由的思想交锋，只好去课下另寻机会了。

S君：

多谢祝福。

"山寨"这词儿好，出处查着了，谢谢。后发资本主义全倚仗它，不是拖后腿，是竞争优势呐。咱们大学里许多做法不也是山寨？原版叫"国际一流"，读作"美国"。有趣的是，支撑起这庞大的山寨教育产业的，却是极具中国特色的应试教育，不啻"美"中合璧，举世无双。

山寨版"美国式"的教学评估与科研体制，并非一无是处。人

总得有点压力和竞争，才出得了活；大学老师亦不例外。但有一关
键的程序忘了山寨，那就是所谓"核心期刊"。核心期刊本是图书馆
为方便管理分配预算，搞的一种目录分类。现在拿来衡量学术，当
硬指标，就荒唐了。一些院校甚至要求在读博士生，必须在本专业
核心期刊发表论文若干。核心期刊，比如法学，一共只十来份，据
说还分为几档，比照刊物主办方的行政级别。结果迫使不少研究生
同青年教师给编辑送钱，买版面求生存，俗称"逼良为娼"。大势
如此，我有些好奇，迟迟不见山寨版的《中国社会科学》或《法学
研究》，什么道理？如今可是山寨经济，且不说手机手表方便面的
GDP 贡献，便是奥运圣火、"百家讲坛"、《还珠格格》跟春节晚会，
也都有"雷人"无数的山寨版（参见百度百科"山寨"条）。全国这
么多大学、科研单位需要山寨学刊，呵呵，那是多大的市场！

　　也许指日可待了，若满足两项条件。其一问题不大：提交
审阅的论文，到了委员会那里，按照惯例（包括录用新人评定职
称），没人会费心细读。换言之，山寨版抽印本只消封面、目录、
标题、摘要等做得像样一点，便能过关，绝对不比假药假酒的装
潢或防伪标志的仿造难度更高。其二，是美国开始的潮流，理工
科、医科乃至社科期刊，很多已经取消纸版，只出网络版。国内
学刊迟早得跟风。学刊一旦网络化，山寨的成本就更低了；通过
自由竞争，在市场上取代正版核心期刊，成为中国学界绝大多数
论文，包括"国际一流"论文的首发渠道，也不是不可能。等到
那一天，大学请谁来致辞，庆祝学术的一场小胜？

　　兔年大吉，万事如意。

二位如面:

说得好,我的理论你们别全信。

政治修辞最可见出一个人的素养,诚如苏力所言。昨日积雪封路,在家整理收到的书报。《读书》去年十月号载周有光老人访谈,挺有意思。记者说,国家领导人"多次在公开场合"发问,"中国为什么出不了大师",原因何在?周老答:这问题早在唐代,韩愈已答复了。"世有伯乐,然后有千里马。千里马常有,而伯乐不常有"——是因为人不懂马,不在乎伯乐的事业啊——"策之不以其道,食之不能尽其材,鸣之而不能通其意,执策而临之,曰:天下无马!呜呼,其真无马邪?其真不知马也!"

周老还说,"大学去行政化"的口号不对。教学科研哪儿不要高效的行政服务?应该去的是官僚化体制。为此,他曾致信教育部长,提两点建议:从大学做起,学术自由;取消小学生的"无效劳动"(繁重功课)。"不过我的朋友说,教育部长做不到的,他没有那么大的权力,因为中国的教育错误不是教育部的事情"(页 23-24)。你们看,一针见血挑明问题的实质,又十分温婉;借古人名文和朋友忠告,以百五老人的崇高声望,点到为止,反而比长篇大论更能服人。

"信言不美,美言不信",这话本身是否属于美言(妙用修辞,对称悦耳等),而未免落入"美言不信"的悖论?我想,可归于经验性常识罢,或反常识的常识。因常人的愿望和习惯,是信美言,美信言的。然而,漂亮话太多,口若悬河,不一定令人信服。春秋末,邓析(前 545 ~ 501)编竹刑,善讼辩,今人比作中国律师的鼻祖。

古人却说他"操两可之说，设无穷之词"，"以非为是，以是为非，是非无度，而可与不可日变"。显然，修辞论辩之术的盛行，引起了人们的警觉。同理，普通法实行对抗式诉讼和陪审团制度，法庭辩论极讲究技巧，故而英美人贬损律师的笑话也特多，正是对美言有戒备的表现。

另一方面，在发达的文学传统里，"信言"朴素可以是修辞风格高度成熟的标记，例如《圣经》的许多篇章。圣奥古斯丁（354～430）尝言：经文"不是骄傲者所能体味，也不是孩子们所能领会的，入门时觉得隘陋，越朝前越觉得高深，而且四面垂着奥妙的帷幕……当时我以为这部书和西塞罗的典雅文笔相较，真是瞠乎其后。我的傲气藐视《圣经》的质朴，我的目光看不透它的深文奥义"（《忏悔录》卷三章五，周士良译本）。这段话颇有西塞罗的遗风——圣人读的是拉丁语《圣经》，故可与古罗马修辞家作此对比——有时候，认识"质朴"，表达崇信，恰恰要求助美言。

如此，若想超越"信言不美"，成为经验性常识的"例外"，首先取决于读者／听众对作品风格的认同。法国十八世纪博物学家布封伯爵说，"风格即人"（le style, c'est l'homme meme），意为修辞技巧必与作者的人格统一，前者乃后者之体现。放在大学致辞的语境，便是体现先前同学回复赞赏了的，那又美又可信的品质：真诚。"真"是学术追求，"诚"则是伦理实践。那些八股教条、官腔、口号，原本也多属美言，信众广大；抽象地说，甚而今天仍是真理。只是未能化作实践，变得虚假、油滑、哗众取宠而烦人了。苏力的致辞，实际是在一个普遍堕落的社会关系场域即大学里，展示了一种截然不同（但也不直接对抗）的职业伦理与理想人格。他的"贴心"抒情的"政治修辞"，只是那伦理人格的风格化的呈现。而那风格，无非是他对莘莘学子，对北大，对中国法律教育及法学的热爱、忠诚、不计回报的奉献的自然流露。同样的语句，如"你听见阳光的碰撞"，"渴望多汁的人生"，"你柔软地想起这个校园"，"让我的失败为这个民族的成功奠基"等等，假使放在别人口中，恐怕就会变味，一点也不美，不可信了。

苏力：

谢谢问候。

抱歉文章拖到现在。大作读毕，感想良多。前两天同学生交流，收集了一些声音，也有故事。慢慢串起来，讨论几个问题。附上，一哂，请提意见。

此间雪暴不断，路边的雪墙比人还高。今日初霁，长空澄碧，如上帝脚下新铺一条蓝宝石大道（《出埃及记》24:10）。

新春愉快，阖府安康。

二零一一年春节

苏力：《走不出的风景》，北京大学出版社，2011。

奥古斯丁：《忏悔录》，周士良译，商务印书馆，1963。

加兰特（Marc Galanter）：《律师笑话与法律文化》（*Lowering the Bar: Lawyer Jokes and Legal Culture*），威斯康星大学出版社，2006。

学院的圣日

—— 《政法笔记》增订版跋

> 他为第七日赐福，定为圣日，因为在这一天上帝完成了创
> 世，休息了。
>
> 《创世记》2:3

第一日，晴

一楼会议室午餐，盒饭。小魏请给"论文博士"班开一讲座，因学员都是在职干部，只能周末听课。内容可别太理论化，啊，她说。题目定为"社会主义法律体系的若干问题"，谈谈违宪审查跟新法治（又名"形式法治"）中国特色的基本矛盾。J大学冠名教授评审材料寄到。

小高电话，今晚七点半国家大剧院普契尼《托斯卡》有票，约仁卿同往。说三位主角均为意大利当红的歌剧明星，Nicola Carbone

饰 Tosca，布景一流云云，热情推荐。遂提前晚餐。

改《政法笔记》增订版书稿。

第二日，晴

继续改书稿。下午"论文博士"班讲违宪审查，三小时。学员十来个，不甚发言，仿佛还在部里开他们的会。课间聊天，却活跃了，好几个说去过美国这儿那儿，进修或是访问。

一网友询问《约翰福音》1:1 译法，说有帖子称"上帝就是那言"错了，因为"言"字带冠词（ho logos，旧译"道"），按"基础文法"该作主语，如和合本"道就是神"（译自钦定本：and the Word was God）。他自己主张语境化的理解，即设想作者是在向希腊文化背景的人宣传希伯来上帝，所以强调那神不是别个，正是希腊人的"逻各斯"（logos）。并告知"国内拜占庭学学者留学希腊多载的陈志强老师，也根据 Neophytos Bambas 翻译的现代希腊文圣经……认为旧译'道就是神'不妥"。简复如下：

> 谢谢。原文交错配列（chiasmus），故这样译。参较拉丁语通行本：
>
> *In principio erat Verbum, et Verbum erat apud Deum, et Deus erat Verbum.*
>
> 跟原文（及拙译）完全一致，"太初有言：那言与上帝同在，上帝就是那言"。照钦定本等现代译本作"那言是上帝"也行，但力量就弱了。译诗须兼顾原文的语气、词序和节奏。你举

的理由也包含其中了。夏安

又，马丁·路德也保持了交错配列：

Im Anfang war das Wort, und das Wort war bei Gott, und Gott war
das Wort.

后来的德文译本如 Elberfelder，才变为初级语法的 "und das
Wort war Gott"（那言是上帝），或是受了钦定本的影响。供参考。

第三日，大热，30℃

评审材料阅毕，推举了 L 君。评审表 "学术能力资格" 一栏，填 "完全具备" 所谓 "一级（社科）核心期刊" 论文之水平，但加了一条注：

> *此类核心期刊并不能代表中国法学最优秀的研究成果，所载法学论文，多数还上不了北大法学院学生编的《北大法律评论》（两轮审稿，双向匿名）。因此有必要补充一句："完全具备" 只是充分肯定 L 学术能力的意思，而非表示他的著作仅仅达到核心期刊的水准。目前用核心期刊来衡量学术成果高下的做法，乃是中国学术评价机制败坏之后一个可悲的症候。*

晚七点十分工字厅开会，讨论黑石集团创办人捐款建国际硕士学院事宜。他的计划，是想在中国培养年轻一代的 "全球领袖人才"，故理工课程、国人看重的院士头衔或国际大奖之类一律舍弃，以为"工科思维"非"领袖人才"所需。建制则模仿哈佛耶鲁或牛津剑桥的本科生寄宿学院，也要请 Master and Tutors 入居，英文授课。可是，外国的"三好生"来中国念一年硕士，读点英文资料，讨论些西方（主要是美英）视角下的中国与世界问题，不仍是"工科思维"、"普世"（catholic）价值么？负笈"天朝"而不学中文，不通过一手文献了解华夏的思想文化历史制度，日后即便亨通了当个澳大利亚首相或美国财长，也算不上中国培养吧。一个曾经的（第三）世界领袖，如何吸引并影响未来的"世界领袖"？依样画葫芦，恐怕不行。

基辛格的新著《论中国》，就极重视研究对手的文化心理、军事思想和政治传统。

第四日，多云间阴

下午"法律与伦理"课，评李庄案"第二季"同重庆打黑，总结《利维坦》三、四部分，论基督教联合体（Commonwealth）及黑暗王国，或撒旦治下的现世之邦。霍布斯的名言，"闲暇乃哲学之母，而联合体（国家）则是和平与闲暇之母"，要点在"共同福祉"（common wealth）基础上的主权结构。课后，学生谈论文选题，案例的分析跟提问，渐渐能摆脱教条了。

宽宽发来关于华东师大讲座《论背叛》的报道，其实记者已告知了。

晚，如骏来，邀至"醉爱"饭店，那里有两样杭州菜尚可。旧雨重逢，谈耶鲁新事，甚欢。继续改书稿。

第五日，晴

午前 D 君到，挂职锻炼了一年，谈吐见识大有长进。至东门外"拾年咖啡"共进意面，味道平平，但氛围好，安静；客人一个个都粘在笔记本电脑上，可以从从容容聊天，是晨光介绍的。

"法律与伦理"课开讲马克思，由《黑格尔法哲学批判》导言入手。"应当让受现实压迫的人意识到压迫，从而使现实的压迫更加沉重；应当公开耻辱，从而使耻辱更加耻辱。"对宗教与神学的批判不免如此——不免走向对法权亦即对政治的批判。反之，若是想有效回避社会批判，最大限度地消解革命的可能性，法权须上升为一套宗教信条，"一种颠倒的世界意识"；如同路德，"恢复信仰的权威，把俗人变成僧侣"。

A 君下午抵京，住王府井半岛酒店。晚餐请在"全聚德"吃烤鸭，菜单与往日不同，划掉好几样。服务员说，最近政府检查食品添加剂，货源变了。之前小高提议，明天带 A 君仁卿逛马连道茶城。

第六日，阴

上午九点起硕士生答辩，共十二人。论文是昨天下班时分送到办公室的，倘使每本论文需四小时读完，再列出问题，十二本便应预留至少四十八小时或整整一周的工作量。如今各校的"惯例"，却是临答辩才送论文，或许有照顾考官的意思，省却教授们读论文的麻烦？快快翻阅一遍，水平参差不齐。然而也不可苛责，世风若此，人容易疏懒，随大流。其实，不妨学习美国，取消硕士论文的答辩程序，改由导师评分。干部企业家混个"论文博士"，也可以放宽条件，允许免除答辩，跟学术型博士分开档次。因为如果严格要求，恐怕半数得不及格，势必引发更大规模的难以控制的腐败。现在的制度既不公平又不经济；浪费师生的时间精力不算，还糟蹋纸张，损害环境。

四点半答辩结束。遵小高指示，乘地铁到菜市口换出租车，到她家小坐，欣赏插花、威尼斯面具、原木书架等，饮普洱茶，皆饶有情趣。但A君已返酒店，晚间会议有活动。仨人遂至珍珠店参观，原来是诸暨人开的，店主说话带着乡音，颇感亲切。随后打的往云腾饭店（云南驻京办）用餐。气锅鸡、牛肝菌、石屏豆腐、乳饼夹宣威火腿、酸角汁等，均地道，价亦廉。唯装修粗陋，全无云南山水的灵气。聊至打烊，十一点尽兴而归。

车上同的哥聊天，问：老北京有多少城门？答：皇城四门，内九外七，总数二十个。又问：多少座塔呢？答：西城五塔，东城无塔；您算算看，有几座？

第七日，晴

补读昨天答辩的学生论文（多少有点好奇），有三四本确属优秀，稍作修改即可发表。但也有十分马虎，甚至文句不通的——中小学教育出了问题。

年轻人毕竟可爱，透露一个秘密给我：昨天是订婚结婚的黄道吉日，5/20，谐音"我爱你"。结果，午后突然互联网流量倍增，飞信大塞车，有关部门着实紧张了一阵，以为发生群体事件。赶紧检

[荷] 林布尔兄弟 (?~1416)：《基督受洗》

查内容才松了口气，是网民选择在十三时十四分（13:14）表达爱情，互道"一生一世"。

书稿改定。文章二十五篇，只作个别文字的调整，归上编。下编《利未记》则重新对照原文逐句推敲，订正了几处译文，添了若干夹注。古以色列的圣法，不论祭礼、圣职、节期或求洁之律，抑或家庭与司法伦理，都是西方法律传统的一个源头。

无巧不成书，还有一大"秘密"上了央视晚间新闻：今天（5/21）居然是"世界末日"，美国一基督教家庭电台宣布。据说他们尊奉的是耶和华这一条谕旨（《以西结书》33:1 以下）：

> 人子啊，去告诉你的族人，说：若是我的剑指向哪一国，那国便选立一人担任守望者，要他一见圣剑降临就吹响号角，警诫百姓，那么凡听到号音而不受警诫的，圣剑来时，一律攫走，必血罪临头……

二零一一年五月

霍布斯：《利维坦》，黎思复 / 黎廷弼译，商务印书馆，1985。
基辛格：《论中国》（*On China*），企鹅社，2011。
《马克思恩格斯选集》，中央编译局编译，人民出版社，1995。

当这必朽的穿上不朽

——悼 Betty

何美欢老师走了，那么突然，没有一声道别，她走了。

她曾称自己是"前线教员"。谁想，她就如一名奋战中的士兵，在前线仆倒，在同学们坐进教室，在最后一课开始之前。

一

我叫 Betty，她说。那是一九九三年九月，在香港大学梁铼琚楼。当年的法律学院，可算是大英帝国的最后一块"殖民地"，仅有七个本地老师，我是第一个内地籍教员。头一天报到，她来办公室看我，进门便自报家门。然后三言两句，把"殖民地"须知关照一遍，并要我多喝开水，当心冷气。我这才注意到，她肩上披了一件深蓝色薄毛衣——香港的写字楼，冷气世界第一——日后便学她，放一毛背心在办公室。冬天，则遵照她的"贴士"（tips），备一瓶念慈庵枇杷膏，保护嗓子。

比起美国和内地现时的大学，港大的老师教课要认真细致得多，赶得上文革前上海的风气。而 Betty 是其中最为认真，给分最严格的一位。可是，她的学生极少抱怨，即使考不及格也心服口服。这一点，我印象很深。因为在哈佛，九十年代开始，学生拿个"B−"，弄不好会吃药看心理医生。故而好些老师改卷子是能放一马就放一马，分数便节节攀高"通货膨胀"了。我想，Betty 在学生中间享有崇高威望，与其说因为她是香港民商法的权威，精通合同、代理、担保、公司、证券等各个领域的判例法理，不如归功于她对工作极端负责，对学生尽心竭力。跟着这样一位好老师读书，谁还好意思不用功呢？

二

香港是中、英两大官僚主义政治传统的交会之地，公立大学跟政府机关一样，少不了繁文缛节。大事小事有事没事，都要开会；完了，还得做成文字记录。法律学院因是"法律人治理"，扯皮的时候就比别的院系更多些。Betty 却是一分钟也不肯浪费的人，对文山会海自然避而远之。凡是可开可不开的会，她便提议别开；开了，她也不来。

她把心血都花在教书和著述上了。当然，也有放松的一刻。周末，偶尔在楼里碰上——我也是"工作狂"一族——就一块儿下到薄扶林道吃个简便的午餐，海阔天空聊聊。有一次她问我，文革中怎样自学外语。我说：不开会，不参加政治学习，就学会了。她听了哈哈大笑。后来，就常谈起六六、六七年香港的学潮和工潮，以及在美国念大学，如何设法追踪国内动荡的局势。这时，她的声调便有点激动，仿佛憧憬着什么。

谈得更多的是文史。她英美文学的底子好，看书极快，说是在律师楼练出来的。一厚沓文件，眼睛一路扫去，要点、主张、理由和关键数据，都可以抓住。但那习惯一旦养成，就没法欣赏小说了，读着读着得告诉自己，慢点，再慢点。有一阵子，她用抄书来换脑筋，干累了，拿起毛笔抄几段钱宾四（穆）先生的《国史大纲》。因此，她对历代王朝的兴替和中国的政治传统也有精辟的见解。和她一起，总能得到知识的启迪。

渐渐地，我明白了她的志向。她热心参与跟内地院校的学术交流，为公司、证券、金融制度立法做顾问而从不计报酬；直至放弃港大的"铁饭碗"，离开家乡便利的生活环境，移居北京，投身中国法律教育改革的艰巨的事业，做出卓越的贡献——这勇敢的选择的根基，便是那高洁的志向。

君子务本，是 Betty 的箴言。但那务本，乃是出于一种深切的社会关怀与历史责任，是以全中国为事业而划定前线的。

三

Betty 决定加盟清华前，曾征询我的意见，还谈了具体的工作方案，即创立一套"普通法精要"课程。我觉得，就国内法律教育的改革和人才培养而言，普通法的思维方法和技能训练，肯定是当务之急；而且随着中国加入全球化资本主义经济秩序，感受到美国全方位的压力与牵制，这需求在今后只会越来越大。所以，她的方案非常到位而现实。只是提醒一点，内地的官僚主义与香港不同，人际关系也略为复杂，要有心理准备。她说不怕，只要学生优秀就成。当时，北大也在热情相邀，做了许多工作，但是她考虑清华法学院开办不久，更需要支持和发展，便选择了清华。

二零零二年秋，Betty 正式就任。来信说，领导跟同仁处处关心，学生尤其好，遭遇复杂的衡平法判例也不畏难。我就知道她有多忙了。零三年三月，我到清华讲课，她的普通话已经蛮流利了，连饭桌上的玩笑亦应对自如。我同内子参观了她的新居，只见书房堆满了从香港搬来的一箱箱书籍资料，一切就绪，准备大干一场的样子。果然，两年后便有专著问世，《论当代中国的普通法教育》（2005），全面论证普通法教育在中国的必要性，并系统总结了她在清华授课的经验。

这本书阐发的核心思想同教育理念，我以为很值得学界深入探讨。例如，Betty 指出，中国这样一个人口众多、发展不平衡的大国，理应有不同类型的法律人才和法律服务。可是，目前重点大学精英法学院的课程设置、教学内容，总体而言跟一般法学院系区别不大，都不管国情或市场需要。结果，一方面法学专业的毕业生过剩，绝大多数不可能进入法律职业；另一方面，即使在北京上海，高端法律人才依旧奇缺。Betty 看得很准，精英人才的培养，一直是中国法律教育的软肋。加之这些年来盲目扩招，滥发学位，师资良莠不齐，严重影响了法律教育的制度建设。她说，"精英法学院应该是产生思想的重地，应该以培育产生思想的人才为宗旨"（《理想的专业法学教育》）。

因此她主张，至少几所主要的精英法学院开设英美法课程，应把重心放在普通法的思维方法，而非仅仅介绍或比较一些部门法（如合同、财产、侵权或衡平法）的实体规则。唯有如此，才可训练学生"创造性"思考而摆脱教条，包括洋教条，成为了解并适应中国国情的法律人才。这一观点极具挑战性，因为其前提不是别的，恰是质疑学界根深蒂固的一个传统观念，即英美法/欧陆法两分，而当代中国法制属于欧陆法系的教条。更为实际的是，如果全球化在很大程度上等于美国化，美国不仅出口法律规范、法学理论，还出口交易模式、司法策略与法律价值，而中国正处在大量进口的历史时期；那么，Betty 的教育理念和实践便是一个及时的批判性回应。将来，中国法制经过多元化的创新，是可望逐步消除欧陆与苏联教条的影响，展现出丰富多彩的中国特色的。在此意义上，她的"普通法精要"对于清华法学院，乃至中国法学的成长，都是一次难能可贵的尝试。

四

"爱，是众神与人的老师"，法国思想家苇叶（Simone Weil，1909～1943）有言。Betty 之为人师，便纯是爱心的体现，这在清华法学院，一如在港大，是有口皆碑的。

这师表之爱，身教胜于言传，本是一支悠久的传统，哺养了我们的民族精神。近年来，却成了校园里的异数，抑或一种奢侈的追求。"在今天的大气候下"，用 Betty 的话说，那已是每一个有良知的教师备受困扰的伦理问题。因为，他必须按照学校定期派发的评审表格，"展示最大量的业绩"；否则就通不过考核，甚而危及饭碗。谁能够，即使愿意，花很多时间教课、辅导学生、培育人才，而把所谓的"科研项目"跟"学术成果"落下不管呢（《论当代中国的普通法教育》，页 189）？确实如此，评审表格上没有"爱心"一栏。

所以 Betty 又是幸运的，从港大来到清华，依然可以撇开评审表格，以最高的亦即传统的教育伦理，获得领导的支持与敬重。

这两天，我把 Betty 的著作重温了一遍。真知灼见之外，最让我感佩不已的，还是《论当代中国的普通法教育》第七章，她的坦率的自我批评。书中详细检讨了在清华第一年授课的得失教训，以供后来者参考。例如，"指定的阅读材料编排顺序不妥"，一上来就布置读英国衡平法，难度太大，部分学生产生了挫折感。于是总结道："知易行难"，明明设想了一套课程结构和技能培育理论，却在实践中以概念而非阅读难度来编排判例，犯了一个简单的错误（页161）。对于课上采用的"苏格拉底式"疑问教学法，她也做了反省，认为：引导学生在判例中寻找理据时，进一步要求，将法官（即判例作者）未明言的前提"证明或证伪"，虽可以"刺激批判性思考"，让话题跳跃而"出现火花"，却陡然增加了课堂压力。这么做，对思考慢的学生不利，练习的效率亦不高（同上）。至于学生提交的书面报告，她也找自己的不足：没给评语就安排口头报告，结果有的不够水准，浪费了其他学生的时间。再如课堂活动，"后期变得有点沉闷，幸亏有一个不曾预期的救星——非典——及时出现"（页162）。严格管严格，她不乏幽默。

苇叶还说（页65）："爱，需要现实。藉一次肉身的显现才发觉，那被爱的只是我们自己的一番想象，还有什么比这更为可怕？"是的，Betty 的现实便是她的学生，她的中国的教育事业，并为之奉献一生。故而，她常为大爱所充盈。

五

然而她还是走了，没有道别，那么突然。

多年前，在薄扶林道的小饭店里，她说，特别喜欢钦定本《圣经》，那雄浑悠远而委婉的散文文体。后来在清华，学生向她请教如何提高英语，钦定本是她推荐的必读。她把这事告诉我，要我解释，英译跟原文的风格差异。因为我讲过，保罗书信一些粗粝的"棱角"被钦定本磨平了，间或还替换同义词，颠倒语序，但就立起了一座文学的丰碑。你举一个例子，好吗？她问。我说，等我翻出来吧，那大写的"言"是一奥秘。

如今，她已在生者中间，见证着一切奥秘。而我的译文，我只能希冀，如保罗般粗粝，献在这必朽的世界面前，成为她——不朽者的纪念（《哥林多前书》15:51 以下）：

Behold, I shew you a mystery; We shall not all sleep, but we shall all be changed.

In a moment, in the twinkling of an eye, at the last trump: for the trumpet shall sound, and the dead shall be raised incorruptible, and we shall be changed.

For this corruptible must put on incorruption, and this mortal must put on immortality.

So when this corruptible shall have put on incorruption, and this mortal shall have put on immortality, then shall be brought to pass the saying that is written, Death is swallowed up in victory.

O death, where is thy sting? O grave, where is thy victory?

听着，有一桩奥秘告诉你们：我们并非都会长眠，但全部要变；一会儿，眨眼间，已是最后的号音！是的，那号音一响，死者便要复起，成为不朽，我们也就变了。因为，这必朽的注定要穿上不朽，这必死的要穿上不死。当这必朽的穿上不朽，这必死的穿上不死，到那时，便要应验经书之言：

死，已被胜利吞吃。

死亡啊你的胜利在哪？

在哪呀，死亡，你的毒刺？

二零一零年九月九日

何美欢：《论当代中国的普通法教育》，中国政法大学出版社，2005。

何美欢：《理想的专业法学教育》，载《清华法学》第九辑，许章润主编，清华大学出版社，2006。

苇叶（Simone Weil）：《重力与神恩》（*Gravity and Grace*），Emma Crawford & Mario von der Ruhr 英译，Routledge Classics，2002。

其志甚壮，其言甚哀

　　早就想写点什么，记念大舅斐云（赵万里）先生。去年至清华服务，大表哥赵深见示大舅遗稿《天宝遗事诸宫调》曲集遗文，睹物思人，感慨万端。

斐云先生（摄于 1926 年）

　　大舅是一九八零年六月逝世的，一晃已三十年了。那时我在昆明上学，母亲赶去了北京，是父亲写信告知的。父亲的信，平常多是回复我提的文学方面的问题，或者因我要去访他的老友，叮嘱几句。那一次却写了一页大舅与北图（今国家图书馆），及古籍善本保护的事，是要我牢记的意思。后来，母亲依我的建议，写过几篇短文，其中有忆大舅和清华生活的。还编了一份大舅的年表，由大表哥修订，增补了内容，交我润色。课余，遂根据年表翻阅资料，钩稽故实，渐有收获。以下就二三事略作说明，求方家指正；枝枝蔓蔓，不及修剪，是些随手记下的片断。

一

提到清华（国学）研究院，有一幅导师与助教七人合影，大概是流传最广的历史记录了。前排三位导师，即王观堂、梁任公、赵元任，并讲师李济；后排三个助教，名字标作（左起）：章昭煌、陆维钊、梁廷灿。这照片最初登在《清华年刊》（1925～1926年卷），一九二六年夏出版。

幼和（戴家祥）先生晚年，常来家中与母亲聊天。某日，谈到清华研究院往事，说：那张照片的说明弄错了，陆维钊因祖父病故，未能就任助教，后排中央站着的是斐云。不久我回国讲学，母亲嘱

清华研究院导师与助教合影（摄于1925年秋）

查一下，说看照片像是大舅，不似陆先生。陆先生是母亲在松江女中的老师，他年轻时的相貌神态，母亲是记得的。戴老当年是清华研究院的学生，从观堂习金文与甲骨文，故与大舅相熟；对老师的学术、投湖之背景和研究院史实，皆有探究。一九六零年一月，清华大学迁观堂棺于福田公墓，八五年树碑，便是幼和先生撰的碑文（沙孟海书丹）。他的讲法应是可靠的。

查《王静安先生年谱》：乙丑（一九二五年）"七月，里北来受业于先生之门，先生命馆于其家。会研究院原聘助教陆君以事辞，主任吴先生命里承其乏，日为先生检阅书籍，及校录文稿"（《赵万里文集》卷一，页55；原载《国学论丛》一卷三期，1928）。这是大舅自己的记录，作于二七年十二月十日。

《追忆王国维》载海宁蒋复璁（慰堂）先生文章，也说，因研究院主任吴雨僧（宓）先生来自东南大学（南京高等师范），除了任公的助教由堂侄廷灿担任，其余助教皆东大毕业生。"分配给静安先生的助教是陆维钊君，陆君因病不能赶到，先请赵万里君代理，后来就由赵万里担任"（页119）。慰堂一九二三年北大哲学系毕业，其时在清华兼课，任讲师，住古月堂。观堂入居清华园后，他常去请益，曾协助研究院第一期招生，是知情人（参见下文）。但"陆君因病"不确，或属误记；陆先生"不能赶到"的缘由，不是本人染疾，而是祖父病逝。同书另有观堂的女长公子东明先生的回忆，与戴老相同："父亲就任清华研究院，原已聘定平湖陆维昭（钊）先生为助教，当时陆先生因祖父丧未能履任，赵［万里］先生即由人推荐与父亲"（页412）。

综上，若大舅补缺为助教是在八月，即清华研究院开学之前，则合影后排居中者便可确定是他，而非陆先生。因为细看那照片，七个人都身着秋衣（夹袄或薄棉衣），不是夏天的模样。

看来，《清华年刊》的文字说明是错了，诚如戴老所言。只是《年谱》跟知情人的回忆文字少些细节，而考证似应使用更直接的第一手的证据。但工作一忙，这疑问就搁下了。

十月末内子抵京，一同至观堂先生纪念碑凭吊，忽又想起。于是上清华校史研究室网站检索，读到孟凡茂《关于陆维钊——任职助教，何时离校》一文，终于有了答案。

孟文的考证干净利索。首先作一判断，照片据人物衣着，当摄于一九二五年秋或二六年春。但李济先生二六年春赴山西做考古调查，则拍摄日期就只能在二五年秋了。然后，从《吴宓日记》查雨僧为三位导师聘助教的记载及各人到校日期，即可证明，合影时陆先生不在清华。我请学生帮忙，借了《日记》（1925～1927 年卷）来逐条核对，确实孟先生解决了问题。雨僧是先师李赋宁先生的老师，两家为世交，所以《日记》读来饶有兴味，每每让我想起两位先生的旧事——那是题外话了。

七人当中，观堂最早迁入清华，二五年四月十八日："晨，王国维先生搬来居住"。之前，四月三日："See Pr. on As. Bdg."（为助教及房舍事谒校长）。四月十五日："上午，见 Pr."，括号"梁廷灿"等。孟文推测，雨僧这两趟见校长曹云祥，跟观堂和任公聘助教有关。

八月一日："赵元任来，拟用其内侄为助教。逾日，决用章昭煌，企孙荐也"。八月四日："作函致章昭煌聘为赵元任先生助教，月薪 60 元……宓函由赵寄叶企孙转交"。可知助教人选，皆由雨僧与导师商量后决定，且着意提携东大学子，如慰堂所述。次年陈寅恪先生到任，所请助教也是东大人，即大舅的挚友浦江清先生。

八月三十一日（星期一）："赵万里到校，代陆维钊"。九月一日："见校长……以赵万里代陆维钊职务，批准"。

九月五日及六日，新生入校，报到注册。九月八日，雨僧在工字厅设宴，招待观堂、任公、梁漱溟（讲师）、赵元任、李济、"戴元龄、赵万里、卫士生、周光午"。注明：助教梁廷灿、章昭煌"未到"。"下午……在宓室，开研究院第一次教务会议"。九月九日："十时，至大礼堂，行开学礼"。九月十三日："十时，至琉璃厂文友堂，晤王静安先生及赵万里君，为校中购书"。观堂"请在青云阁玉壶春午饭，进果面"。九月十四日（星期一）研究院开始上课：上午听观堂讲《古史新证》。"晚赵万里来，细述陆维钊之身世情形。决即永远留赵，命陆不必来此。所谓两全其美也"。

十月一日："章昭煌欲移居古月堂或学务处"，请吴先生帮助安排。十月二十日："梁廷灿昨日到校"。直到这时，照片里的人方才到齐，而陆先生请假回乡，早在开学之前。故孟文认定，合影摄于一九二五年十月下旬至十一月间，后排中央观堂的助教，只能是大舅无疑。

二

陆维钊（微昭）先生在东大与大舅同级，也是从吴瞿安（梅）、柳翼谋（诒徵）二位老师研习词曲。但大舅十六岁上的大学，比陆先生小了六岁。如果陆先生毕业后曾经北上，应在六月下旬或七月间。或许抵京不久，未及就任，便因祖父病重或亡故而告假回了平湖。雨僧《日记》未提陆先生到校，只记了临开学由大舅代职，校长批准，旋即正式聘任。其命陆先生"不必来此"，似指后者须在家乡守孝，无法履职，故谓"两全其美"。

守孝期满，陆先生到秀州中学教书，继而受聘至松江女中，成了我二姨的国文老师。当时，松江女中的师资可谓人才济济，有徐声越（震愕）、施蛰存、王季思、丰子恺等，皆一时之选。徐先生是母亲的国文老师，课外另教她世界语，放了暑假便用世界语通信，给她改错，还译了她一篇作文（写小蚂蚁过年的童话），登在匈牙利的世界语刊物《文学世界》上。徐、施二位解放后执教于华东师大，徐先生且是近邻，可说是看着我长大的。

陆先生多才多艺，尤擅书法，松江女中的校匾是他的字，校歌则是他作的词。抗战后移席浙江大学，一九五二年院系合并，转为浙江师院（后更名杭州大学）中文系副教授。六零年，潘天寿先生出面，调至浙江美院国画系任书法篆刻科主任，从此成了专业的书法家。

二姨和姨夫留学英国，四七年应竺可桢校长之邀回浙大服务，便成了陆先生的同事，直至他调离杭大。此外，他跟姨夫在民盟与省政协也是多年的同仁，加之重为表哥（二姨的长子）学画，所以陆先生的字画，我自幼即有印象。文革中，我在云南边疆自学外语，作业寄姨夫批改。每年回沪，先在杭州下车，到道古桥杭大新村二姨家住几日。有一次外出，路过陆先生家，二姨说进去看看老先生，但那天的细节，他们聊点什么，已淡忘了。

据说，陆先生对未能问学于观堂，是终生抱憾的。然而他书画双绝，"蝶扁体"独树一帜，并有诗词传世，育才无数，如此成果斐然，实非常人可比。

三

岔开去谈谈幼和先生。他虽是清华研究院第二期学生，一九二六年秋入学，《吴宓日记》却有更早的记载。二五年六月二十三日："下午五时，戴家祥持胡适致校长荐函来，准报考"。也许他因故未考，或没被录取，八月二十九日："见戴家祥，求为旁听生，未准"。九月一日，又记"戴家祥来"。如此，戴老同大舅相识，很可能在二五年八、九月间。

一九五一年，华东师大成立筹备组，戴老因好友中文系主任许杰先生相邀而"加盟"，先任中文系教授，次年转历史系，主讲历史文选、中国通史。五七年反右，先生耿介敢言，被人在万人大会上栽赃诬陷，打成右派。遂不许教书，放在资料室做一个资料员。但先生毫不灰心，利用业余时间继续收集拓片，准备编撰《金文大字典》。不想文革骤起，复遭残酷批斗，打断腿骨。数十年辛勤考证金文、甲骨文所做的卡片和书稿，红卫兵抄家付之一炬。文革结束，他以耄耋之年，积十六载之功，终于完成三大卷《金文大字典》，于一九九五年出版。同时，还校勘了他姨公、晚清大学者孙诒让的《名原》、《古籀馀论》和《籀颀述林》。十六年间，戴老没有伸手要过一分钱科研经费；直到项目列为上海市"六五"重点，编撰组才获得四千五百元拨款，用于购置图书资料。据戴老的得意门生王文耀先生记述，同事和领导曾多次劝戴老申请补助，"老师却执意不肯。结果他自己垫入抄写费近万元"。如此勤俭治学，学生助手都学他的榜样，初稿用废旧纸，资料袋手工制作，去出版社送取稿件，"靠手提肩驮，从不搭出租车"（戴家祥，页 34）。比比当今学界的排场、挥霍跟造假，真是判若云泥。

幼和先生九八年逝世，享寿九十三。王文耀先生整理出版了《戴家祥学述》，题赠母亲一本，我拿了来美国。书里夹有一纸，是母亲所记幼和先生讲的几件事，及他提供的资料出处。老先生家住师大一村进校园的先锋路近旁，我陪母亲出门，常见他戴着袖套，手提一把竹扫帚，在路口扫落叶或清理布告栏；那是他每天的公益劳动。母亲便上前问安，他总是乐呵呵的，对我说：回来啦，这一趟居几日啊……

四

《吴宓日记》率真生动，处处流露性情，足可媲美英人皮普斯（Samuel Pepys）日记。一九二七年有数条提及大舅的婚事，不啻一份珍贵的历史见证。四月二十五日："又夕，赵万里偕周光午来，商赵万里结婚之办法，并拟请宓为证婚人云"。五月二十四日："夕，与陈寅恪、赵万里、周光午散步，并至寅恪家中坐谈。赵万里不日结婚，本已约定宓为证婚人，旋以寅恪言，改请梅贻琦。盖以职位之关系云"。

六月五日（星期天）："下午二时半，微雨。偕心一、学淑，至报子街聚贤堂，赵万里与张劲先女士婚礼。宓代王先生（静安）为介绍人之一，并演说。略谓古今文学家，皆有美人以引其情而助成其诗文著作。欲知今日新郎新娘之恋爱订婚以迄结婚之历史者，请俟赵万里君所作词集《夕阳琴语》出版，取一册读之，便知其详云云。旋即入席。宓与梅贻琦、陈寅恪等同桌，食半饱"。

过一周，陈、吴二位宴请新郎新娘及诸友。六月十二日："夕赵万里，偕其新夫人张劲先来"。六月十三日："晚八时，至寅恪宅，而彼等来拜。旋即赴小桥食社，寅恪及宓为主人（每人费六元二角，合十二元四角）。客如下：赵及其新夫人张，新夫人之姊张愚亭女士，周光午、浦江清、王庸、杨时逢、侯厚培（夫人未到）。席散后，又同至宓室中茗叙。九时半散"。

大舅妈的姐姐名智扬，愚亭大约是字。她是北京女师大毕业，夫君李芳馥先生也是我国图书馆界的翘楚，解放初负责筹建上海图书馆，为第一任馆长。

大舅与大舅妈是表兄妹。据母亲的文章，大舅妈的父亲（即母亲的舅舅）名张励石，是前清举人，曾在外地做官，民国初年任《浙江日报》主笔，笔锋锐利。他思想开明，反对缠足。家人给大妹缠足，只要他看到，就一把将妹妹抢下，不许再缠。但小妹即我的外婆缠足时他不在家，因而外婆的脚就成了"三寸金莲"。他为两个女儿取名智扬、劲先，意在鼓励与男儿一样力争上游，独立生活。稍长，即带去杭州读书。智扬中学毕业，考进女师大；劲先则是杭州女师毕业后来的北京，当了孔德学校的教员。

大舅同表妹原先没见过面，是到了北京才相识的。之前，父母给他订过一门亲事，女方是同邑（海宁城区）一士绅家的姑娘。双方交换了照片，家长看了都觉得满意。那年大舅十八岁，正在南京上学，相片是在乾隆朝大学士陈阁老的私家花园啸园的九曲桥上拍的，"长衫马褂，西式分头，眉清目秀，翩翩一少年"（母亲语）。如今他同表妹时常往来，两人就恋爱了，不久即写信回家，提出解除婚约。这事让父母大伤脑筋。起初对方坚决不同意，认为解约有损女儿的名誉。后来托人居中调解，商定男方出钱在女方家门前修一条路，这才避免了一场纠纷。

五

大舅拜观堂为师，听母亲说是瞿安先生写信推荐的。好像华东师大历史系研究观堂的刘寅生先生曾告诉她，见过原信。拜师的时间，按蒋慰堂先生回忆，在一九二五年七月：

"[民国]十四年七月，我回到北平，同乡张树棠先生，亦是曲友，他与赵万里君的尊人是结拜朋友，说在海宁接洽过的，赵万里是东南大学读完二年级，本从吴瞿安（梅）先生治曲学的，要到北平来从静安先生读书，因他不认识静安先生，托我介绍进谒。于是我陪赵万里君至王家晋见，拿了两条大前门香烟，进门就叩头行礼。"（《追忆王国维》，页119）

慰堂出身海宁大户，是民国军事家蒋百里先生的堂侄，徐志摩的表弟。表兄弟俩兴趣相投，徐的第一本诗集《志摩的诗》便是表弟帮他编的。慰堂是中国现代图书馆学的先驱，其事业始于任公创办的松坡图书馆，继而做北平图书馆编纂，负责中文图书编目。遂有志于改革中国图书分类，几经探索，创立了一套新的编目与分类法。抗战期间出任中央图书馆馆长，为保护国家文物作出了卓越的贡献。抗战胜利，回上海接收日伪资产，最著名的一桩功劳，是逼迫军统头子戴笠交出私吞的国宝毛公鼎。迁台后，仍主持图书馆工作，并应蒋介石之请，筹建台北故宫博物院，为首任院长。

但蒋先生说大舅只"读完二年级"，却是误会，或是看年龄作的推测（当时大舅刚满二十）。又，观堂与大舅实为姻娅，关系是这样的：观堂的元配莫氏因产褥热去世，续弦娶潘氏。潘夫人为莫夫人表甥女，是我外婆的表妹；故大舅应叫潘夫人表姨母，称观堂表姨夫。不过两家虽同在海宁，只是葭莩之亲，平时并无交往（参见《追忆王国维》，页412）。所以为郑重起见，大舅虽有瞿安先生的推荐，仍请了蒋先生"介绍进谒"。

大舅拜见观堂的情景，东明先生有生动的描绘（同上）：

"民国十四年冬天，我到清华不久，赵先生即到职了，想到第一天他见父亲的情形，我们谈起来还要失笑，他毕恭毕敬远远地站在父亲面前，身体成一百五十度地向前躬着，两手贴身靠拢，父亲说一句，他答一句'是！'问他什么话，他轻声回答，在远处根本不知他说些什么？话说完了，倒退着出来，头也不抬一下，我想这个情形，大概就是所谓'执礼甚恭'吧。他对母亲不称表姨母而称师母，态度也是恭恭敬敬的。"

东明先生自谓，是"阴历十一月中旬""严冬季节"到清华的（《追忆王国维》，页405）；如上文所述，那时大舅已做了将近一个学期的助教。因此，她说的"第一天"晋谒，恐怕不是慰堂领来拜师那一回。但也许这让人失笑的"毕恭毕敬"，确是拜师的场面，只是东明先生年幼，还在家乡，并无目睹，是事后听家人告诉的。讲得多了，在记忆中，便成了自己的经历。

东明先生在清华园，没有上成志小学或另请老师，而是由父亲亲自施教，念《孟子》、《论语》。次年六月，观堂沉湖，潘夫人悲痛欲绝，曾有轻生的念头，悄悄写了遗书，被东明发现，几个人哀求苦劝，才打消了死志，说："好吧，我再管你们十年"（同上，页410）。东明因为不放心母亲，就没敢去上学，潘夫人遂请大舅教女儿古文：

"赵先生与我，又有一年的师生之谊……他替我准备了一部《古文观止》，先选读较易懂的，再读较艰深的。他讲解得很清楚，每次教一篇，第二天要背、要回讲。他上课时板着脸，我怕在外人面前失面子，因此用心听讲，用功熟读，直到有了把握，才放心去玩。记得有一次念韩愈的《祭十二郎文》，竟感动得掉下了眼泪，这表示我已能全心地投入了。

"赵先生有一位贤内助，是硖石张氏名门才女，写得一手好字，凡是赵先生的稿件，都是她誊写的。当他们离开清华时，已经有了一个男孩子。"（同上，页413）

大舅妈的字确实漂亮。大舅的字，照外公的说法，是抄书抄坏了的——成天抄珍本抄碑文而不讲究书法气韵，因此不如大舅妈。

《天宝遗事诸宫调》遗稿中，有十来页不是大舅工整的墨迹，字体娟秀而饱满，便是大舅妈誊写的部分。

六

有一则大舅教书的趣闻，大约最早出自吴祖缃先生的一次访谈。说是大舅二十五岁时，回清华讲版本目录学，一日在课堂上说：不是吹牛，某书某版本只有我见过。课后，却有两个学生即钱锺书跟吴晗议论：只有他见过吗？我们也见过呀，而且同他介绍的不一样。大舅那门课，原"计划讲十个题目，第一个题目落下这个笑话后，就留下七八个题目请钱锺书和吴晗讲"。吴先生说，大舅的学问很了不起，但有这样的雅量，更令人佩服（李洪岩：《吴祖缃畅谈钱锺书》，载《人物》1/1992）。

这故事我当初读到，也觉得挺风雅的，颇似《世说新语》里那些风流人物的俊逸旷达，也是老清华永久的魅力所在。

然而，钱先生郑重否认了：在清华从未选修版本目录学，"看书[也]不讲求版本，于版本既无所知，亦无兴趣，哪里会那样充内行呢?!"还说，"吴晗是燕京转学到清华历史系的，我已在三年级，从没和他同上过任何课程。"（舒展：《钱锺书怎样对待"钱锺书神话"》，载《北京日报》2002.6.3）

查大舅年表，观堂弃世次年（1928），大舅由陈寅恪先生介绍，离开清华研究院加入北平图书馆（原名京师图书馆），任中文采访组和善本考订组组长，兼任馆刊主编。其时采访部主任为徐森玉（鸿宝）先生，大舅在徐先生指导下工作，日日浸淫于宋元旧刻、精校名抄之间，又时常求教于前辈藏书家如傅增湘、周叔弢、张允亮等先生，与之亦师亦友，相互切磋。并在各地藏书楼访书，开始了《永乐大典》的辑遗校注工作。又次年（二十四岁），受聘在北大兼课，讲授"词史"，讲义《词概》和《词学通论》由北大出版部印行。同时兼任中央研究院历史语言所特约及通讯研究员、故宫博物院图书馆并文献馆专门委员。清华兼课，则始于一九三三年九月（二十八岁），在国文系讲"金石学"，讲义《中国金石学》由清华出版部印行。或许也开过版本目录学，但钱先生是三三年从外文系毕业，正好同大舅在清华错开。所以，上述钱先生的澄清是可信的。

那么，会不会是吴晗先生一个人代的课呢？也不太可能。吴先生三四年毕业，选过大舅的"金石学"。大舅说，他极用功，但常缺课，期末交来一篇论文，跟课程内容无关，是他自己正做着的题目。大舅读了，颇为欣赏，就让他以论文代替考试。也许这论文代考，便是那安在钱先生头上的逸闻的原型吧。

当然，后人一般的心理，是不妨信其有，而不愿信其无的。任何一所有点历史的大学，倘使没有一堆名教授的趣事与传说，还能称得上名牌么？

吴先生小大舅四岁，对老师非常尊敬，时有书信往来，探讨学术。即使建国后当了北京市的领导，仍不时到北图善本部查阅古书，直至姚文元发难，批他的《海瑞罢官》。不久，"文革"抄家，那些信便成了罪证，审查者要大舅交代，与吴先生究竟什么关系。大舅的回答却也富于历史意味，说：关系不复杂，是前后两段。起先我在台上讲，他坐在下面听，我是他的老师；后来他在台上讲，我坐在下面听，他是我的领导。审查遂不了了之。吴先生一九六九年十月殁于北京狱中，死因不明，距今已四十一年了。他内心始终是一个诚恳而执著的学者。

七

我小时候是圆脸，舅舅阿姨都说长得像大舅，同辈中又是唯一喜欢文科的，虽然调皮，不甚用功，后来读了西学而非国学。但对大舅，便有一种特别的亲近的感情。脑海中的大舅，至今还是六十年代初他来上海那几回，一身呢子中山装，神采奕奕的样子。他通常是受文化部委派，到闽、浙、苏、皖一带访书，或是考察地方戏曲、文物保护，或是去港澳替国家收购宋元明珍本。最后一次大概是一九六三年，回家同丁阿姨谈起——上海的旧事，我一向仰赖她的记忆和化作诸暨成语字字珠玑的描摹——她还记得。说是做了一桌家乡风味的鱼虾烤鸭，大舅吃了，赞不绝口，回到北京对父亲说：宝麾啊，你真有福气，丁阿姨烧的一手好菜！那一年父亲调去了中央机关，参加写跟苏共论战的"九评"。丁阿姨说，大舅到父亲的书房里待了一会儿，出来说，那两架线装书无收藏价值——他还想着寻访古籍呢。

文革中再见大舅时，他已经瘫痪在床，基本上不能言语了。大舅妈把我领进里屋，他苍白的脸上绽出了笑容，嘴唇嚅动着，吃力地想说什么。大舅妈俯身去听，替他"翻译"，我心里一阵酸楚，悲哀得说不出话来。他是在北图的"牛棚"管制劳动期间，由于扔掉一块没吃完的窝窝头，而招惹的灾祸。批斗者强迫老人把那块捡回来的已经发霉的东西，当众吞下，导致肠胃严重感染，高烧、吐泻、失水、神志不清，最后深度昏迷。送到医院抢救，那几个丧心病狂的还日夜监视，命医生将"此人有政治问题"记入病历。刚刚苏醒，即停止治疗，赶出医院。大舅曾有多少事情计划了要做，多少古籍还等着他整理保护，多少宝贵的知识经验，甚而瘫痪之后他还想着要著书传授。他一生的心血全给了北图，而北图竟这样待他。

　　那是我初访北京。待到八十年代初，在北大读研究生，便成了北观场胡同那座四合院的常客。大舅妈看我来了，总是让我陪着走出巷子，到王府井买点素鹅或别的熟食，再让姥姥炒一盘白菜肉丝。聊起旧人旧事，大舅妈有说不完的好听的故事。这也不奇怪，她就生活在"故事"之中。屋子里几样旧家具，还是一九二八年潘夫人举家南迁时留下的，如一家人吃饭的方桌、靠椅、孙儿的书桌，都是观堂的遗物。问及大舅的藏书，大表哥说，两册《永乐大典》，文革前就捐了国家（入藏北图）。文革抄家，则不知拿走多少。文革后平反，归还抄家物品，北图来人说，希望捐献其中十九种古籍。大舅看了清单，表示同意，但唯有一件一定要归还。那是他当年在清华研究院所临观堂亲校的明刻《水经注笺》（朱王孙本），书末有观堂的长跋并两方钤印，乃是恩师留下的最珍贵的纪念（见附图）：

　　"……门人赵斐云酷嗜校书，见余有此校，乃觅购朱王孙本，照临一过，并嘱识其颠末……然则斐云以数月之力，为余校本留此副

余作壬戌春見南林蔣君孟蘋所藏永樂大典水字韻四冊乃水經注卷一至卷二十卽
校武英殿本上時兩未蓄朱王掔也闕東軒老人以黃荍校本屬余錄大典本異同亦並
校其上未竟老人下世及癸亥余來京師始得朱王孫本又見江安傅氏所藏宋刊本及孫潛
夫校本海盬朱氏所藏明鈔本垂校作未本工又錄前而校大典本黃本以資參攷惟前校黃
本殊草々大典本亦頗有存疑待決之處恐再見之而東新老人墓草已宿孟蘋亦亡其
書殊有張月宵晚年之感欲再借校以畢前業殊非易々以再校之不易盆知此初校々
愈不易也門人趙斐雲鑽帶校書見余百叱梜乃覓朱王孫本照臨一過盆篤識其
顛末余近藏方治他業未能用力此書憶初校此書時跟今閱寒暑著而人事之盛衰亥
游之存亡聚散書籍之流轉已不勝今昔之感盆則斐雲以數月之力為余校本留
此副墨亦未始非塵劫中一段因緣也丁卯二月十八日空齋後觀堂書

观堂先生的长跋

墨，亦未始非尘劫中一段因缘也。丁卯二月十八日雪霁后观堂书。"

周叔弢先生在给黄裳先生的信里，曾这么评价大舅的成就："斐云版本目录之学，既博且精，当代一人，当之无愧。我独重视斐云关于北京图书馆善本书库之建立和发展，居功至伟。库中之书，绝大部分是斐云亲自采访和收集，可以说无斐云即无北图善本书库，不为过誉。斐云在地下室中，一桌一椅未移寸步，数十年如一日，忠于书库……其爱书之笃，不亚其访书之勤。尝谓余曰，我一日不死，必护持库中书不使受委屈。我死则不遑计及矣。其志甚壮，其言甚哀。"

是的，其志甚壮，其言甚哀。大舅对于历史上无数珍藏的损毁散失，文化的衰败，风雨飘摇，太了解了。那年六月，观堂先生自沉昆明湖，去得如此"平静、从容、高峻"（王文耀先生语）——那天，他曾四处找寻；而后，整理出版恩师的遗著，编撰年谱，一步步走来，不负其厚望。观堂的志与哀，又何尝不是他的志与哀呢？

二零一零年九月

《赵万里文集》（卷一），冀淑英等编，国家图书馆出版社，2012。

《戴家祥学述》，王文耀整理，浙江人民出版社，1999。

孙敦恒：《王国维年谱新编》，中国文史出版社，1991。

《吴宓日记》，吴学昭整理，生活·读书·新知三联书店，1998。

张志清：《赵万里与永乐大典》，载《中国文物报》2002.5.10。

《追忆王国维》（增订本），陈平原、王风编，生活·读书·新知三联书店，2009。

下　编

《约伯记》译注

楔子

一章

从前乌斯地方有个好人，名叫约伯。'iyyob，词根谐音"受敌"('yb)。游
牧部落酋长，非以色列人。乌斯（`uz），一说在红岭南部，另说在亚兰之地（大马士革附近）。
那好人生性正直，敬畏上帝，远离恶事。[2] 他育有七子三女；[3] 拥
有七千只羊、三千骆驼、五百对牛、二牛共轭犁地或拖车，称一对（zemed）。
五百母驴，以及大群仆役：论家产，miqneh，总称家畜奴婢。七、三、五象征圆
满幸福。东方人当中，巴勒斯坦以东，特指红岭、阿拉伯一带。数他第一。

[4] 他的儿子们经常请客，各家轮流做东，还把三个姊妹邀来一
同宴饮。[5] 每一轮宴饮过后，约伯总要派人关照他们行洁净礼；以免
因沾染不洁而妨碍祭祀。自己则早早起来，替他们逐一献上全燔祭，说：
就怕孩儿触了罪，心里没赞美上帝！婉言亵渎神圣，同下文 11 节和 2:5 等。旧

译弃掉（神），误。每一次，约伯都这么做。

⁶ 却说有一天，众神子一齐侍立于耶和华面前，神子即天使，《创世记》6:2。撒旦也来了，撒旦（hassatan），本义敌手，原是天庭一员，负责检控之事，《撒迦利亚书》3:1。后世演变为恶魔的专名，故七十士本：diabolos，（谤）魔。夹在神子中间。⁷耶和华对撒旦道：你从何处来？撒旦回答：我在世上巡游来着，到处走走。⁸耶和华又问：你可曾注意我的仆人约伯？世上谁也及不上这个好人，他生性正直，敬畏上帝又远离恶事。⁹可是撒旦回耶和华道：那约伯敬畏上帝不是无缘无故的吧？¹⁰若非你处处护着他和他的家人、产业，事事为他赐福，他能够牛羊遍地？¹¹你伸手动一下他的家人产业试试，他不当面赞美你才怪！婉言/反言诅咒上帝，同上文5节。

¹²好！耶和华谕示撒旦：凡属于他的全归你处置，直译：在你手中。见2:6。但不许出手伤他的身子！于是撒旦从耶和华面前退下。

¹³那一天，约伯的儿女又在大哥家里欢宴畅饮。¹⁴跑来一个报信的，向约伯说：我们的牛正在耕田，母驴在一旁吃草，¹⁵突然来了一帮示巴人，sheba'，一阿拉伯部落，其名载《创世记》10:7及28，25:3。将牲口全部掳走，还挥刀杀了奴仆；只有我一个逃脱来给您报信！¹⁶话音未落，又来一人，道：天上落下上帝的火，喻闪电雷击，如《列王记下》1:10。把羊群跟羊倌通通烧死了；就我一个逃生，给您报信！¹⁷话音未落，又来一人，道：三伙迦勒底人，kasdim，此处泛指北方游牧部族。他们闯来抢走骆驼不算，还举剑杀了奴仆；就我一个逃生，给您报信！¹⁸话音未落，又来一人，道：您的儿女正在大哥家里宴饮，¹⁹忽然间荒野里刮来一股狂风，将那房子的四角一下摧折，把一屋子年轻人都压

死了；就我一个幸免，给您报信！

²⁰ 约伯呆呆站起，撕破外袍，me`il, 无袖罩袍，富人与祭司的穿着，《出埃及记》28:31。剃光头发，表示举哀，如《创世记》37:34。然后仆倒在地，苦苦拜道：

²¹ 赤条条我来自母腹，

赤条条终归子宫；beten, 喻指大地孕育、埋葬万物，《创世记》3:19。

耶和华给的，耶和华拿去——

愿耶和华的名永受赞颂！

²² 即使落到这地步了，约伯也不触罪，呼应前文第 5 节。连一句怨恨上帝的话他也没说。七十士本：不以为上帝愚狂（aphrosyne）。亦通。

二章

又一日，众神子一齐侍立于耶和华面前，撒旦也来了，夹在神子中间。原文此处重复"侍立……面前"。据七十士本及 1:6 略。² 耶和华对撒旦道：你从何处来？撒旦回答：我在世上巡游来着，到处走走。³ 耶和华又问：你可曾注意我的仆人约伯？世上谁也及不上这个好人，他生性正直，敬畏上帝又远离恶事——你挑动我害他，挑动，旧译激动，不通。无缘无故毁他，但他照样坚持做好人！tummah, 本义单纯完好，此处指品格。⁴ 可是撒旦回耶和华道：一皮换一皮罢了，成语双关：弃皮衣（身外之物）保皮肉（命），如下句解释。人为了活命有什么不肯舍弃的？⁵ 你伸手动一下他的骨头肉看看，他不当面赞美你才怪！

⁶ 好！耶和华谕示撒旦：他在你手里了，即随你处置，参较 1:12。但他

的性命你得保住！ ⁷ 于是撒旦从耶和华面前退下。

他立刻折磨起约伯来，让他从脚掌到头顶长满毒疮。shehin，如《申命记》28:35；亦即上帝惩罚法老，摩西扬炉灰变来的埃及人生的脓疮，《出埃及记》9:9。 ⁸ 约伯坐在炉灰里，七十士本情节略异：坐在城外粪堆上。并添加一段妻子哭诉。捡了块碎瓦片在身上刮。⁹ 妻子见了，恨恨道：还充当好人哪？你赞美上帝，讽刺约伯赞颂圣名（1:21），见 1:5 注二。七十士本意译：骂一声主。死掉算了！ ¹⁰ 约伯骂道：你怎么说话像个蠢妇！谁说我们在上帝手里，是只能得福、不该受祸的？

即使落到这地步了，约伯仍毫无怨言，口不触罪。

¹¹ 约伯有三位朋友，据七十士本，皆为部落酋长（basileus）。特曼人以利法、'eliphaz，"上帝纯金"，其名载以扫家谱，《创世记》36:10。书河人比尔达、bildad，"大神之爱"；书河是香娘之后，《创世记》25:2。南玛人祖法。zophar，词根同"山羊"。三人均来自红岭，阿拉伯半岛西北，古人视为智者之乡，《耶利米书》49:7。他们听说约伯遭了这许多大祸，就赶紧离家，结伴前来吊唁、安慰。¹² 他们远远望见约伯，人已经变得认不出来了；不禁放声大哭，撕了外袍，又抓起尘土撒在自己头上。哀悼死者，《撒母耳记下》13:19。原文此处插注：（扬尘）向天。从七十士本略。¹³ 而后，在约伯身旁默默地坐下，原文：（坐）地上。从七十士本略。整整七天七夜——因见约伯陷于那么大的痛苦——没敢向他说一句话。

约伯的诅咒

三章

末了，还是约伯开了口，以下诗体部分讹误甚多，仅注出重要的异文异读。

他诅咒自己的生日，² 说出这一番话来：第一轮对话开始，至 14:22。

³ 愿我出生的那一天灭亡，旧译灭没，生造。

连同报喜"怀了男胎"的那一夜！

⁴ 愿那一天葬入幽冥，hoshek，暗示阴间"死影"，10:21。

上帝在上，永不看顾，yidreshehu，或如通行本：寻找它。亦通。

叫它照不见光亮。

⁵ 愿它被冥冥的死影索回，死影（zalmaweth），另读漆黑、恐惧（zalmuth）。

为沉沉乌云覆盖，

因白日蚀去而惊惶！日蚀（kimrire yom），无定解，校读从传统本注。

⁶ 愿那一夜被黑暗掳走，

从一年的天数中剔除，yehad，从古叙利亚语译本。原文：yihad，欢乐。

排不进任何月份。

⁷ 啊，我愿那一夜绝种，

听不见笑语欢声！

⁸ 愿它被诅咒白日的人咒诅，即被巫师咒诅。白日（yom），另读海洋（yam）。

受制于唤醒海龙的法术。海龙（liwyathan），原始混沌之怪，能吞日乱世。

⁹ 愿它晨星一片昏黯，

徒然盼着曙光，

再也看不到黎明的眼帘：`aph`aphe-shahar，形容破晓。

¹⁰ 只因它没有关闭那怀我的子宫

而将苦难藏过我的眼睛！

¹¹ 为什么我没有死在母腹，

一出子宫，立时咽气？

¹² 为什么要双膝接我，

还有两乳给我吮吸？

¹³ 不然现在我早已长眠，

得了寂静与安息——

¹⁴ 伴着大地的君主和谋臣，

那些为自己修筑荒冢，horeboth，另读高陵（haramoth），或指埃及法老的金字塔。

¹⁵ 曾经遍体黄金，

银子满堂的王公。堂，一说喻坟墓（如《传道书》12:5），讽其骄奢虚妄。

¹⁶ 为什么，我没有像那流产的死婴

埋掉，不见光明？此节按文意，似应插在上文 12 节前。

¹⁷ 那儿，不义的不再作乱，那儿，指阴间。

那儿，困乏的终享安宁。

¹⁸ 囚徒们聚拢来休憩，

再不闻监工呵斥。

¹⁹ 那地方贵贱不分，直译：大小同在。

奴隶自由，没有主人。

²⁰ 为什么悲惨若此，还要给他天日？

心碎了的，反而留下性命——

²¹ 他们只想快死，死却迟迟不来，他们，泛指义人。

一死难求，甚于地下的宝藏；

²² 要是能够躺进墓茔，

他们真会欣喜异常！ gil，另读：（见到）坟丘（gal）。

²³ 为什么——人遭了上帝围堵， 反讽，上帝曾处处护着约伯，1:10。

走投无路，仍要赐他光明？ 光喻生命，接应上文 20 节。

²⁴ 如今哀叹是我的面饼， la<u>h</u>mi，提喻食粮，《诗篇》42:3。

呻吟长如流水；

²⁵ 我最怕的事统统临头，

我所恐惧的偏偏照面：

²⁶ 没有安逸没有宁谧没有歇息，

唯有祸乱不断！

教训是福

四章

特曼人以利法听了，启齿道： 以利法年长，率先劝告，代表流行的正统观念。

² 若有人冒昧进一言，你不会厌烦吧。

可这事谁又能忍住不讲？ 七十士本：可你的话太重，谁受得了。

³ 不是吗，平时你常劝人向善， 直译：劝导过多人。

教软弱的手变得坚强。 旧译坚固（手），不通。

⁴ 你的话曾帮助跌倒的人重新站起，

给疲惫的膝盖以力量。

⁵ 而现在，轮到自己，你却垮了，旧译昏迷，不妥。

才碰一下，你就一团沮丧！

⁶ 难道你的敬畏没有给你信心，kislah，婉言约伯过于自信／愚蠢（aphrosyne）。

一世好人，反而找不见希望？

⁷ 你想想，无辜的有谁死于非命，

什么地方，又曾灭了义人？

⁸ 我只见过，那种恶的食恶，

那播灾的遭灾——

⁹ 性命被上帝一口气吹灭，赐生命之气（neshamah，《创世记》2:7），亦可夺命。

圣怒一动，恶人就完！

¹⁰ 狮子吼叫，兽王咆哮，隐喻恶人的下场。

小狮的利齿，通通打断；无善解。七十士本：高亢的龙吟，通通止息。

¹¹ 没了猎物，雄狮饿死，

没娘的狮崽四处逃散。

¹² 我曾在暗地里得着一次天言，dabar，形容梦见异象，如《创世记》15:12。

一声低语，响在我的耳边。

¹³ 深夜，当幻象带来思绪，

人们沉酣于梦乡，突然

¹⁴ 一阵惊悚将我攫住，

战栗钻进了每一节骨骼！

¹⁵ 只觉得脸上拂过一道玄风，ruah，指圣灵，《创世记》1:2。

刹那间周身毛发直立。

¹⁶ 它站下了——我辨不清它的面容，

虽然那形象就在我眼前——

沉寂之中，只听得一个声音：

¹⁷ 凡人岂可对上帝称义，或作：义比上帝。参见 9:2 注。

在造物主面前，自以为洁？

¹⁸ 看，上帝连自己的臣仆都不信赖，臣仆，指天使。

天使身上，还要挑剔过失；旧译（指为）愚昧，不妥。

¹⁹ 何况那些借泥屋栖居，

尘土所造，一碰就碎

蛾子般的人类！

²⁰ 晨昏之间他们就化为齑粉，极言受造之物（creatura）的藐小，肉躯易朽。

永远泯灭而没人察觉。mesim，无确解；另读救回（meshib）。

²¹ 帐篷索子一抽便到了死期，索子，另读橛子。帐篷，喻人生。

至死，他们仍无智无识。七十士本：因无智慧而亡。亦通。参见《诗篇》

90:12。

五章

你喊呀！看谁会答应。

诸天圣者，你去求哪一位？圣者即天使，可替罪人向上帝求情，33:23。

² 须知怨恨可杀蠢人，

妒火让痴子丢命。

³ 我就见过一个，叫愚昧扎了根；

不想突如其来大祸临门，原文费解：我诅咒他的居处。译文从七十士本。

⁴ 那人的儿女竟孤苦伶仃，

在城门口打死了也无人救护！ 城门口是宣判行刑处，《申命记》21:19。

⁵ 结果收成被饥民吃光，

连长在荆棘丛中的也没放过， 荆棘（zinnim），圣城本：牙齿（shinnim）。

财富，自有贪心的来垂涎。 zammim，设圈套。另读：口渴的（zeme'im）来贪图。

⁶ 不，灾难并非泥土的出产，

大地也不会泉涌不幸。

⁷ 不幸是人自己的哺养， yolid，从传统本注。原文：yullad，出生。

一如雏鹰定要翱翔。 雏鹰，从七十士本。原文：瘟疫／火焰之子（bene-resheph）。

⁸ 若是我，我只向上帝祈求， 承接上文 1 节的责问，暗示约伯对耶和华无信心。

要上帝俯听我的苦衷。 dibrathi，言、理，此处转指陈诉之苦情。

⁹ 他的伟业，无从探究，

他的神迹，不可胜数。

¹⁰ 他降雨滋润大地，

又引水灌溉田园；

¹¹ 卑微者他举上高处，

哀伤的，他一一救济。 直译：提升而得救。

¹² 他挫败奸贼骗子的意图，

使他们诡计无法得逞；

¹³ 还让聪明人掉进自己的圈套，

叫阴谋家的阴谋落空；

¹⁴ 让他们大白天撞上一片昏暗

摸不着道，正午如同深夜。参见《申命记》28:29。

¹⁵ 而穷苦人全靠他的拯救，

脱离如刀的嘴和权势之手。直译：脱离他们嘴（里的）刀……

¹⁶ 就这样，贫贱的有了希望，

而邪恶，定将闭口！拟人，参较《诗篇》107:42。

¹⁷ 真的，人被上帝教训，是有福。

全能者的惩戒，请不要拒绝！虽然痛苦却是为人好，参观 33:19 以下。

¹⁸ 损伤是他，包扎也是他；

病痛之手即医治之手。化自《申命记》32:39，我杀我生，我伤我治。

¹⁹ 你遭难六回，都是他营救，

第七次，邪恶依然近不了你。六、七谓多；数字修辞格，《箴言》30:15 以下。

²⁰ 饥荒年头，他一定助你逃生，

战乱之中，又替你挡开利剑。

²¹ 狠毒的舌头伤不着你，

强暴袭来，你不用慌张；

²² 大旱、严霜，可以一笑置之，大旱严霜，从圣城本注。原文重复：强暴饥荒。

猛兽再凶，也不必畏惧。

²³ 就像田里的顽石要同你结盟，迦南山地多石，开荒移石为农家一大任务。

野兽与你也会友好相处。

²⁴ 于是你明白笃定，你帐篷平安，

一只不少，点你的羊圈；nawka，或作居处。

²⁵ 还将见到，你子孙繁育，

如芳草遍地，代代苗长；

²⁶ 直至天年矍铄，你安寝墓岗，

如岁时到来，麦捆堆起。

²⁷ 对，这些都是我们探寻所得，千真万确——

愿你细听，从中获益！

约伯的痛苦

六章

但是约伯回答：

² 啊，我的痛苦，要是可以称量，

我的灾祸，要是全放上秤盘，

³ 那会比大海的沉沙还重——

别怪我出言不逊！　la`u，本义吞咽，引申作说话放肆，故七十士本：phaula。

⁴ 因为我中的是全能者的箭矢，　化自《申命记》32:23。

我的灵饮了它的毒汁，　灵，本义风、气，转指生命、精神，7:11，10:12。

被上帝忽降惊恐，死死围攻。

⁵ 野驴若是有青草，它还会乱叫？

公牛喂上饲料，还会哞哞不休？

⁶ 还有，菜没搁盐，让人如何下咽？

光是蛋白又有什么滋味？　蛋白，从亚兰语译本。或作牛舌草、马齿苋等。

⁷ 可是那些令我恶心的东西

正是现在沉疴中我的三餐！ 难句无善解。译文从通行本，形容约伯厌世的

心情。

⁸ 但愿我的祈望成真，

上帝满足我的希冀：

⁹ 愿上帝乐意，将我踏碎，

赶快出手，把我了结！

¹⁰ 这样，至少我仍有一点安慰，

在难忍的痛楚中握住一丝喜悦； asalledah，本义跳跃（如七十士本），欢

欣状。

至少，我从未违背至圣者的训言。 速死可少违背（本义隐匿）圣法。

¹¹ 可我还剩下多少气力，继续企盼，

多少耐心，当命数已决？ 或如钦定本：什么结局，还拖延生命。

¹² 难道我有岩石的力量

或青铜浇铸的肉躯？

¹³ 啊，我怎能凭空坚持， 直译如通行本：我内中无援助。

如果那救人的智慧已把我抛弃？ 救人的智慧（tushiyyah），喻上帝，回应

5:18。

¹⁴ 谁不肯把关爱施与朋友， 不肯（ma'as），谐音绝望（masas）：义人不弃绝望者。

便是背弃对全能者的敬畏。 违反"爱人如己"的诫命，《利未记》19:18。

¹⁵ 我的兄弟太不可靠，好似溪流，

又像河道，变化无常：指迦南（巴勒斯坦古名）的季节河。

¹⁶ 冰水发黑，浑浑噩噩，

雪花飘落，隐匿其中；

¹⁷ 炎夏来临，它随时干涸，

日头一晒，它就地消失。

¹⁸ 一支支商队为寻它而迷路，商队（'orḥoth），一作（河）道，亦通。

折入荒漠，无一生还：按文意，此节似接续下文 20 节。

¹⁹ 提玛的商旅眺见了它，提玛，北阿拉伯商城。参见《创世记》25:15。

示巴的客人指望着它；示巴，见 1:15 注。

²⁰ 不想只是空欢喜一场，直译：希望落空。

他们寻到那里，后悔莫及！ yehparu，羞愧失望，形容为海市蜃楼（sharab）
所迷惑。

²¹ 如今你们待我也是如此，难句无善解，从传统本注。

一看这恐怖灾祸，就吓坏了。

²² 莫非我说过：拿礼物来——

快把你们的财产分我一份，

²³ 将我救出仇人的铁掌，

从暴君的手中赎下？

²⁴ 开导开导我吧（我一定闭嘴），

请不吝赐教，我到底犯了什么错？ 指疏忽、无知的过失，《利未记》4 章。

²⁵ 公正的言辞有如甘饴，nimlezu，从亚兰语译本。原文：nimrezu，有力。

但是你们训斥，究竟要教训什么？ 讽刺以利法，5:17。

²⁶ 你们以为，揪住一句话就可以斥责，<small>旧译不通：驳正言语。</small>

绝望的人开口，不过是一阵轻风？

²⁷ 只怕你们还想在孤儿头上下注，

捡一位朋友卖个好价钱！<small>过头话，激愤故。</small>

²⁸ 来，行行好，望着我——

当你们的面，我撒不了谎！

²⁹ 请转过头来，别听任不公，<small>转过头来（sh<u>u</u>bu），或虚指回转心意，亦通。</small>

转过来看呀，理在我这一边：

³⁰ 到底我舌头上有没有不义？

我的腭，是否不辨祸端？<small>腭，转指味觉、判断、言辞，12:11，33:2。</small>

七章

人生在世，几如兵役；<small>z<u>a</u>ba'，强调其苦。七十士本：严峻考验。</small>

日复一日，犹如佣工。<small>按日出卖劳力者，《申命记》24:15。</small>

² 仿佛奴隶，盼着他的夜影，<small>zel，喻休息。</small>

又像佣工，等着他的工钱：

³ 派给我的一份，却是月月空苦，<small>shaw'，枉自辛苦、空虚。呼应下文16节。</small>

夜夜断肠的不幸命运！

⁴ 躺下时我想：多久才会天亮？

起床则：几时才能天黑？<small>原文：长夜漫漫。译文从七十士本，《申命记》28:67。</small>

夜来复又辗转，直至朦朦黎明。

⁵ 蛆虫与泥巴是我蔽体的衣裳；

皮肉绽开，疮口流脓。

⁶ 而我的日子更比织梭还快，

匆匆到头，不留一线希望。tiqwah，双关兼指纺线。人生苦短，有所指望故。

⁷ 求你记住：旧译想念，误。

我的生命仅是一口气，ruah，祈求造物主，赐生命之气者，4:9，6:4 注。

我的两眼，再见不着幸福。

⁸ 那注视过我的目光

不再看顾；及至你投眼来寻

我已经不在——⁹ 好比流云

倏然消散，凡下去阴间的

永远不会上来；当时尚无义人复活的观念，参见《撒母耳记下》12:23。

¹⁰ 永远不会回家团聚，

不会被故乡认出。

¹¹ 所以，我不能缄口不言，

灵中的积怨，我得吐露，

命里的苦楚，我要诉说！命（naphshi），喉、气，转指生命之本，魂灵，27:8。

¹² 难道我是海洋，是什么怪物，tannin，或作巨鲸、海龙，《创世记》1:21。

值得你布下卫兵看守？借用巴比伦创世神话，海洋或雌海龙（tiamat）被大神
击败。

¹³ 每当我想：床是我的慰藉，

我的卧榻可以分担哀愁；

¹⁴ 你就用噩梦来折磨我，

一次次幻觉，百般惊吓——

¹⁵ 啊，我的灵宁愿上吊，　ma<u>h</u>anaq，经文极少提及自杀，如《撒母耳记下》17:23。

死掉，也不要受这样的苦！　`azzebothay，从传统本注。原文：`a<u>z</u>emothay，骸骨。

¹⁶ 我厌倦了，我不要长命。

让我去吧，反正我的日子

已是一口气似的空虚。　hebel，叹人生空苦无常，《传道书》1:2。

¹⁷ 人算什么，你这样抬举他，　大胆质疑上帝眷顾人子的意图，《诗篇》8:4。

这么放心不下，

¹⁸ 天天早上审察，

一刻不停地考验？

¹⁹ 几时你才能转眼不看，

放开我，让我咽口唾沫？

²⁰ 人的监护主呀，　nozer，另读如古叙利亚语译本：yozer，造物主。

我就是犯了罪，又与你何干？　人的罪孽不可能滋扰上帝。

凭什么拿我当你的箭靶，

让我做你的负担？　原文：我的负担。译文从七十士本。旧译（厌弃）性命，误。

²¹ 为什么你不肯容忍我的冒犯，

赦免我的罪愆？

快了，我即将卧于尘埃：

那时你再来寻觅，我已经不在。　如上文 8 节，虽然责怪上帝，仍想着"寻觅"。

祖传箴言

八章

书河人比尔达听了，启齿道：

² 这些话，你还要絮叨多久？

你口中的怨言，像是刮不停的风！

³ 难道上帝会裁判不公，

全能者冤屈正义？

⁴ 假如你的子女犯了他的法，

他当然要按罪状发落。赞同以利法的善恶报应说，4:7 以下。

⁵ 但是你，若你一心找寻上帝，

向全能者祈求宽恕，

⁶ 若你确实无辜而且正直，无辜（zak），或如七十士本：纯洁。旧译清洁，误。

他一定会亲自守护，ya`ir, 醒来（做某事）；七十士本：俯听你的祈求。

还你的义人安泰之家：

⁷ 开始，你虽然微小，

但日后必兴旺发达！

⁸ 当然，你还应向老辈人请教，旧译考问，误。善恶报应得自先人的经验观察。

仔细思量祖传的箴言——

⁹ 须知我们昨天方才来世，喻人生短促。直译：我们（来自）昨天。

懵然无知，浮生恍如掠影——

¹⁰ 只有他们，能给你教诲和指点，

把心中的道理为你讲明：

¹¹ 纸草离开沼泽怎能茂盛，　纸草，旧译蒲草，误，《出埃及记》2:3 注。

芦苇没有水又如何生发？

¹² 本该翠绿，未及采割，

它们早已枯萎在百草之前。　一说箴言仅此二节，以下是比尔达的发挥。

¹³ 凡忘记上帝的，莫不如此结局，　'aharith，从七十士本。原文：'orhoth，道路。

亵渎者的期望，都要化为泡影——

¹⁴ 他的妄想，虚若游丝，　yaqot，易断之物，从圣城本 (filandre)，对下句"蛛网"。

他的倚恃，一张蛛网；　beth `akkabish，蜘蛛（阳性名词）的屋子。

¹⁵ 那蜘蛛的屋子托不起人，　原文指代模糊：他靠他的屋子，他／它站不住。

依靠它试试，它一碰就坏！

¹⁶ 又仿佛阳光下一根青藤，　ratob，（花草）鲜嫩多汁。

枝枝蔓蔓爬满了园圃，

¹⁷ 根子却盘绕着一个石堆，　gal，废墟，象征罪恶。

从岩缝里汲取生命。　原文不通：看见岩屋。译文从七十士本。

¹⁸ 可是，人只要将它连根拔除，

那石堆马上否认：压根没见过它！

¹⁹ 看，它就在路旁烂掉；　mesos，从传统本注。原文同音异字：欢乐（mesos）。

而地里又发出了新芽。

²⁰ 真的，上帝决不会抛弃好人，

不会扶持恶人的手。　七十士本：收恶人的礼。

²¹ 他要你口中重新充满欢乐， 重新（`od），从传统本注。原文：直至（`ad）。

笑声再临你的双唇。

²² 而那仇恨你的，要以羞辱为衣，

恶人的帐篷，终将绝迹！ 意象略同《箴言》14:11。

人若同上帝争讼

九章

但是约伯回答：

² 不错，我明白，是这么回事：

凡人怎能向上帝称义？ 即证明自己无辜，下同，回应 4:17。

³ 人如果硬要同他争讼， larib，司法用语，照应下文 14 节以下。

一千次指控，连一回也答不上。

⁴ 再聪明的心、再大的气力，

谁能把他抗拒，还安然无恙？ 旧译不通：刚硬而得亨通。

⁵ 他移山而群山不知，

他一怒则推翻峻岭。

⁶ 他撼地而大陆挪位，

根根地柱，震颤不已。 古人以为地下有柱，支撑世界，《撒母耳记上》2:8。

⁷ 他一声令下，太阳

不复升起，星斗一一封闭。 不再闪耀运行。

⁸ 唯有他，能够铺展苍天， 如立帐幕，《诗篇》104:2，《以赛亚书》40:22。

踏住大海巨涛的脊背。<small>呼应下文 13 节。</small>

⁹ 座座星宿，狮子蠢人都是他造，<small>狮子蠢人，通译大熊座和猎户座。</small>

还有那驼群与南天诸宫。<small>驼群（kimah），一说为昴宿七星或天狼星。</small>

¹⁰ 他的伟业，无从探究，

他的神迹，不可胜数。<small>借自 5:9，以利法语。</small>

¹¹ 啊，他经过我身边，我不会看见；

他悄悄走了，我也无法察觉。

¹² 对呀，他若来抢夺，谁能阻止？

谁敢发问：你干什么？

¹³ 上帝发怒，他决不收回：

他脚下匍匐的，是骄龙的喽罗。<small>骄龙（rahab），混沌海怪的别名，参见 7:12 注。</small>

¹⁴ 然而我——我就敢上前答辩，<small>上接第 3 节。</small>

斟酌措辞，同他争论？

¹⁵ 我纵然有理，也不敢主张哪，

只能哀求我的审判者开恩！<small>因上帝既是当事人又是审判者，人世司法程序无效。</small>

¹⁶ 从前我呼唤他便应答，可现在

我不信，他还会垂听我的声音。<small>应答，即赐福。</small>

¹⁷ 他为了一根头发就害我，<small>头发（sa'arah），从古译本。原文：风暴（se'arah）。</small>

无缘无故一再摧残；

¹⁸ 连喘一口气也不容许，

他让我吃尽苦头！

¹⁹ 论力量，自然他是强者；<small>旧译不确：他真有能力。</small>

上公堂呢，谁又能传唤上帝？原文：(传) 我。七十士本：他。

20 即使能够称义，我的口仍会认罪；见上文 2 节注。

尽管我操守清白，他照样判我堕落。清白（tam），即做好人，2:3 注。

21 清白？清白我反而认不得自己了，已被折磨得不成人样，2:12。

这种人生，我厌恶！

22 所以我要说，好人恶人

其实是一回事——他一概灭除！详见《传道书》9:2 以下。

23 天灾突发，无辜横死，他

却在嘲笑人的厄运。massah，无定解；或作绝望、覆灭。

24 当大地沦陷于恶人的淫威，

那蒙上判官们眼睛的，直译：脸的。

如果不是他，是谁？一口咬定，灾祸也是创世主的安排。

25 啊，我的日子比信使还急，

匆匆飞逝，望不到幸福；参见 7:6。

26 忽忽漂去，宛若轻舟，'oniyyoth 'ebeh，纸草茎扎成的快船，《以赛亚书》18:2。

又好似老鹰扑向它的猎物。

27 即便我嘴上说，要忘却哀怨

换去愁容，强扮笑颜，

28 但一想到那无穷痛楚，我就胆寒；

我知道，你不会承认我是无辜！反驳友人说教，5:17，8:5。你，指上帝。

29 反正我已定罪，

徒自叫屈何苦？

³⁰ 虽然我拿融雪沐身， 白雪象征纯洁，《诗篇》51:7。

双手用碱水洗净，

³¹ 你还是把我扔进了粪坑， shahath：坑。七十士本：污秽（rhypos）。

任凭我的衣裳将我嫌弃！ 反讽：无辜者不必涤罪，却落得污秽不堪，遭人唾弃。

³² 然而他不是我的俦类，我无从答辩， 转第三人称，强调上帝高不可及。

无法同他对簿公堂：

³³ 我们之间，没有人可以仲裁， 如城门口断案长老，《以赛亚书》29:21。

没有一只手能将两造按下， 以手按住对方头，是宣示权威的姿势。

³⁴ 将他的权杖为我挡开， 权杖象征惩罚。七十士本：愿他将权杖拿开。亦通。

收起那恐怖威仪。

³⁵ 但是，我仍要直言，我不怕——

到底怎样，我心里明白！ 直译：因我内中并非那样。即拒绝认罪。

十章

厌倦，我厌倦了人生！

我要一吐心中的哀怨，

让我的灵倾诉苦情。 变奏 7:11。

² 我要上帝：先别定我的罪，

告诉我，你指控我依据何在？ `al mah-teribeni，司法用语，呼应 9:3。

³ 难道虐待、唾弃了你的亲手所造，

让恶人的诡计得逞， hopha`ta，本义照亮，转喻惠顾、促成。

你才觉得是"好"？ tob，反讽《创世记》1 章，上帝心里重复七遍的"好"字。

⁴ 难道你也是肉长的一双眼，

只看到凡夫所见？ 讥诮上帝全知。颠倒《撒母耳记上》16:7，人观外貌，神察内心。

⁵ 难道你的日子也有尽时，

年岁与常人无异？

⁶ 所以你才刻意挑我的过失，

追究这样那样的罪行——

⁷ 其实你一清二楚，我完全无辜；

是呀，谁也逃不出你的掌心！ 讽刺，借摩西之歌中上帝的话，《申命记》
32:39。

⁸ 我是你亲手抟弄的创造， 追溯人类的缘起，《创世记》2:7。

事后你却变了心，想除掉我！ 事后……心，从七十士本。原文费解：一道
周遭。

⁹ 记得否，当初你造我脱的泥胎， 记得，旧译记念，误。

如今你要我复归尘土？

¹⁰ 你不是将我像奶一样倒出，

令我凝结，恰似乳酪？ 古人以为胚胎乃母血受精，凝固而成，《智慧篇》7:2。

¹¹ 还赐我以皮肉为衣，

用筋骨一根根把我织就？ 旧译联络，误。

¹² 一片慈爱，你赋予我生命，

又细心照看我的每一次呼吸。 ruhi，即生命之气，7:7，《创世记》2:7。

¹³ 可是，你心里藏着一个秘密，

我知道，你早有这意图：

¹⁴ 就是盯住我，等我触罪，

然后就决不赦免！

¹⁵ 啊，我稍一越轨便是祸端，

即使有理，也不敢抬头；

那重重羞辱，我吃不完的苦！ 校读从传统本注。原文：看我苦。

¹⁶ 猛如雄狮，你把我猎取，

在我身上反复施展你的神力，

¹⁷ 不断派下控告我的证人， `ed，摩西之律要求至少两名，《申命记》16:7。

一而再、再而三地对我泄愤，

不惜动用你的天军！　zaba'，指天庭神子 (1:6)，从七十士本。原文不通：重新

与军。

¹⁸ 究竟为什么，你把我带出母腹？ 回到先前的诅咒，3:11 以下。

不如立时咽气，别让人看见——

¹⁹ 好比我不曾来世，

一出子宫就送去了坟墓！

²⁰ 我的生命已来日无多，　我的生命，从传统本注。原文费解：停住。

请你把眼睛移开，留我片刻笑颜；眼睛移开 (she`eh)，原文：放开。

²¹ 快了，我一去就再无回返——

去到那幽冥与死影之乡；

²² 那儿只有黑暗、混乱，"黑暗"后删去衍文：如昏黑死影。

连光也是昏黑一团！ 极言冥府之阴沉，3:4 以下。直译：光亮如昏黑。

[法] 杰罗姆 (1824~1904):《撒旦坠落》

拯救之道

十一章

南玛人祖法听了，启齿道：

^{2} 难道喋喋不休就无法反驳，

人能饶舌便证明有理？

^{3} 你怨这怨那，以为大家都哑了，

听任讥嘲，没人会羞你？

^{4} 说什么，"我品行无瑕，　品行（lekti），从七十士本。原文：学说／知识（liqhi）。

我在你眼里清白"！　模仿约伯埋怨上帝，非引用原话，参见 9:20 以下。

^{5} 啊，要是上帝愿意

开口，给你一个回答，　旧译攻击，不妥。

^{6} 为你启示智慧的奥秘，

那拯救之道的方方面面：　kiphlayim，无定解。另读：pela'im，奇迹。

你就会懂得，上帝少算了你几多罪愆！

^{7} 难道你能探明上帝的幽玄，

丈量全能者的极限？　taklith，或作完美（如通行本），亦通。旧译尽情（测透），误。

^{8} 那可比诸天还高，你怎么量？　还高，从通行本。原文：之高。

比冥府还深，你如何探？

^{9} 是呀，比大地还要宽广，

比海洋更加辽阔——

¹⁰ 倘若前来拿人、召集审判的

是他，谁有本事阻拦？ 想象上帝巡视天下，随时审判赏罚。

¹¹ 他深知人性之虚妄； shaw'，视为祸根。参较 7:3 注。

眼前的罪行，他能不注意？

¹² 为的是，没脑筋的可以学得聪慧， 通过记取罪人的教训。

莽如野驴，也能驯服。 yillamed，从传统本注。原文费解：yiwwaled，出生。

¹³ 来，你把心儿对准了， 形容凝神祷告。呼应以利法（5:8）、比尔达（8:5）。

向他张开双手。 祈祷的姿势，《出埃及记》9:29 及 33。

¹⁴ 若你手上沾了罪，快洗净，

别让邪恶在你的帐篷逗留，

¹⁵ 你就一定能抬起脸，无愧疚， 七十士本：如净水。旧译斑点，不妥。

牢牢守持而毫不畏惧。

¹⁶ 你将把苦难抛在脑后，仿佛

记忆中一场过去了的洪水。

¹⁷ 而后，生活就胜似正午的光辉， 走上拯救之道，上文 6 节。

黑地里迎来了黎明。

¹⁸ 有希望，你才会有信心。 旧译稳固，误。

磨难终了，方能安然入梦， 磨难（wehupparta），校读。原文：挖／查（wehapharta）。

¹⁹ 睡下，再不用怕惊扰；

相反，众人都要来求你施恩。 众人（rabbim），或如犹太社本：大人物。

²⁰ 只有那些恶人，两眼昏昏

无路可逃；他们唯一的

希望，就是早点断气！　批评约伯求死，3:21，6:9，10:21。

上帝大能

十二章

但是约伯愤然答道：

2 好，好，就你们才算是"子民"，所谓得道之民，讽刺其道德傲慢和无知。

你们一死，智慧便一同完蛋！

3 可我和你们一样，也有一颗心，lebab，古人视为思想意志之官。旧译聪明，误。

丝毫不比诸位逊色——再说

那点儿老生常谈，谁个不知？

4 然而我成了朋友的笑柄：

只因呼求上帝，蒙他训示，

正直的好人竟受尽讥嘲！

5 不幸往往为幸运者所鄙视，此节无善解，或是插入的。

人脚下一滑，他们就肆意攻击。nakon，踢。另读：（不幸）已立定 / 备下。

6 结果强盗的帐幕反成了太平人家，

冒犯神明的个个安稳——多亏

那上帝的亲手造化！抱怨恶人得福。或作：（恶人）手捧神明。

7 你只需问问野兽，听听它们的说法，

抑或请天上的飞鸟为你解释，

[德] 佚名（1493）:《约伯与撒旦》

8 或是向地下的爬虫讨教，爬虫（zohale），校读。原文：（对大地）诉说（siah la）。

请海里的游鱼阐明：

9 它们当中谁不知晓，

这一切，全出自上帝之手？上帝（eloah），从诸抄本。原文不避圣名：耶和华。

10 他掌上握着众生的灵，

芸芸人类的每一次呼吸。故而一切灾祸不义，最终由上帝负责，上文6节。

11 不是吗，话音靠耳朵辨，

滋味须舌头尝；成语，同34:3。舌头（hek），上腭，转指语言与味觉器官，6:30注。

12 智慧与老人为伴，

见识由岁月收藏。常理，与下段上帝大能之玄奥莫测对比。

13 但上帝有智慧还有大能；上帝，原文：他。

是知识，他更是宏图：`ezah，另读大力（`ozem）。直译：宏图在他，与知识。

14 看，他摧折的，就不能修复，七十士本：谁可修复？

他关押的，人无法开释。

15 干旱，是因为他截了雨水；

放流，则洪涝肆虐大地。

16 力量和才略，都出于他，

受惑的与诱惑的同属于他。

17 他使谋士计穷，yesakkel，从传统本注。原文：sholal，赤足（上路）。重复19节。

变判官为白痴；

18 他扯下君王的玉带，`ezor，从圣城本与下句"囚索"掉换位置。

用囚索拴他们的腰。囚索（moser），从通行本。原文费解：惩罚（musar）。

¹⁹ 他驱赶祭司赤足上路，形容战俘，如七十士本解：aichmalotous。

打翻神庙的侍臣。'ethanim，从犹太社本注（乌迦利特语 ytnm）。通译：权贵。

²⁰ 他剥夺尊者的口才，

拿去长老的眼力。ta`am，本义口味，转指判断力。

²¹ 又将显贵以羞辱浇淋，同《诗篇》107:40a。

让力士的腰带松脱；不再佩刀剑，喻胆怯投降。

²² 令暗处的隐秘暴露，

把死影送入光明。参较 10:21-22。

²³ 列国的兴亡，由他主宰，

各族的盛衰，归他决定。

²⁴ 他泯灭世人首领的心智，leb，心辖智，呼应上文 3 节。旧译聪明，误。

逼他们流浪走进荒原——无路，同《诗篇》107:40b。

²⁵ 无光，在黑暗中摸索，

踉踉跄跄浑如醉汉。

十三章

是呀，这一切我都亲眼见了，

亲耳聆听而熟知其详。

² 你们知道的我也晓得，

丝毫不比诸位逊色。重复 12:3。

³ 只不过，我的话是讲给全能者听的，

我盼的是同上帝论理！

⁴ 而你们只会撒谎粉饰，

一伙庸医，全无用处。　讽其妄图"救治"疾苦，代替上帝。参见5:18。

5 干脆你们把口封了，

那点明智但愿你们还有！　意同《箴言》17:28。

6 行行好，请听一听我的状子，　回到争讼母题（9:3，10:2），准备反诘上帝。

留意我嘴唇的申诉。

7 别想用谎言为上帝辩护，

以假话来替他开脱；

8 那样偏袒上帝，

自命为他的辩护人——不行！

9 等到他查明真相，有你们好看；

上帝，岂能当常人一样欺瞒？

10 他见你们私心偏倚，　panim tissa'un，抬脸，喻徇私枉法，《利未记》19:15。

必定会厉声谴责。

11 难道你们不惧他的圣威不倚，　se'etho，词根同上节"抬起/偏倚"，反其义用之。

一旦临头，那惊悚之极？　借以利法语（4:14）反讽圣威，《以赛亚书》2:10。

12 你们的古训全是些老调尘垢，　驳比尔达，8:8。

那些辩白，不过是灰泥盾牌。　旧译：淤泥的坚垒，误，15:26。

13 你们还是住口，让我说话，　呼应10:1。

别管我落到什么结局。

14 反正，我已把自己的肉咬在嘴里，　原文句首：为何。衍文，从七十士本略。

性命一条，提在手上。　此节是成语，豁出去之意。

15 他要杀便杀，但我只一个希望：　原文：无望。"无"（lo'）读作"愿"（lo）。

同他对质，讨回清白！ 即不指望余生幸福，只求申冤。

¹⁶ 如此我才能有救，因为

他的面前亵渎者不来。 回应比尔达，8:13。

¹⁷ 我的话，请细细听，

请侧耳留意，我要声明。 发言起首程式，参较《创世记》4:23。

¹⁸ 看，我现在就呈上辩词， 如在公堂，忘记了上帝就是判官，9:32。

深信自己定能得直。

¹⁹ 可那与我争讼的，是谁？

我愿意结案就住嘴，去死！ 或是公堂誓词，表示应诉并自愿承担一切后果。

²⁰ 只要允许我两项请求，

我就不会再躲着你：

²¹ 如果你将手从我身上拿走，

收起那恐怖威仪， 同 9:34b。请求一，保证平等的诉讼地位。

²² 然后召我，我必禀报；

或是这样，我问你答： 请求二，确定辩论程序，要求上帝遵循。

²³ 我的罪过，到底有多少？

告诉我，究竟何在，我的不轨恶行？

²⁴ 为什么你要把脸藏起， 不再眷顾施恩，《申命记》31:17。旧译掩面，不妥。

将我视为你的仇敌？

²⁵ 你想恐吓一片风中的落叶，

追逐一根干枯的麦秸？

²⁶ 你给我列下这一条条罪状， meroroth，本义苦胆，转喻罪状、刑罚。

[荷] 林布尔兄弟（?~1416）:《三友人讥嘲约伯》

逼我承担年轻时的过失， 主张上帝应既往不咎，《诗篇》25:7。

²⁷ 还把我的双脚套上木枷， sad，常用刑具，33:11，《耶利米书》20:2。

我每走一步，你都要检视，

连一只足印也不许出岔！ 直译：为脚底刻模（划界）。无善解。

哀人生

²⁸ 像一截朽木，他一碰即碎， 此节按文意与诗结构，应接于 14:2 后。

或是像一件虫蛀了的衣服——

十四章

人——生于女人，该他

命途苦短，祸患沉沉！ 推己及人，以人类（'adam）即夏娃子孙的名义质问造物主。

² 他来世如一朵花儿，匆匆凋谢， 套喻，《诗篇》103:15，《以赛亚书》40:6。

又仿佛飞影，从不驻足：

³ 就这么个东西，你居然肯垂顾， 见 7:17 注。

还召来对簿，当你的面！

⁴ 可是有谁能使洁净诞于不洁？ 产妇血不洁，人来世已玷污，《利未记》12 章。

没有，一个也没有。

⁵ 他的日子既已排定，他的月数

由你掌管，他不可能逾越

你设下的期限： 反诘以利法（4:17），主张罪过不可避免，人性孱弱（诞于不洁）故。

⁶ 求你转过眼去，让他歇歇， 回放 10:20。

让他像一名佣工，捱完

他的一天！ 参见 7:1 注二。

⁷ 就是一棵树，也可以寄予希望——

斫倒了再发新芽，再抽出

条条嫩枝。

⁸ 虽然树根在地下老死，

树桩在泥里腐烂，

⁹ 但只要嗅到水，它就裂开芽眼

萌生新蘖，恰似一株新苗。

¹⁰ 然而人死了，却是永远躺倒；

他吐出最后一口气，去了何方？ 怀疑归宿，略同《传道书》3:21。

¹¹ 正如海水终要枯干， 泛指湖泊，如死海。

江河断流荒寂，

¹² 人倒下了，就再不会起来；

即使苍天坍塌，也不会醒， 坍塌（beloth），从古译本。原文：不再（bilti）。

不会打搅他的长眠！ 其时尚无世界末日死者复活的观念。

¹³ 啊，但愿你把我藏进阴间，

让我有躲处，待你息怒；

愿你给我圈定一个日期，将我记住！ 反言忘掉约伯的罪过。

¹⁴ 死了的人，还能复生？

但只要我还服役一天，我就等着， 服役，比喻人生，7:1。

直到我期满释放； haliphathi，复义发芽（上文 7 节：yahaliph），获宽赦如枯木逢春。

¹⁵ 等你召唤，我一定应答，

等你重新思念你的亲手所造。 思念，旧译羡慕，误。

¹⁶ 现在，你还数着我的脚步， 见 13:27。

那时，就不必再监视我的罪戾； 监视，旧译窥察，不确。

¹⁷ 而只消将我的孽债封入囊中，

便掩埋了我一切过失。 即不再追究罪责。

¹⁸ 然而不！一如高山终将崩裂， 从传统本注。原文：落下毁灭。

磐岩不免滚落； 直译：挪位。

¹⁹ 又如流水必能穿石，

暴雨冲走泥沙： 暴雨（sehipah），从传统本注。原文有讹：漫流（sephiheha）。

你也一定要毁掉人的希望。

²⁰ 你时时刻刻打击他，坏他容貌，

将他丢弃，逼上绝路。

²¹ 他的子裔尊贵发达，他无从知晓； 描写阴间亡灵与人世隔绝的状况。

遭人轻贱，他也不会察觉。

²² 他只能感受肉身的痛苦， 回忆之苦。

亡灵，只会为自己哀哭。 第一场辩论完。

智者与恶人

十五章

特曼人以利法听了，启齿道： 第二轮对话开始，至 21:34。

² 智者作答，岂可乱说一气，

好似灌了一肚子东风？ qadim，沙漠热风，常毁坏庄稼，《创世记》41:6。

³ 申辩，怎能用滥调陈词，

一通废话又无济于事？

⁴ 非但如此，你还罔顾敬畏之情，

放弃了上帝面前的默祷。sihah，反省，用心领会圣法，《诗篇》119:97。

⁵ 其实是你的孽根在教你张嘴，指责约伯背弃传统教义。

让你学舌诡辩。⁶ 所以

定你罪的是你的口，不是我；

是你自己的双唇，在作证告你！即不能自圆其说，反而暴露了罪行。

⁷ 难道你是来世第一人，指亚当，偷食智慧之果者。

受造于群山之先？讽刺，比作参与创世的大智慧，《箴言》8:25。

⁸ 莫非你听到了上帝的密旨，sod，本义私下交谈，《耶利米书》23:18。

居然将智慧独占？

⁹ 究竟什么事，只许你知

而我们不知，你懂而我们不懂？

¹⁰ 我们当中可是有白发老人，

论年纪，比你父亲还大！讥其浅薄、无理。

¹¹ 上帝的安慰，你还嫌小，安慰，对下句"好言"，强调己方正确、代表上帝。

好言相劝，你不要听；

¹² 你这是人被心掳去了呀，比喻失去理智。旧译逼去，不通。

你的眼睛那样冒火，yirzemun，无定解。另读高傲（yerumun），参照《箴言》6:17。

13 竟然对上帝发泄怒气，

开口即一派胡言！

14 人算什么，敢自以为洁，

生于女人，却还想称义？ 发挥前论（4:17），批驳约伯的观点，14:4-5。

15 看，上帝连自己的圣者都不信赖， 圣者，指天使，同 4:18。

在他眼中，苍天也够不上纯净，

16 何况人类——那么腐败可憎， 参较《创世记》6:12。

嗜恶就像喝水！

17 让我告诉你，你好好听，

让我把平生所见一一道来；

18 那是智者传承的祖训， 同意比尔达的劝告，8:8。

未曾湮没的真知——19 从前

这片土地归他们独享， 强调祖训的纯洁与正统地位。

没有外族人走在他们中间——

20 恶人的一生该是饱受折磨， 旧译劬劳（痛苦），不妥。

暴君的寿数不会长久。

21 他耳畔常响起惊恐的叫喊，

稍稍平静，毁灭者却已临头。 毁灭者，指死亡天使，《出埃及记》12:23。

22 他没法指望逃脱黑暗，

等待他的是刀剑，命中注定

23 要让秃鹫啄食！ 秃鹫（'ayyah），从七十士本。原文：哪儿（'ayyeh）有食。

他知道，那幽冥之日已在手边；

²⁴ 多么可怕，困苦与绝望连番打击，

仿佛国王要亲自上阵厮杀。

²⁵ 只因他，挥起拳头反抗上帝，

肆无忌惮向全能者逞强！

²⁶ 他脖子一硬悍然进攻，　脖子一硬，形容冥顽不化，《出埃及记》32:9。

自以为盾牌够厚。

²⁷ 尽管他脸上覆满油脂，　状放荡愚蠢，忘乎所以，《申命记》32:15。

腰胯堆起了肥肉，　腰胯（kesel），双关，兼指蠢笨。

²⁸ 他占据的城池必将倾圮，

入住的家园终要荒芜；

颓垣断壁，²⁹ 他鸿运不复，

财产耗尽，连他的影子

大地也不能挽留。　影子，从七十士本（skian）。原文（minlam）无解。

³⁰ 黑暗，他已经无法逃避。　此句或是插注，或误抄上文 22 节。

有一团火要烤焦他的嫩枝，　反用约伯的比喻，14:7。火、风，皆暗示上帝。

一阵飓风，要刮走他的花瓣；　pirho，从七十士本。原文：peh，嘴。

³¹ 即使他长高了也不可信赖，　高（si'o），校读。原文：虚幻（shaw）。

免得被虚幻所迷惑——他的海枣

³² 季节未到，已经凋败，　海枣（timoratho），从传统本注。原文：报偿（temuratho）。

他的枯枝再不会着绿装；

³³ 仿佛葡萄未熟就被人打下，

又像橄榄树摇落了才开的花。

³⁴ 是的，亵渎者必将断子绝孙，

贿赂的帐幕必遭火焚；

³⁵ 凡怀上邪恶的必诞罪愆， <small>同《以赛亚书》59:4，参较《诗篇》7:14。</small>

那腹中的胎儿，就叫欺骗！ <small>（怀）胎，从七十士本。原文：准备。</small>

天上的中保

十六章

但是约伯回答：

² 这种话我已听了不知几遍，

你们的安慰实在恼人！

³ 什么"胡说一气"，有完没完？ <small>模仿以利法口气，15:2。</small>

还有"什么事让你伤心，要你自辩？"

⁴ 喏，风凉话我也会说，

假如你们落在我的境地；

我也能冠冕堂皇给教训，

望着你们摇头， <small>表示怜悯、鄙视或嘲笑。</small>

⁵ 嘴里一串串所谓劝勉之言， <small>旧译不通：用口坚固你们。</small>

好像扇动双唇即可兑现！ <small>yah<u>s</u>ok，直译如下句：止（痛）。</small>

⁶ 诚然我这么说话，痛苦并不止息；

可是闭口不言，又何尝有片刻舒缓？ <small>所以怨恨有理，驳以利法，15:5 以下。</small>

⁷ 如今，我已精疲力竭——你

毁了我全家老小不算，转而向上帝申诉。

⁸ 还榨干我的身子，形销骨立

做我的罪证，当面

数落起我的罪名——

⁹ 他一动怒，恨不得把我撕了，他，指上帝。修辞性人称转换，参见 17:6。

咬牙切齿与我为敌。

而仇人恶狠狠两眼如刀，恶人作恶也是上帝的安排。

¹⁰ 张开血口要将我吞噬；

他们用嘲骂猛抽我的面颊，

一拥而上死死围攻。

¹¹ 啊，上帝将我交给了不义，`awil，另读如七十士本：`awwal，亵渎者。

把我丢在了恶人手中！

¹² 就这样，我安逸的生活被他打碎，

他掐住我的颈子，将我撕裂；如报复仇人，《诗篇》137:9。

又拿我当了他的靶标，以下呼应并发挥 7:20。

¹³ 让他的弓手团团围起，一箭箭

射穿我的腰，毫不留情

往地下泼洒我的胆汁。极言苦楚。腰，旧译肺腑，误。

¹⁴ 一处处伤口，他反复挖开，

仿佛战士攻破城墙。

¹⁵ 于是我周身像缝上一领麻衣，形容连连举丧，哀服不除，《创世记》37:34。

灰土覆盖了我的额角。qarni，或作尊严、力量，亦通。

¹⁶ 我脸盘哭肿，眼皮

悬挂着一圈死影，

¹⁷ 虽然双手从未沾染不义，

我的祈祷洁净始终！　zakkah，回应以利法的说教，15:14。

¹⁸ 大地呀，请不要掩埋我的鲜血，　要求上帝受理控诉，《创世记》4:10。

请让我的哀号无处停歇——

¹⁹ 直上云天为我作证，看哪，

在高处当我的中保！　拟人想象，要哀号充任自己和上帝间的仲裁，9:33。

²⁰ 可如今连友人都来将我耻笑；melizay re`ay，或如圣城本：为我的思想辩解。

向着上帝我泪水长流。　如今：从传统本注（依格律），移自上节开头。

²¹ 但愿他能帮人与上帝论理，　他，指中保。

一如人子替友邻辩护；

²² 须知我的余年已经无多，　呼应 10:20，但把论理的希望寄托于身后。

快了，我即将走上那不归之路——

十七章

我生气衰竭，我命数将尽，

掘好了吧，我的坟墓？

² 身边还剩下什么，除了笑骂，

除了他们的讥嘲我的不眠之夜？

³ 求求你，收下我的抵押；　你，指上帝。欲交出生命，与上帝对质，13:15。

有谁愿意，同我击掌作保？　保人与债务人击掌为约。见《箴言》6:1 注。

⁴ 只因你障蔽了他们的心智，

他们才没敢举手：lo'tharum yadam，从圣城本注。原文：lo' theromem，你不用举。

⁵ 为一份产业就能把朋友诬告，

这种人，子孙的眼睛要瞎掉！愤而诅咒。

⁶ 然而他让我做了百姓的笑柄，limshal，校读。原文有讹：limshol，统治。

这张老脸人人可以唾啐。topheth，音同焚化地，迦南耻王享童子祭的山谷。

⁷ 悲伤，模糊了我的双眼，

瘦骨伶仃，不啻一条灰影：

⁸ 正直的人见了，个个震惊，反衬并讽刺三人只知教条、虚伪冷酷。

无辜者群起声讨罪人；

⁹ 义士要守持自己的正道，

清白的手只觉得勇力倍增——

¹⁰ 来呀，都给我回来，你们，

你们当中，我不会遇上一个明白人！

¹¹ 我的日子已经完结，

计划、心愿，通通破灭。

¹² 长夜，他们硬说是白天，

面对一团漆黑，却言身边光明！此句无确解，直译：光明靠近，面对黑暗。

¹³ 可是我渴望着入住阴间，回到"不归之路"主题，16:22。

在那幽冥之地放一张床。

¹⁴ 然后对墓穴说：你做我父亲！墓穴，旧译朽坏，不确。

再称蛆虫为母亲、姊妹。

¹⁵ 啊，哪里还有我的希望，

谁能替我寻见幸福？从七十士本。原文重复：我的希望。

¹⁶ 莫非幸福也下了冥府，过那门槛，baddey，门闩、柱、槛的统称。

和我一起入土为安？

恶人逃不脱

十八章

书河人比尔达听了，启齿道：先批评同伴，然后教训约伯。

² 怎么，你们逮不着词儿了？逮（qinzey），如网雀。七十士本：讲完（qez）。

想好了，我们再开口不迟！

³ 什么道理，在你约伯眼中

我们就跟畜生一般愚蠢？nitminu，或如通行本：污秽（sorduimus）。

⁴ 你就把自己撕碎了吧；讽刺，模仿约伯口气，16:9。

大地不会因为你发脾气就荒芜，

磐岩也不会挪动一分！借用约伯意象，反言之，14:18。

⁵ 是的，恶人的光必须扑灭，

他的火焰不许闪耀；

⁶ 要他的帐篷里一片昏黑，

他头上不再明灯高悬。明灯（ner），象征命运。

⁷ 他咄咄的步伐打了趔趄，

一番算计反而摔倒自家——

⁸ 被自己的双腿带进了罗网，

一下踏中擒他的陷阱；

⁹ 顿时脚跟被牢牢套住，

机关已死死锁上！

¹⁰ 土里早埋下了绊他的绳索，

那陷坑就设在中途。

¹¹ 恐惧从四面八方围拢，　附和以利法所谓"祖训"，15:20 以下。

追着他，步步紧逼。

¹² 饥饿成了他的不幸伴侣，　'ono，另解如钦定本：力量（不敌饥饿）。

灾难时时守候身旁。　lezal`o，一作跌倒；犹太社本：肋骨。喻妻，《创世记》2:22。

¹³ 他的皮肤遭恶疾吞噬，　恶疾（bidway），从传统本注。原文重复：四肢。

四肢喂了"死亡"的头生子。　喻指瘟疫或癞病，暗示约伯病状，2:7。

¹⁴ 他将被拖出庇护他的帐篷，

押去见那百惧之王。　即冥王，借自近东神话，用以否定约伯的希望，17:13。

¹⁵ 他空荡的住所将任人占用，　另读如圣城本注：烧毁。对下句"硫磺"。

羊圈要遍撒硫磺。　gophrith，象征惩罚、不育，《申命记》29:22。

¹⁶ 他地下的根子要枯干，

地上的枝叶要凋谢；　比作草木，参较 8:11 以下。

¹⁷ 直至大地将他遗忘，

他的名字闾巷不传。

¹⁸ 失去光明，亡命黑暗，

他被放逐于人世之外，

¹⁹ 在族人中间绝了苗裔， 重提约伯无后，罪有应得，8:4。

连故乡也没留下一个后人。

²⁰ 他的命运，让西方听了惊惶， 西方（复数），或作来者，亦通。

一如东方为之战栗。 东方（复数），或作先辈（在阴间）。

²¹ 这，就是恶人的归宿，

不识上帝，他逃不脱的结局！

申冤者

十九章

但是约伯回答：

² 啊，你们还想折磨我多久，

一句句大道理将我压碎？

³ 你们侮辱我十次不止，

恶语中伤，还不知羞愧！

⁴ 即便我真的错了，

我自己承担就是。 即无知、疏忽之过，6:24。七十士本注：如言辞不当，未合时宜。

⁵ 你们却拿出高高在上的架子，

拿我的罹祸横加指责。

⁶ 知不知道，冤屈我的是上帝， 冤屈，旧译倾覆，不确，8:3。

是他，对我布下的网罗。 否认灾祸因自己作恶而起，18:8。

⁷ 我喊冤，却无人答理，

我叫屈，也不见公义。 或作：我上诉，却不得审判。

⁸ 而他，已在筑墙断我的去路，

又降下黑暗，令我寸步难行。

⁹ 他夺了我的尊严，

摘下我头上的冠冕： 比喻失去公正，29:14。

¹⁰ 遍体鳞伤，奄奄一息，

我心中的希望被他连根拔去。 直译：如同拔树。意谓绝望也是上帝安排。

¹¹ 他满腔怒火冲着我喷发，

犹如对付一个仇敌； 反复叫屈（13:24，16:9），但不认为敌手是撒旦，1:6 注。

¹² 接着他大军一路路开到，

安下营垒，大举进攻，

把我的帐篷团团包围。

¹³ 他还让我的兄弟远远躲开，

令熟人与我断绝往来；

¹⁴ 亲戚朋友纷纷离去，

家里的宾客忘了我这主人。 家里的宾客：从传统本注（依格律），移自下句。

¹⁵ 婢女见我，以为是外人，

我在她们眼里成了异族；

¹⁶ 我唤仆人，他不理睬，

只能好言好语将他央求！

¹⁷ 我身上的臭味，妻子无法忍受，

同胞亲人也唯恐沾染。同胞亲人，直译：我的子宫之子。即同母兄弟，上文 13 节。

18 真的，连小孩儿都在鄙视我，

一出门就遇上他们嘲骂。出门，直译：起身。

19 昔日的知己，如今把我嫌弃，

我爱着的人个个同我翻脸。

20 啊，我已经皮包骨头，七十士本：我肉在皮肤下溃烂。

逃走？我逃个牙皮！似成语，牙齿其实无皮可逃。逃，另读：咬。参较 13:14。

21 可怜可怜我吧，你们是不是朋友，

没看见上帝出手，打我？

22 为什么你们要学上帝整人，旧译不确：逼迫我。下同。

吃了我的肉，还不罢休？

23 啊，但愿我这些话都记下

立为碑文：24 以铁笔镌写

铅汁灌注，勒入岩石

而永不泯灭！

25 我知道

我的申冤者永生，申冤者，承担近亲复仇义务者。引申如通行本：救赎者。

并且最终，他将站于尘世之上，站，指作证对质，《申命记》19:15。

26 虽然那时我的肌肤早已朽坏。难句歧解纷纭，断句从犹太社本。

可是我仍要带着肉身仰望上帝，从通行本，仿佛寄希望于死后复生，14:14。

27 要亲眼见到，而非求助于

他人——即便我的腑脏

通通烂掉！ 腑脏，直译：腹内之肾。此句或是插注。

²⁸ 倘若你们还说：我们怎样整他， 接续前段 22 节。

既然这事的根子在他身上？ 继续怪罪约伯。他，从诸抄本。原文：我。

²⁹ 那么你们该惧怕利剑了，

因为惩恶的怒火就要迸发， 从七十士本，原文不通：怒火（引来？）惩罚之剑。

须知，将来必有一场审判！

恶人的命数

二十章

南玛人祖法听了，启齿道：

² 这事我有些想法，不得不说——

我心里焦急，是因为

³ 无端忍受了这许多谩骂；

我的理智在催我作答。 或如七十士本：一种精神出我理智给我回答。

⁴ 难道你不明白，亘古及今， 诉诸正统观念，强调传统智慧，8:8，15:10。

自从世上有了人类，

⁵ 恶人得逞便从未长久，

亵渎者的笑颜转瞬即逝？

⁶ 纵然他一时傲气攀天， 傲气（si'），本义举、高，转喻从通行本。

他的脑袋顶着青云， 暗示巴别塔故事和人类狂妄，《创世记》11:4。

⁷ 那也如一堆粪，终要扫除， 粪（gel），圣城本作幻象（fantome），似无根据。

让见过他的人问：他在哪儿？

8 好比幻景，他倏然隐去，

又像夜梦，无迹可寻。

9 那从前望着他的眼睛

不再看顾，家里不见了他的身影。暗讽，用约伯自况之意象（7:8）形容恶人。

10 他的子孙要向穷人乞怜，回应约伯，14:21 以下。

要亲手赔还不义之财；

11 他的白骨本该充满青春活力，

却已经随他躺在尘埃。

12 邪恶，是他口中的甘饴，

藏于他的舌头底下；呼应《诗篇》140:3。

13 他细细品味，舍不得

吐掉，成天价含在嘴里。

14 但那美食一吃进肚里就变，旧译：化为酸，误。

在腑脏化为蝮蛇的苦毒！蝮蛇（pethanim），通说即角蝰或埃及小眼镜蛇。

15 于是他吞下的财富都得呕出，

上帝要掏空他的五内。

16 是的，他吸了蝮蛇的毒汁，

那虺虫的信子必叫他死！

17 看不到了，那如溪的新油，yizhar，校读。原文：nahare，河，接下句。

那一条条蜜与奶的河谷。nahale，季节河，常用于地名（阿拉伯语：wadi），6:15。

¹⁸ 辛劳的果实，全归了别人享受，直译：交出（果实，自己）不吃。

做买卖发财，更是空欢喜一场——

¹⁹ 只因他拆毁过穷人的草屋，`ezeb，从亚兰语译本。原文：`azab，遗弃。

不肯修复却强占民房；

²⁰ 还因他贪心不知餍足，贪心（biṭno），本义肚腹，转指欲望。

拼命搜刮也救不了他！搜刮（bahamudo），直译：贪欲所得。

²¹ 身后无人继承家业，yebulo，从古叙利亚语译本。原文：le'aklo，他粮食（吃光）。

他的幸福注定不长；学比尔达，暗示约伯如恶人无后，18:19。

²² 丰裕的生活突陷窘境，

灾祸之手重重地按下——

²³ 填他欲壑的，是炽烈的天火，欲壑（biṭno），同上文 20 节"贪心"。

飞矢如雨，射穿他的身躯；飞矢（`olmayu），从圣城本注。原文：向他。

²⁴ 他逃得过铁刃，

却躲不了铜弓：意象借自《申命记》32:42。

²⁵ 脊背栽进一支支羽箭，原文无"羽箭"，据七十士本补。

苦胆穿出闪亮的血镞。

大恐怖压在了他的身上，

²⁶ 幽冥张口，等着他的珍宝；

那非人点燃的火，要将他吞没，形容雷劈，1:16，15:34。

噬尽帐篷里残留的一切。

²⁷ 苍天要揭露他的罪行，

大地站起，提出控诉；

²⁸ 他的家产通要让洪水冲走，洪水（yabal），从传统本注。原文：出产（yebul）。

在圣怒之日，荡然无存。

²⁹ 这，就是恶人应得的一段命数。 同 27:13。

上帝规定，他的归宿。 naḥalath，遗产，转喻命运。

恶人的帐篷

二十一章

但是约伯坚持己见：

² 你们如果认真听我说话，

便是给我一大慰辑。 参较 16:2。

³ 所以请耐心，让我讲完，

然后我任你们嘲骂！

⁴ 说我乱发脾气，怨天尤人？ 呼应 6:3。

干吗我就一定得忍着？

⁵ 看着我吧，你们敢不惊悸——

看你们慌忙捂上嘴巴！ 害怕，并意识到说教的徒劳。

⁶ 一想到此，我就心寒，

全身阵阵发颤。

⁷ 为什么，恶人不死， 直译：活着。

反而颐养天年，势力嚣张？ 提出中心问题，参较《耶利米书》12:1。

⁸ 儿孙绕膝，他们亲眼

得见后代蒸蒸日上；旧译不通：一同坚立。

9 而且家宅安宁，无忧无虑，仿佛得了耶和华赐福，《申命记》28:2 以下。

从不担心上帝的权杖。即不受报应或惩罚，9:34。

10 他们公牛配种，次次成功，

母牛怀犊，无一流产；

11 儿童嬉戏，宛若羊羔，

又如小鹿，欢蹦乱跳。小鹿，据传统本注（依格律）补，参较《诗篇》114:4。

12 铃鼓和七弦琴伴着他们，

载歌载舞，箫声悠扬；

13 日日蒙福，事事亨通，

直至下阴间仍是——太太平平。wubrega`，从七十士本。另读如钦定本：一瞬。

14 但是他们居然对上帝说：走开，

我们不想知道你的什么路！

15 全能者是谁，要我们敬拜，

向他祈祷能有什么好处？

16 啊，富贵荣华确实在他们手里——

那些恶人的主意，离我远些！我，七十士本：他（上帝）。同 22:18。

17 然而有几回，恶人的灯

会自动熄灭？或者灾祸降临

上帝发怒，毁了他们田产，habalim，或作（分）祸。驳比、祖二人，18:5，20:22。

18 就像碎秸，被狂风卷走，

又如秕糠，吹散无踪？成语，见《诗篇》1:4，35:5。

¹⁹ （说什么）上帝记罪，要向子孙追讨？ 语出《出埃及记》34:7，《申命记》5:9。

不如报应本人，让他领教！

²⁰ 让他亲眼看到自己灭亡， kido，无解。或是 pido（毁灭／不幸）之误，12:5。

喝下全能者的圣怒。

²¹ 因为一旦他的岁月了断，

身后家人怎样，跟他有何相干？ 亡灵在阴间无从探知人世，14:21。

²² 可谁能给上帝传授知识——

居高者皆归他审判？ 居高者（ramim），指天使或权贵。参观《以赛亚书》40:13。

²³ 有的人临终仍精力充沛，

一辈子顺意平安，

²⁴ 奶桶一只只盛满， 奶桶，无定解。七十士本：满腹脂肪。呼应 15:27。

骨髓润泽如初。

²⁵ 有的人却要苦苦支撑，至死

没尝过片刻欢乐。

²⁶ 到头来，他们埋在一样的土里， 叹死亡不辨善恶功罪，如《传道书》9:2。

一样被蛆虫覆盖。

²⁷ 啊，我知道你们的心思，

还有那些贬斥我的招数。

²⁸ 说什么，王公的府第而今安在， 王公，旧译霸者，误。

恶人住过的帐篷又在哪里？ 概括对方的正统观点，非原话，

²⁹ 怎么不问问过路的旅人，

难道听不懂他们的证词： 'othoth，标记、警告；即以世人的见闻为凭信。

³⁰ 祸乱当天，恶人脱身，

报应之日，他安然无恙！

³¹ 他的劣迹，谁敢当面指摘，

谁能报复他的所作所为？

³² 死后，他同样躺进墓室，

也有人看守他的坟茔。

³³ 河谷的沃壤，让他安息；

长长队列给他送葬，直译：众人行进在他身后。

上前开道的更是无计其数。直译：（走在）他前面……。此句一说是插注。

³⁴ 那么干吗你们还要空话连篇，

说是慰问，纯属谎言！慰问，照应上文 2 节。第二场辩论完。

悔罪才能自新

二十二章

特曼人以利法听了，启齿道：第三轮对话开始，至 31 章末。

² 人，对于上帝有什么用处？呼应 4:17 以下。旧译不通：使神／上帝有益。

再聪明的人，也帮不了他！另读如路德本：只能对自己有益。

³ 难道全能者要等你执义才会高兴，人的善恶表现不可能影响上帝，35:7。

你品行无瑕，他才有利可图？

⁴ 或是因为你虔敬，他才谴责，

才把你提来审判？

⁵ 不，他是因为你恶行太多， 针锋相对，指控约伯，13:23，21:31。

你犯下的无穷罪孽！

⁶ 因为你强取兄弟的家产作抵押， 旧译当头，不妥。

无理盘剥，连衣裳都拿光； 违反摩西之律，《出埃及记》22:24 以下。

⁷ 他们困乏，你不给水喝，

他们挨饿，你不给饭吃。

⁸ 结果土地都归了权势， 旧译不妥：有能力的人。

只许尊贵体面的居住。

⁹ 你还狠心将寡妇空着手赶走，

打断孤儿的臂膀！

¹⁰ 难怪你现在身陷网罗，

猝不及防，为恐惧所攫获； 呼应比尔达（18:8 以下），斥约伯狂妄，19:6。

¹¹ 那昏昏幽冥蒙了你的眼， 七十士本：光明于你成了黑暗。

洪水滔滔，把你淹没。

¹² 上帝居于重霄之上。

看哪，璀璨星空，何其高邈！

¹³ 可是你竟说：上帝知道什么， 指责约伯亵渎，歪曲其说法。见 7:19 以下。

隔着黑云他能裁判？

¹⁴ 每当他巡弋天穹，云幕

便挡住了他的视线。 否认上帝全知，参较《耶利米书》23:23。

¹⁵ 啊，莫非你想重蹈

那些远古罪人的覆辙？ 意指挪亚方舟故事。

¹⁶ 他们中道暴卒，根基

被惊涛卷走，¹⁷ 就因为

他们向上帝说：走开，　借约伯语揶揄，21:14 以下。

全能者对我们有什么用处？　我们，从七十士本。原文（间接引语）：他们。

¹⁸ 虽然他们家境丰裕全靠的是他——

那些恶人的主意，离我远点！　重复 21:16b，讽刺。

¹⁹ 他们的下场最让义人高兴，

无辜者见了忍不住嗤笑：

²⁰ 好呀，咱们的仇敌完蛋了，　仇敌（qim），七十士本：他们性命／财物。

残余的也逃不脱火烧！

²¹ 所以你就平静点，同他和好吧，　sakan，本义用处，上文 2 节。他，指上帝。

藉此复得你的幸福！

²² 愿你承接他口中的教导，　回到先前的劝告，5:17 以下。

把他的话存于心间。

²³ 只要皈依了全能者，就能自新，　tibbaneh，另读：顺从（te`aneh）。

将邪恶远远逐出你的帐篷；

²⁴ 只要你视珍宝如尘土，　`aphar，谐音俄斐，珍宝（bezer）"如卵石"（bezur）。

弃俄斐的纯金如卵石，　俄斐（'ophir），南阿拉伯部族，黄金产地。

²⁵ 那么，全能者定会做你的金矿，

并你的大堆白银！

²⁶ 到那时，你要以全能者为喜悦，　参较 27:10。

当你向上帝仰起脸来——

²⁷ 你的祈祷，他必应允，

起誓发愿，皆能实现；

²⁸ 凡你着手，事事成功，

光明要照亮你的前程。

²⁹ 因为他将制伏傲慢者的雄心，校读。原文：他们沉沦，你说骄傲。

拯救所有垂目的人；垂目，形容谦卑归顺。

³⁰ 一切无辜，他都还以清白，从七十士本。原文费解：非无辜，他也救。

只要你的手干净，即获新生。

上帝难寻

二十三章

但是约伯回答：不理会以利法，继续申辩。

² 至今我的哀怨不肯平息，meri, 呼应 7:11, 10:1。或如通行本：悲苦 (mar)。

他的手重，我止不住呻吟！他的，从七十士本。原文：我的。

³ 何尝不想知道，他在哪里，

怎样才能寻到他的居处——

⁴ 让我当面向他陈诉冤情，不啻"向上帝称义"(9:2)，兼驳以利法，15:14。

一条条举出我的理据；直译：满口理据。

⁵ 让我听清楚他的辩词，

一字不漏，决不含糊！

⁶ 他会不会运起大能，同我争辩？

不会的。他只需稍稍留意我的诉求，

7 允许一个正直的人与他讲理，

我就能赢了此案，直至永远！ 此案，从七十士本。原文：（逃过）判官。

8 啊，我去到东方，他不在那儿，

往西，也找不到他，

9 寻到北方，他躲藏不见， 寻到，从古叙利亚语译本。原文：他做。

往南，他仍无踪影。 东西北南，亦指前后左右。见《利未记》2 章，子民营区方位。

10 但是我的一举一动，都在他明察之中——

愿他细加检视，验定我的纯金！

11 我脚步一向跟随他的足迹，

谨守正道，决不偏离。

12 他唇上的诫命，我从无违背，

他口中的训示，我珍藏心头。 beheqi，从七十士本。原文：mehuqqi，从腹中。

13 然而他是"唯一"，谁能说服？ 唯一：语出"听哪"信经，《申命记》6:4。

凡是他的意愿，必然实行。

14 他给我的判决，也定会生效， 判决（huqqi），喻命运。

一如他颁发的道道敕令。

15 所以在他面前，我心慌意乱， 因上帝大能，不可揣摩，12:13 以下。

越想越怕，不能自已；

16 真的，上帝使我失魂落魄，

全能者陷我于一片惊惶。

17 虽然那幽冥还未将我吞没， 意谓只盼一死，以解脱苦难。

沉沉黑暗已覆盖了我的面庞。 或如钦定本：他对我藏起黑暗。

二十四章

为什么，全能者不划定审判期限，

不让他的忠仆望见那一天？ 报应之日或耶和华之日，《阿摩司书》5:18。

² 却听凭恶人来移动界石， 原文无"恶人"，据七十士本补。

抢掠羊群，霸占牧场； wayyir`u，（归自己）放牧。七十士本：羊倌（wero`o）。

³ 甚至孤儿的毛驴都不放过，

还牵走寡妇的牛作抵押。 以上讲恶人违背律法，《申命记》19:14，24:17。

⁴ 可怜穷苦人只好背井离乡， 直译：从路上赶下。以下倾诉贫民之苦。

为了躲债而流落天涯。 直译：到处躲藏。

⁵ 看哪，就像大漠里的野驴

他们四处奔波，起早贪黑

给儿女觅一口食。 原文不通：荒野为他及儿女（献）食。校读从圣城本。

⁶ 下田收割，一粒也不归自己， beli lo，从七十士本。原文：饲料（belilo）。

他们捡拾的是恶人的葡萄。 形容做佣工或给人为奴。

¹⁰ 没有衣裳，只好赤身干活， 从圣城本，移 10-11 节至此，以合叙事逻辑。

饿瘪了肚子背起麦捆；

¹¹ 在橄榄林墙之间要他们熬油， 原文无"橄榄"，从犹太社本解。

口干舌燥，还得用力榨酒！

⁷ 没有衣裳，只好赤身过夜， 文字与第 10 节重复，易抄错，误置顺序。

严冬也盖不上一条被褥；

⁸ 碰上山间暴雨，就湿淋淋

找个岩缝栖身——[9] 而债主

还要把失怙的婴儿从母亲怀里

夺走，拿穷人的孩子做了当头！怀里（shad），原文：暴力（shod）。

[12] 啊，城里传来垂死者的呻吟，垂死者，从古叙利亚语译本。原文：男人。

受伤的人们不停呼救，

但是，上帝不理会他们的哀求。tephillah，从传统本注。原文：tiphlah，愚蠢。

[13] 然而有人硬是要反叛光明，喻圣法。此段似一独立短诗，借来描绘恶人。

康庄大道偏偏不认，

放着通途不走。

[14] 天一黑，凶手钻出巢穴，天黑（lo'or），从传统本注。原文不通：天亮（la'or）。

专找穷苦人下手；

夜深时，他又做了盗贼，

[16a] 在暗地里破墙入室。移文从圣城本，补足"盗贼"句音步。

[15] 恍如一个奸夫，他盼来黄昏，常见的比喻，参较《箴言》7:9 以下。

心说：现在眼睛认不出我了！

就偷偷把脸蒙上。

[16b] 白天，他们蛰伏在屋里，

不愿意认识光明；

[17] 因为早晨对这帮人犹如死影——

那一刻，他们感到了幽冥恐惧。感到，从七十士本。原文：认得。

[25] 不同意吗？谁来证明我撒谎，

谁能否认——斥我荒唐？ 因 18-24 节不像约伯口吻，移至 27:23 后作祖法语。

赞 美 上 帝

二十五章

书河人比尔达听了，启齿道：本章仅六节，不似劝说，语气亦不连贯，恐有缺漏。

[2] 他君临万物，赫赫威仪， 此赞歌仿佛预示耶和华的显现，38:1 以下。

他于极高处缔造和平。 降伏叛逆神子，整顿诸天秩序，《以赛亚书》24:21。

[3] 谁可计数他的天军， 指众天使，《创世记》32:2。

他光焰升起，谁不受照耀？

[4] 上帝面前，凡人岂可称义，

生于女人，还自以为洁？ 附和以利法的观点，4:17，15:14 以下。

[5] 真的，他眼里月亮都不够明媚，

星星也算不上纯净，

[6] 何况那根两条腿的虫豸， 直译：人虫。

名为人子的蛆！ 下章从圣城本，5-14 节按文意解作比尔达语；1-4 节约伯答话后移。

二十六章

[5] 看，地下的幽影战战兢兢， 幽影（repha'im），巨人，借指阴魂。

一如大水与深渊的族类！ 即海怪，被造物主制伏，7:12 注，下文 12 节。

[6] 冥府裸露在他的眼前，

"永灭"已一无遮掩。 永灭（'aḇaddon），阴间；原指冥神，《启示录》9:11。

[7] 是他，在混沌之上铺展北极， zaphon，迦南诸神聚会之山，借指北方、北极。

又将大地悬于虚无。 古人以为地下有柱，深不可探（38:6），故名虚无。

[8] 他用乌云包藏雨水，

雨落，云却不破。

[9] 他遮起自己的宝銮， kisseh，另读满月（keseh），形容月食。

以彩霞覆盖其上，

[10] 还给浩瀚大洋画一圆圈， hoq-hag，地平线，暗示上帝分大水，《创世记》1:7。

作光明与黑暗的分界。 同上，1:14 以下。

[11] 他一声呵斥，擎天的

山柱要吓得发抖！ 山柱支撑穹隆。呵斥，想象地震起因，《诗篇》18:7。

[12] 他曾运大能降伏怒海，

显全智重创骄龙； rahaḇ，即混沌海怪"利维坦"，9:13。

[13] 轻轻呵气，驱散阴霾， 对照《出埃及记》15:8"微微鼻息"。

他只手刺穿那逃窜的虬蛇。 复指骄龙，3:8 注。参见《以赛亚书》27:1。

[14] 啊，这一切不过是那大道的端倪， 旧译：神工作的些微，误。

些许回音，让我们听见；

可谁能领会他的霹雳万钧？ 领会，旧译明透，生造。

问心无愧

[二十六章]

但是约伯回答： 片断衔接，见25:6注。

² 亏得你帮助一个疲弱的人，

他臂膀乏力，多谢你支持！

³ 鲁愚之辈幸而有你指教，

一点儿不缺聪明主意。

⁴ 你这些妙论是谁的点子， 'eth-mi，另读如七十士本：对谁说（'el-mi）。

哪来的精神，你唠叨个没完？ 讥讽比尔达调子高，迂阔而冷漠。

二十七章

约伯意犹未尽，昂然又说： se'eth meshalo，仰面不服，滔滔不绝状。同 29:1。

² 一如上帝永生，夺我公道， 立誓语，兼抗议不公。

全能者令我苦楚满心——

³ 我发誓，只要一息尚存，

鼻孔里还留有上帝之气， ruah 'eloah，喻生命，《创世记》2:7。参见 33:4。

⁴ 我的嘴唇就一定杜绝不义，

我的舌头决无诡骗。

⁵ 但若要我承认你们有理——别想！

直到断气，我也不会放弃尊严。 tummah，完好无疵的品格，2:3 注。

⁶ 我必坚持正义，寸步不让：

问心无愧，只要我在世一天！

⁷ 愿我的仇敌如恶棍的下场， 原文无"下场"，从七十士本补。

那诋毁我的一群罪人！

⁸ 亵渎者保不了命还有什么指望，<small>保不了命（yibza`），直译：（被上帝）剪除。</small>

当上帝取走他的魂灵？

⁹ 难道灾祸临头，他呼救，

上帝会留意垂听？

¹⁰ 莫非他也以全能者为喜悦，<small>借以利法语反讽，22:26。</small>

随时随处向上帝求援？

¹¹ 看，我只是为你们指出上帝之手，<small>旧译作为，不妥。</small>

全能者的行事，我不敢隐瞒。<small>谓友人拒认上帝掌握一切，包括人世不公。</small>

¹² 这些道理，你们也看得清楚，<small>重申 21:34，结束咒詈。</small>

那么干吗还废话连篇？<small>以下似驳斥约伯，通说观点口吻近于祖法，故另作一段。</small>

祖法论恶人

¹³ 那是上帝给恶人的一段命数，<small>祖法重复先前的警告，20:29。</small>

暴君被全能者指定的归宿：

¹⁴ 他子裔虽多，却逃不脱利剑，<small>罪责子孙承担，《出埃及记》34:7。</small>

后代个个忍饥挨饿；

¹⁵ 而留得性命的要由瘟疫来埋葬，<small>瘟疫（maweth），本义死，拟人喻恶疾，18:13。</small>

未亡人想举哀也来不及！

¹⁶ 尽管他聚敛的银子多如沙尘，

缝制的新衣高若土堆——

¹⁷ 让他堆去！将来义人不愁衣穿，<small>重申 20:10 及 15。</small>

无辜者可以多分些银钱。

¹⁸ 他大兴土木，不过造了张蛛网， 从七十士本 (arachne)，8:14。原文：飞蛾。

或如守望人搭一架草棚。

¹⁹ 他睡下时还是个富翁（最后一次）， 从七十士本。原文不通：不再收起。

睁开眼，已经一贫如洗。

²⁰ 白天，他恐惧压身， 白天 (yomam)，校读。原文：如洪 (kammayim)，20:25。

夜晚，在风暴中飘零；

²¹ 突然一股东风扑来

将人攫去——他家破人亡！ 暗示约伯罪有应得，1:19。东风，见 15:2 注。

²² 没有人怜悯，他成了众矢之的， 原文歧义：他 / 它无情地摔打他。

躲不开那只伤他的手；

²³ 见他倒霉，人人鼓掌，

他走到哪里都被耻笑包围。 以下插入 24:18-24，读作祖法告诫。原文多处舛讹。

［二十四章］

¹⁸ 是呀，他就像流水浮渣， qal，本义轻、快，转喻迅速消亡之琐屑事物。

家产田畴全遭了诅咒， tequllal，谐音上句"浮渣"。

葡萄园子荒径无人。 另读：无人踩踏。解作不再榨酒，亦通。

¹⁹ 又好比炎炎大旱融尽冰雪， 直译：雪水。

罪人要湮灭于冥冥；

²⁰ 那怀他的子宫早把他忘却， 怀他 (pethaqo)，校读。原文：取悦他 (methaqo)。

他的名字没人记得： 名字 (shemoh)，从传统本注。原文不通：蛆 (rimmah)。

邪恶如腐木折断。 腐木，从七十士本 (xylo aniato)。原文：树 / 木 (`ez)。

²¹ 女人不育，他便虐待，hera`，从亚兰语译本。原文不通：放牧（ro`eh）。

也从不肯接济寡妇。

²² 然而那以大力俘获暴君的

定会起来，叫他性命难保；暴君，泛指豪强。劝约伯相信神主持正义。

²³ 让他暂且安稳，放心发达，

但其实一举一动都在监视之下——

²⁴ 他得势一时，终不免倒伏

凋谢，仿佛盐草被人拔起，盐草（malluah），即滨藜，从七十士本。原文：全部。

又如麦穗遗地，干枯。下接29:1。下章不属于对话，是后加的独立片断或插曲。

智慧颂

二十八章

采银有矿，炼金有山，maqom，站起之地。

² 黑铁掘出大地，

黄铜熔自峭岩——

³ 他给黑暗划一道边界，他，采矿者，下同；解作上帝亦通。

就往幽幽深处探寻

矿石连同死影：

⁴ 啊，外族人挖开河谷，外族人（`am ger），校读。原文费解：远离住处。

在人迹罕至的地方，采矿用外族奴隶和战俘，矿坑则多在西奈半岛的荒野里。

他们悬起身子摇晃

被人遗忘！形容在峭壁作业之危险，下文10节。

⁵ 茫茫四野，出产粮食，

地下，却有大火翻腾， 有，从通行本。原文：如。

⁶ 那儿顽石蕴藏碧玉， sappir，或作蓝宝石，《出埃及记》24:10。

泥尘化作金沙——

⁷ 好一条猛禽不知的野径，

兀鹫不见的暗道！

⁸ 那儿百兽的骄子未曾踏足， 百兽的骄子（bene-shahaz），喻指猛兽，41:26。

也没有雄狮出没。

⁹ 而他，举手击打燧石，

从根基摇动群山！

¹⁰ 峭崖间他开凿运河， ye'orim，一说比喻矿道曲折。

令珍奇纷纷入目；

¹¹ 又筑坝以束缚江流， 束缚（hibbesh），另读：探索（hippes）。

让宝藏——显露。

¹² 可是，究竟去哪里寻求智慧， hokmah，阴性名词，故下文以"她"指代。

何处是觉悟之途？ 觉悟（binah），用心领悟、求知的能力。故七十士本：episteme。

¹³ 没有人认得通向她的路， darkah，从七十士本。原文：'erkah，价值。

世人中间觅不着她。

¹⁴ 深渊说：她不在我这儿。 深渊，象征太初混沌，《创世记》1:2。参见 38:16。

海洋道：没和我一起。 以下五节否定副词（lo'，无、不）重复七次，凸显智慧无价。

¹⁵ 她无法用黄金兑换，

也不能以白银折价；

16 即便是俄斐的纯金， 见 22:24 注。

名贵的玛瑙、碧玉， 玛瑙（shoham），某种宝石，无确解，《创世记》2:12。

17 不，无论多少金子玻璃， 当时玻璃器皿与饰物价格昂贵。

精雕细镂了，也比不上她！ 参较《智慧篇》7:9。

18 珊瑚和水晶也不要提，

须知智慧难得，更胜过珍珠；

19 同她相比，古实的黄玉

加上赤金，也一文不值！ 古实，埃及以南，今苏丹、埃塞俄比亚、也门一带。

20 可是，究竟去哪里寻来智慧， 寻来，从七十士本。原文：（从那里）来。

何处是觉悟之途？

21 众生的肉眼看不见她，

飞鸟凌空也找不到她；

22 "永灭"与"死亡"异口同声： 拟人，如上文 14 节。见 26:6 注。

她呀，我们只风闻其名。

23 唯有上帝识得通向她的路， 答上文 13 节，耶和华乃智慧之源，《箴言》2:6。

知道哪里是她的居处。

24 因为上帝巡视，直达地维四极， 上帝，原文：他。下同。

天下万物皆收在眼底。

25 当他规定风的轻重，

将万顷波涛一并称量， 旧译度量，不确。

26 当他为雨水颁布敕令，

又画出路线给闪电雷霆：

²⁷ 每一次，上帝都要注目于她，

将她赞扬、确立，复又探察。智慧曾协助耶和华创世，《箴言》8:22 以下。

²⁸ 然后，才向世人宣布：

听着！敬畏我主即是智慧，点出主旨，意同《诗篇》111:10，《箴言》1:7。

远离恶事，便是觉悟。恰是一幅好人约伯的画像，1:1。插曲完。

昔日的幸福

二十九章

但是约伯仍旧不服，他昂然发话：接回第三轮对话。参见 27:1 注。

² 要是能寻回那逝去的岁月，

上帝保佑我的时光——

³ 他的灯在我头上照耀，

靠那明辉，让我穿越黑暗！比喻同《诗篇》18:28。

⁴ 一如当我韶华之季，horpi，秋，转喻盛年，谐音花季（pirhi）。

我的帐篷有上帝看护：besok，从七十士本，参照 1:10。原文：besod，亲密。

⁵ 那时全能者尚且与我同在，

赐我儿孙绕膝，

⁶ 双脚用凝乳洗濯，凝乳（hem'ah），羊奶搅拌凝压而成，黄油，《箴言》30:33。

磐石为我流油成溪。极言富裕。参见 20:17，《申命记》32:13。

⁷ 每次我去到城门口，

抑或在广场上就座，　如听审案件，5:4 注。此片断景为城市生活，与前文不同。

⁸ 年轻人见我都要让道，　旧译回避，不妥。

皓首则起身恭迎；　遵照摩西之律，《利未记》19:32。

⁹ 连头人也停止交谈，

将手掩住嘴巴，

¹⁰ 首领们默不作声，

舌头黏着上腭。　以下从圣城本插入 21-25 节；原文颠倒叙事，显系誊抄之误。

²¹ 他们屏息凝神，静静地

听我把道理指明；

²² 话讲完，从来无人异议，

一字字像露珠沁人心脾。　直译：我的话滴在他们（心里）。

²³ 人们盼我如望甘霖，　盼 / 望，旧译仰望，误。

张着口，好似渴求春雨。　意象来自《申命记》32:2。

²⁴ 我的微笑，使他们受宠若惊，

不敢奢想得了我的眷顾。　直译：我脸的光。参见《箴言》16:15。

²⁵ 我为他们择路，担任指挥，

宛若君王居于中军，又仿佛

给哀伤的人一份安慰。　完满履行了蒙福义人的双重责任。以下接回 11 节。

¹¹ 凡是耳朵听我的，都称我有福，　此段赞语类似埃及墓志铭风格。

眼睛看我的，无不赞誉。　反驳以利法的指控，22:6 以下。

¹² 因为穷人求助、孤儿无援，　语近《诗篇》72:12。

都是我救济、照拂；

¹³ 临终他们仍对我感恩不尽， 旧译不通：将要灭亡的为我祝福。

是我，让寡妇心里无忧。 'arnin，直译如钦定本：欢唱。

¹⁴ 我穿上正义——多么可体——

公平是我的外袍与缠头。 旧译冠冕，不确，19:9。参观《以赛亚书》59:17。

¹⁵ 我做了盲人的眼，

甘当跛者的腿；

¹⁶ 贫民的慈父，舍我其谁？

素不相识的人靠我查明冤屈。 rib，争讼缘由。此句说保护弱者，《箴言》29:7。

¹⁷ 恶人的獠牙，我一一打碎， 套喻，4:10，《诗篇》58:6。

从利齿间夺下他的猎物。

¹⁸ 所以我想：我会终老在窠了， qinni，接应"凤凰"。另读尊严（qarni）。

寿数长若凤凰。 <u>hol</u>，重生于灰烬的神鸟；海枣。七十士本：phoinikos。

¹⁹ 我的根须伸向水畔，

夜露挂满枝头——

²⁰ 啊，日日更生我的荣光，

弯弓在手，越挽越强！ 弓，象征勇力，《创世记》49:24。移 21-25 节至第 10 节后。

今天的痛苦

三十章

可如今，我成了那些后生的笑柄！ 传统社会之奇耻大辱，12:4，17:6。

他们的父亲从前我不屑一顾，

不许混入我的牧羊狗群。　视为贱民，同时反衬自己的惨状。参较 24:4 以下。

² 而且他们那般羸弱，手上

没一点力气，于我何用？　羸弱（'abad kalah），无定解，传统本注：活力尽失。

³ 又饿又穷，身形憔悴，

他们逃入荒漠，那片凄凉黑地；　逃（ha`orqim），从七十士本，或作啃（草根）。

⁴ 挨着灌木丛，他们摘吃盐草，　见 24:24 注。

挖金雀花的根子充饥。　金雀花（rothem），一作杜松（通行本：juniperus）。

⁵ 他们处处遭受驱逐，

像个小偷，人人喊打，

⁶ 只好躲进深沟峡谷，

找地洞和岩穴栖身。

⁷ 时而在树丛间野驴般嚎叫，　yinhaqu，同 6:5。约伯每以野驴喻穷人，24:5。

时而在荆棘下蜷缩，　饥寒状，旧译聚集，不妥。

⁸ 这一帮傻瓜和无名贱人的崽子，

活该吃鞭子，通通撵跑！

⁹ 而现在，我被他们编了歌谣，　neginah，成为嘲骂的对象，16:10。

听凭这种人讥诮！

¹⁰ 他们厌恶我，怕我挨近，

动辄朝我脸上啐唾。　回放 17:6。

¹¹ 因为上帝整我，松了我的弓弦，　喻失去力量，29:20。上帝，原文：他。

他们就敢当我的面甩掉辔头！　形容坏人肆无忌惮。

¹² 这伙无赖从右手起来， 公堂上告状者与证人立于被告人右手，《诗篇》109:6。

推推搡搡，将我一步步逼上

他们修筑的毁灭之途。 原文不通，无善解：扔我的脚，对我筑起毁灭之途。

¹³ 还切断我的退路，乘机

害我，可是无人出来阻拦。 `ozer，从传统本注。原文：`ozer，帮助。

¹⁴ 犹如攻破了城墙，他们

蜂拥而入，碾出一片废墟： 比作敌军烧杀，16:14。

¹⁵ 恐惧，压倒了我。

我的名位如一阵风吹散， 名位（nedibathi），另读福祉、希望（elpis）。

又像残云，消失了我的尊严。 yeshu`athi，或作拯救，亦通。

¹⁶ 终于，我的魂灵如水溢出， 生命将尽。旧译：心极其悲伤，误。

悲苦的日子却死死纠缠。

¹⁷ 夜里，我骨头被啃了似的刺痛， 呼应 7:4。

筋肉不得片刻安息。 原文无"筋肉"，据七十士本补。

¹⁸ 猛地，他一把抓住我的外袍， 他，指上帝。抓住，从七十士本。原文：换下。

揪着衣领将我按倒， 回放 16:12。

¹⁹ 狠狠地摔进泥污——

仿佛我真是灰土！ 暗讽，亚当（人）本是泥尘，《创世记》2:7, 3:19。

²⁰ 我向你呼求，你不答应； 不理友人，转而向上帝陈情，19:7。

我站起身来，你也不理。 原文脱"不"字，据通行本补。

²¹ 你变了，那么残忍， 意同 9:17。

巨手发力，你折磨人！ 参较 19:21，23:2。

²² 把我扔到空中卷入风暴，

让狂飙吹打、抛掷——

²³ 啊，我知道你在赶我去死，

去那间为众生预定了的阴宅。 beth mo`ed，即阴间。呼应 17:13。

²⁴ 可是我何曾拒绝给穷人援手， 穷人（be`ani），从传统本注。原文：废墟。

当他们遇灾求救？ lahen shua`，无解；译文大意从圣城本注（ledin shiwwea`）。

²⁵ 难道我没有为过苦日子的流泪，

替贫寒人家分忧？

²⁶ 我向往幸福，却遭逢不幸；

渴望光明，反迎来黑暗。

²⁷ 我腑脏煎熬，片刻不停， 回放 7:3 以下。

日复一日与伤痛会面。

²⁸ 我走在悲戚里，没了阳光， hammah，另读：慰藉（nehamah）。指服丧。

从会众中站起，我要喊冤！ 或作哀鸣、呼救，《诗篇》5:2。

²⁹ 然而我已是豺狗的兄弟，

只能与鸵鸟为伍： 为族人唾弃，流浪荒野，《以赛亚书》34:13。参见 39:13 注。

³⁰ 皮肤黝黑，片片脱去，

骨头烧焦灼裂，

³¹ 我的七弦琴唱着哀歌，

箫声为我啼哭。

自白

三十一章

我已经同我的眼睛立约， 本章回应 22 章，驳以利法指控，并重申清白。

怎还会去贪恋姑娘？ 比十诫严格；不生淫念，如耶稣要求，《马太福音》5:28。

[2] 上帝在天庭如何划定命途，

全能者自高处降赐什么产业——

[3] 除了恶人必有恶报，

造孽便注定遭殃？

[4] 当然他也审察我的路向， 喻言行，呼应 7:17 以下。参见《箴言》5:21。

我的脚步，他不会不数！

[5] 要是我曾与虚假为伴， 虚假（shaw'），拟人，参见 35:13 注。

疾步追随欺瞒？ 例如做买卖造假牟利。

[6] 愿上帝将我放上公正的天平，

让他知道，我的清白！ tummah，见 2:3 注，9:20 以下。

[7] 要是我的脚偏离了正道，

心，受了眼睛诱惑， 如上文 1 节的"贪恋姑娘"。

或者双手沾了秽污， 盗窃等犯罪行为。

[8] 那么凡我播种的都归别人享用， 咒誓，《利未记》26:16，《申命记》28:30。

让我的禾苗连根拔去！

[9] 要是我对邻人的妻子起邪念， 从七十士本，《箴言》5:8。原文：心迷女人。

在他家门口窥伺过一次，

¹⁰ 那么就让我老婆去给他推磨，暗示当婢/妾，《出埃及记》11:5。

让别人趴她身上！同态报应，惩罚通奸。旧译：与她同室，不确。

¹¹ 因为那是大恶的淫行，zimmah，此词兼指乱伦，《利未记》18:17 以下。

必须严办的罪孽；此节或是插注。

¹² 是焚至"永灭"的一场烈火，形容毁灭一切，见 26:6 注。

要吞噬我全部的基业。吞噬（tiseroph），从传统本注。原文：根除（tesharesh）。

¹³ 即使有我的奴婢告我，

我也不会不讲公道；律法强调族人平等，《利未记》25:39 以下。

¹⁴ 否则上帝起来追究，我怎么办，起来，旧译兴起，误。

他若过问，我如何回答？

¹⁵ 母腹中他造了我，也造了他们：所以上帝面前人人平等，《箴言》22:2。

难道我们不是同出一胎？从七十士本。原文：同一（神）塑造。

³⁸ 如果我的田地指着我喊冤，从圣城本，移 38-40a 节至此，以合叙事顺序。

条条犁沟同声哭诉，抗议霸田，仿佛约伯是地主而非牧主，1:3。此三节是后加的。

³⁹ 倘若我吃了果实不付价银，即工钱，下句"原主"已沦为佃户或佣工。

使原主伤心咽气，

^{40a} 那么就让地里不长小麦长荆棘，

让大麦变烂莠，发臭！ bo'shah，"臭莠"，对上句"荆棘"，种属不可考。

¹⁶ 我可曾拒绝贫贱人的哀求，此段讲不仁不爱之罪。

叫寡妇泪眼干枯？驳以利法（22:9），意同 30:25。

¹⁷ 何时我只顾自己饱腹，

不愿与孤儿分享？

¹⁸ 他可是从小就由我慈父般地养育，

甫出母胎，我就在照看孤寡！ 直译：引导她（寡妇）。

¹⁹ 可曾有一个穷人，被我看见

而仍旧衣不蔽体，²⁰ 没有

穿上我给的羊毛新衣，

暖在腰胯，为我祝福？ 腰胯，犹言衷心（祝福），兼指子孙出处。重申 29:11 以下。

²¹ 要是我仗着在城门口得势

便扬手威吓失怙少年， yathom，谐音清白（tummah）、无辜（tam）。

²² 当真如此，让我

肩膀脱臼，胳臂折断！

²³ 因为上帝降祸，可怕之极，

他的威严，我承受不起。 旧译：不能妄为，误。

²⁴ 我何尝迷信过金钱， 拜金而背离耶和华之道。迷信，旧译指望，误。

说亏得有了纯金，我才心定？

²⁵ 或者因财帛堆积，为鸿运

上手而洋洋得意？

²⁶ 何时我眼见日辉绚烂，

月色溶溶，移步夜空，

²⁷ 就私心仰慕，就向着

它们吻手连连？ 表爱，转喻礼拜日月星辰，破摩西之律，《申命记》4:19。

²⁸ 那，也是应该严办的罪戾，

是背弃至高上帝。 至高，从七十士本。原文：在上。

²⁹ 就连仇人遭殃，我也不曾欢庆，

没有为他遇祸而欣喜； 超越流行的复仇伦理，主张爱人如己，《利未记》19:18。

³⁰ 我决不让罪从口生，

拿人家的性命诅咒——

³¹ 虽然帐篷里的家人都说，

撕吃了他的肉，也不解气！ 直译如通行本：也不饱。

³² 还有，异乡人不必露宿街头，

我的大门永远对旅客敞开。 旅客（'oreah），从七十士本。原文：路（'orah）。

³³ 何时我像个亚当，触了罪还掩饰， 像亚当（ke'adam），另读：对人。

把恶事偷偷藏肚里，

³⁴ 可是又害怕犯了众怒，

在族中被人鄙视，

就不敢吱声，闭门不出？ 重申问心无愧（27:6），一生清白，呼应上文 6 节。

³⁵ 啊，谁来听我申辩？ 以争讼母题结束辩论，13:6 注。

我画押在此，请全能者回答！ 古俗以十字画押象征赦免，《以西结书》9:4。

啊，告我的，请写好诉状！

³⁶ 我要将状子披在双肩，

不，缠上额头做我的冠冕。 作讨还清白的见证，参较 19:9。

³⁷ 然后便给他点清我的每一只足印， 呼应 13:27。

宛如王公，立于他面前。 第三场辩论完。38-40a 节移至 15 节后。

^{40b} 约伯的话完了。tammu，谐音暗示完美清白（tummah），2:3 注。此句为编者注。

艾力胡

三十二章

三人见约伯坚持自以为义，以下至 37:24，语汇风格俱变，文字与耶和华训谕多处重复，情节跟对话、尾声衔接不周，通说是后加的。便不同他辩了。

² 谁知却激怒了一个人，名艾力胡，'elihu，"他乃我神"，希伯来名。是布斯人巴拉杰的儿子，巴拉杰（barak'el），"上帝赐福"；布斯（buz）为拿鹤之后，世居北阿拉伯，《创世记》22:21，《耶利米书》25:23。属兰族。ram，大卫王与耶稣的先祖，《路得记》4:19，《历代志上》2:9，《马太福音》1:3。他愤愤不平，认为约伯把义归了自己而非上帝；³ 对那三个朋友，他也十分恼火——他们辩不过也罢了，竟然置上帝于不公！上帝，原文作约伯。系古代经师的替换，似想修正艾力胡的立场。⁴ 但由于他们年长，只好等着，敬老故，4:1 注，15:10。直到约伯讲完，⁵ 见三人哑口无言了，才把一腔怒气倾倒出来。

⁶ 于是艾力胡，布斯人巴拉杰之子，侃侃而论：

我年轻，各位都是长辈。旧译老迈，不妥。
故而没敢大胆置喙
鲁莽建言。⁷ 因为我想，
应当让年尊的先讲，
请岁月传授智慧。成语，意同 12:12。

⁸ 但是，人原有一种灵性——

全能者的元气，赋予他悟性。　强调智慧神授，高于人类的经验知识，28:12 注。

⁹ 并非高龄就一定明智，　高龄，从七十士本。原文：多。参较次经《智慧篇》4:8。

皓首便通晓公义。

¹⁰ 因此不揣冒昧，各位包涵，

容晚生略陈浅见。

¹¹ 看，我一直在洗耳恭听，

等待前辈们将各自的道理

一条条推敲措辞。

¹² 可是我细细领教了，

居然没有一个人辩得赢约伯，

能反驳他的牢骚。

¹³ 所以请不要说：智慧我们找着了，　暗批以利法的"天言"，4:12 以下。

不是人，是上帝打了他！　yiddephennu，本义驱散，转指打击。他，指约伯。

¹⁴ 诚然，他没在同我争辩，

但我也不会用诸位的高见作答。　讽刺，"高见"对自己的"浅见"。

¹⁵ 他们果然乱了方寸，　hattu，旧译惊奇，误。他们，指三友人。艾力胡旁白。

张口结舌，找不着词儿了——

¹⁶ 害得我好等！看他们哑巴

似的站那儿，一语不发，

¹⁷ 便是轮到我拿主意"建言"，　引上文 6 及 10 节。

该我"略陈浅见"了。

¹⁸ 憋着的话儿我要一气说出，

内中有灵在催促；呼应上文 8 节。

¹⁹ 啊，我的心仿佛涨满新酒，

再不开就要如新皮囊爆裂。参见《马太福音》9:17，耶稣以新酒与旧皮囊讽喻。

²⁰ 说了，我才感觉舒畅，

开口，就定能驳他！

²¹ 我无须偏袒，直译：抬起（'essa'）人脸。回应约伯指责，13:8 以下。

也决不奉承；

²² 其实也不知怎样讨好——

否则，造我的主必把我丢掉！ yissa'eni，双关：抬起／丢弃。旁白完。

生命之光

三十三章

约伯呀，且听我言，

请侧耳留意，这一席话。

² 看，我嘴唇翕张，

舌头由上腭遣辞，

³ 说出我心中的正义，旧译正直，不确。

把道理一句句阐明。第 4 节移至第 6 节后，似较妥帖。

⁵ 反驳我吧，假如你能够。

准备好，面朝我——站起来！作证对质或控诉，30:20，28。见 19:25 注。

⁶ 看，上帝面前，你我一个样，

我也是泥土捏成：

⁴ 造我的乃是上帝之灵，

全能者的元气赐我生命。参见 10:8 以下，《创世记》2:7。

⁷ 所以，我不会威吓令你惶悚，反言说理不用威胁，约伯应停止同上帝"争讼"。

你也不必觉得我手重。我手（kappi），从七十士本，23:2。原文费解：压力
（'akeppi）。

⁸ 不错，方才滔滔不绝你没白说，

字字声声我都听真切了：

⁹ 什么"我洁净""我无辜"，如 16:17，10:7。

又是"清白"又"杜绝不义"！如 9:20，27:4。

¹⁰ 什么"他在我身上百般找碴，tenu'oth，敌意；七十士本：挑错（mempsin）。

将我视为他的仇敌"；引 13:24，参见 19:11。

¹¹ "还把我的双脚套上木枷，

每走一步，都要检视"。引 13:27。

¹² 可是你这话不对。我告诉你：

上帝之大，无人可比。大（yirebbeh），七十士本：永恒（aionios）。亦通。

¹³ 为什么硬要同他争讼，似反驳 9:3。但约伯的意思，是说面对上帝人无法答辩。

指责他不理会你的申诉？你，原文：他。七十士本：我。约伯原话见 9:16。

¹⁴ 上帝警告，一次不听

他再说一次——尽管人不明白——

¹⁵ 藉着梦和黑夜的异象，

当世人昏昏入睡，酣眠在床， 引以利法意象，4:13 以下。

¹⁶ 他悄悄打开无备的耳扉，

放进恐怖的幻觉！ 从七十士本，原文：印上教训。参见 7:14。

¹⁷ 为的是让人悬崖勒马， 直译：从（恶）事拉回。

剪除他心里的自大—— 剪除，从传统本注。原文：（对人）藏起。

¹⁸ 深坑前头救起一颗魂灵， 深坑（shahath），喻墓穴、冥府，17:14，《诗篇》88:6。

一条性命，没有沉沦冥河。 bish'olah，校读。原文：bashshalah，（死于）矛下。

¹⁹ 有时候，他也令人卧病不起，

浑身骨骸一阵又一阵刺痛， 参见 7:15 注。

²⁰ 看到面饼只觉得恶心， 参较约伯语，3:24。

美味珍肴他颗粒不进。

²¹ 眼看他皮肉烂去，

瘦骨嶙峋，一根根可数； 借约伯意象，19:20。

²² 而他的灵已临近深坑，

性命，由那夺命的迓迎！ 夺命的（memithim），即死亡天使。七十士本：阴间。

²³ 但如果，有一位使者在他身边，

以一对千，替他辩护， liz，人神间的通事、中保，16:19。后世演变为庇护天使。

向人证明他的正直， 或如圣城本：为他指示做人的义务。

²⁴ 那么上帝开恩，必会敕谕： 上帝，原文：他。

救他起来，别落坑里了，

赎命金我已拿着！ 直译：找到赎金。

²⁵ 而后，他的皮肉即会嫩于孩童， 嫩（rutaphash），无确解；或作肥、健康。

就能复得青春的岁月，

²⁶ 就要向上帝祈祷而必获悦纳——

欢呼礼赞，朝觐圣容，

而上帝必重新认他为义。上帝，原文：他。

²⁷ 他还要当众唱起这一支歌：

我有罪，败坏正道，

他却没有按我的罪处罚。从七十士本，原文：没报还我。旧译：与我无益，误。

²⁸ 相反，他从深坑救起我的灵，此节若不作直接引语，则"我"读为"他"。

让我的生命重见光明！

²⁹ 是呀，这一切都是上帝的作为，

一而再、再而三地垂顾世人；直译：两次三次。接应上文 14 节。

³⁰ 冥府惶惶，魂灵获救，直译：从深坑带回他的灵。

复又沐浴于生命之光！喻指上帝，《诗篇》56:13。

³¹ 约伯呀，请好好听，

静一静，让我讲完。

³² 如果想反驳，请尽管说——

我何尝不乐意还你清白！

³³ 否则，还是请住嘴，

静听我教你智慧。点明智慧、正义皆不在约伯，32:9。

论报应

三十四章

接着，艾力胡又道：向三友人。但此片断思想立场、文本渊源与前两章不同。

² 各位智者，请容我言，

见多识广的人哪，且侧耳听。

³ 有道是，话音靠耳朵辨，成语，同 12:11。

滋味须舌头尝。

⁴ 所以孰是孰非，何者为善，

都要由我们自己来选择、判定。

⁵ 约伯一直坚称无辜，

说"上帝夺走了我的公道；引自 27:2。

⁶ 明明在理，却逼我撒谎，即被迫认罪，9:20。

毫无过失，却得了不治的箭伤！"化自 6:4, 16:13, 并指上帝残忍，30:21。

⁷ 除了约伯，还有谁这个德性——

喝水似的一个劲嘲骂，发挥以利法语 (15:16), 不说约伯遭辱骂，16:10, 19:18 等。

⁸ 还加入造孽的团伙，

跟恶人同流合污？

⁹ 没听他说：取悦那个上帝，

对人又有什么好处？见 21:15, 原话指"恶人的主意"，但艾氏歪曲为约伯的想法。

¹⁰ 所以明白人哪，请用心听：

罪恶，怨不得上帝，

全能者绝无不义！ 赞同比尔达，8:3。

[11] 因为他是按各人的行事报应， 明确主张罪责个体承担，《诗篇》66:12。

一切论功罪赏罚。 直译：论（走的）路而使人得（赏罚），《箴言》24:12。

[12] 是呀，恶行不属于上帝， 与约伯针锋相对，9:24，16:9。

全能者不会不公。

[13] 谁可以分派他执掌大地，

他统治世界，是谁的任命？

[14] 一旦他召回自己的灵， 召回（yashīb），校读。原文不通：放置（yasīm）心。

将元气收归本原， 参见 12:10，33:4。

[15] 凡是属肉的就都得死去， 属肉的（basar），提喻人类，《创世记》6:3。

世人将化为尘土！

[16] 诸位若是明智，这事须听进，

请侧耳留意我的话音： 呼应上文 3 节，暗示三友人冬烘不智。

[17] 仇视正义的，怎么可能统治？ 不仅上帝，君王的合法性亦然，《箴言》16:12。

莫非你想指控那至公的伟力——

[18] 他可以叫君主"恶棍"， beliyya`al，百戾魔（伢仔），泛指恶人，《申命记》13:14。

斥王公为"罪人"，

[19] 他不会偏袒权贵

或眼睛里重富轻贫， 重申《申命记》10:17。

因为，这一切都是他亲手所造！

[20] 转瞬间死期临头，半夜

他们痉挛、断气，作威作福的

忽被攫去——不假人手——

²¹ 因为，他监视着每个人的路向，<small>驳约伯对上帝报应的质疑，24:1 以下。</small>

每一步都细加观察。

²² 没有黑地，也没有暗影

可供造孽的藏身。

²³ 所以他无须划定期限，<small>mo`ed，从传统本注。原文不通：`od，再次。</small>

传人到上帝面前受审。<small>回应约伯诘问，24:1。</small>

²⁴ 他废黜权势，不用查证，<small>旧译：难测之法，误。</small>

马上另立取代之人：<small>因全能者无所不知；参较约伯的讥讽，10:4。</small>

²⁵ 真的，他早知道那些人的行径，

才一夜之间将他们推翻、践踏。

²⁶ 仿佛罪犯，他一一鞭打，<small>以下至 33 节原文多讹，注家歧解纷纭。</small>

再套上枷锁示众；<small>原文无"枷锁"，从圣城本参照 36:13 补。</small>

²⁷ 因为那些人对他背转身去，<small>反叛状。旧译偏行，误。</small>

无心信从他的正道，<small>信从 (hisekkilu)，谨慎关注，转指信仰。</small>

²⁸ 结果受苦人的呻吟上达天庭，<small>直译：来到他（面前）。</small>

他听见了穷人的哀号。

²⁹ 可是他如果沉默，谁能谴责，

他蒙起脸，谁敢窥探？

万国万民，皆靠他守望，<small>yiphqod，从传统本注。原文费解：yahad，一起。</small>

³⁰ 以免亵渎者称王，<small>此节无善解，从圣城本。参见上文 18 节。</small>

百姓中了圈套。旧译不通：有人牢笼百姓。

³¹ 假若有人向上帝说：

我是受骗，今后不敢作恶了；受骗（nishshe'thi），校读。原文讹：承受（nasa'thi）。

³² 求你指教，让我看清，句首介词 bil`ade（除了）读作 `od，归上句：今后。

从前的罪孽，就不会再犯——

³³ 照你的意思，他该不该降罚，直译：报复（罪人）。你，指约伯。

虽然你自己一味拒绝？意谓上帝允许罪人悔过自新，约伯却只知求罚，不懂恕道。

你说怎么办——不要问我——

我倒想听听你的高见！直译：把你知道的说来。

³⁴ 但只要通情达理、心存智慧

听进我的话的，都会这么说：

³⁵ 约伯所言，毫无见地，

那一番议论糊涂得可以！

³⁶ 愿约伯受追究，莫轻饶，直译：追究到底。旧译不通：试验到底。

因为他的回答如出恶人之口；

³⁷ 造孽不算，还妄图反叛，

在我们中间挥拳击掌，yispoq，拍打（手、腿等），形容示威、挑衅。

竟敢把上帝恶语中伤！

上帝不答

三十五章

意犹未尽，艾力胡又说：对约伯。如同前章，本章原也是独立的片断。

² 你以为，那也叫有理，

上帝面前你自诩为义？ 谴责约伯狂妄（32:2），但歪曲了他的原话，9:2。

³ 还说：这关你什么事情，你，指上帝，如 7:20。作间接引语，指约伯，亦通。

于我有何裨益，就算我不触罪？ 见 34:9 注。

⁴ 好，我这就给你讲明了，

你的朋友也一块儿听！ 将三友人归于约伯的立场，一同教训。34:16 注。

⁵ 你好好仰望天空，

看头上的云霄有多高。 暗示上帝的天庭/正义更高，不可测度，36:26。

⁶ 假如你触罪，与他何妨？

你就是恶行累累，也害不着他！

⁷ 反之若你正直，又能给他什么，赞同以利法观点，22:2 以下。

你手上他可曾拿过丁点好处？

⁸ 你的恶行只能损伤你的同类，

义举，也唯有人子可以得益。 人子，泛指人类，如 25:6。

⁹ 不堪压迫，他们呻吟着

在强权的重臂下挣扎哀求，形容上句受损伤的"同类"。

¹⁰ 却没有一个人问：造我的上帝

在哪里？那夜间赐下欢歌，zemiroth，或作赞歌（颂扬上帝），亦通。

¹¹ 令我们比走兽聪明，即赋予人类智慧。

教我们胜过飞鸟的——他在哪儿？ 暗示约伯无知，23:3。

¹² 面对恶人的嚣张气焰

他们呼喊，却得不到回答；

¹³ 那些空话，上帝不会垂听，空话，暗示约伯虚言自欺 (31:5)，白白受苦，7:3。

全能者决不要理睬！

¹⁴ 何况你说过，你看不见他，

虽然案子已呈上，在等他明裁。指约伯自相矛盾。参见 13:18，23:4 以下。

¹⁵ 还说：他怎么没有动怒降罚，

好像不在意罪行泛滥！　bepesha`，从西玛库本，原文脱尾字母；bapash，愚行。

¹⁶ 约伯啊，这是张口放空话，

无知透顶，句句是妄言！

人为什么受苦

三十六章

接着，艾力胡又道：以下至 21 节似无新意，重复以利法论点，5:17，22:23 以下。

² 请再给片刻，容我絮叨——

为了上帝，我还得讲几句；

³ 为把正义归于造我的主，

我要将真知传扬四方。或如七十士本：从远方取来。亦通。

⁴ 真的，我不是说诳语，旧译虚谎，生造。

那通达睿智的，就在你身旁！自许真理在手。

⁵ 看哪，上帝伟力，不轻贱人；

力伟而更以慈心为大。kabbir koah leb，无定解。七十士本：以心力为大。指慈爱。

⁶ 他不许恶人活命，

却要为穷苦人申冤。

⁷ 他眼睛不离义人，形容眷顾、施恩。

让他们与国王同登宝座，

永远在位，备受尊崇。直译：高举。此节有讹，无善解。

⁸ 每当有人套上枷锁，

身系祸害的囚绳，

⁹ 他便指明他们的行事，

因逞强而生的罪愆。逞强，借以利法语，暗示约伯罪大，15:25。

¹⁰ 然后往他们耳里放入忠告，呼应 33:16。

敦促罪人迷途知返。

¹¹ 倘若他们顺从，愿意侍奉，

就能幸福终老，安享天年；

¹² 不然，便一定沉沦冥河，另读：死于矛下。见 33:18 注。

丢了命，还不知何故！

¹³ 那些亵渎者心存恚恨，

陷于囹圄仍拒绝求救；囹圄（'asaram），或作枷锁，34:26。

¹⁴ 或是早早灭亡，或是偷生

在神庙的男妓中间。庙妓，qedeshim，迦南生殖崇拜的执礼者或祭司，象征秽恶。

¹⁵ 但是，上帝用受苦来搭救受苦人，或作：救受苦人脱离苦难。

以灾难开启他的耳扉。使罪人觉悟，33:16。他，从通行本。原文：他们。

¹⁶ 同样，他也要救你出苦海，

赐你宽广家园，自由自在，

桌上堆满珍馐肥馔。

¹⁷ 然而你却满脑子恶人的官司，谴责约伯拒绝上帝"教训"，5:17。

纠缠于讼词和判决。无善解，或作：判决抓住（你）。

¹⁸ 当心，不要为泄愤而嘲骂，直译：受愤怒引诱而打。

更不要贪图赎金，偏离正道。

¹⁹ 攒起你的财富，使出全副力量，财富（shua`），另读：求救（shoa`）。

你就能脱离苦境？ lo' bezar，无定解，大意从圣城本注。

²⁰ 请不要留恋黑夜，

多少人栽倒了丧生其中！直译：（从）脚下撵走（性命）。

²¹ 千万小心！切勿面朝邪恶，旧译不通：重看罪孽。

因为它，你才受尽了折磨。道出家破人亡的缘由，参见上文15节。

颂辞

²² 看哪，上帝全能而至高，

谁能像他那样教诲？暗示约伯是受管教，仿佛学生被老师体罚，5:17。

²³ 谁可以规定他的路向，

谁敢说：你做得不对？

²⁴ 请记住，赞美他的大功，

要举世欢歌传颂；

²⁵ 那伟业人人看见，

四方一起观瞻。

²⁶ 是呀，上帝至大，超乎想象，直译：（我们）不认识。

他的年岁无法测量。

²⁷ 是他，筛细了滴滴露珠，秋天景象。旧译水点，不通。

由白雾中提取新雨；

²⁸ 又从云端泼洒甘霖，

泽润芸芸万民——

³¹ 藉此，他养育了列族，养育（yazun），从传统本注。原文讹：审判（yadin）。

并赐以丰足的食物。此节对应 28 节，插入以合叙事顺序。

²⁹ 但有谁懂得怎样铺展云层，谁（mi），从古叙利亚语译本。原文：是否（'im）。

他帐幕里何来的雷声？帐幕，喻乌云。雷声来自上帝话音，《出埃及记》19:19。

³⁰ 看，他的闪电四下射击，犹如耶和华挽弓搭箭，《诗篇》18:14。

刹那间照亮海底！ shorshe hayyam，另读：山巅（ra'she harim）。移 31 节至 28 节后。

³² 他手挽电光，

瞄准靶标；³³ 雷霆宣告

他的旨意，他的怒火

容不得罪戾。`awlah，从传统本注。原文不通：（牲畜也）升起（`oleh）。

三十七章

此刻，我的心剧烈地颤抖，

几乎要跳出胸膛。直译：跳出它的位置。

² 听清楚了，那是他在轰鸣，

他口中发出的巨响：

³ 闪电撕裂天空，直译：在整个天空下放（电）。

白光直劈地极；

⁴ 接着惊雷滚滚，

上帝摆列威仪！

是呀，他的话音一旦响起，直译：听见。

谁也不能收回。ye`aqqeḇem，本义抓/打脚踵，转指拖住、收回。

⁵ 上帝打雷，声声奇迹，

成就之大，我们无从揣度。赞同以利法，5:9。

⁶ 每当他命令飞雪覆地，冬天来临。

抑或指示暴雨瓢泼，`uzzo，它的力量。读作动词：`ozzu，发力（瓢泼）。

⁷ 停了大家手里的活计，直译：封起众人手。

便是要世人认得他的作为。

⁸ 马上，野兽纷纷回窝，

躲进各自的洞穴。

⁹ 南天诸宫释出飓风，古人以为飓风平时存于南天星宿（9:9）的"库房"，38:22。

寰宇寒流扫荡，直译：严寒（来自）那扫荡一切者（mezarim，喻北风）。

¹⁰ 啊！上帝嘘气结冰，参较《诗篇》147:17。

千里江河封冻。

¹¹ 忽又浓云满载水汽，呼应比尔达，26:8。

散开一道道电光，

¹² 依照他的指引

旋转不停，在大地各个角落

执行他的命令——

¹³ 万事皆是他的安排：

或为惩戒世人， le`amme ha'are*z*，从圣城本注，原文：或大地（'im-le'ar*z*o）。

或为降恩施爱。

¹⁴ 约伯啊，你听仔细了，

别胡思乱想，除了上帝的神迹！ 直译：站住思考……

¹⁵ 你能晓得上帝有何敕令，

当他的乌云电光闪闪？

¹⁶ 你可知道那烟霭的沉浮，

那全知者的造化绝妙？

¹⁷ 为什么你会嫌衣袍闷热， 旧译：如火热，误。

当南风吹起，大地沉寂？ 春去夏来。

¹⁸ 莫非你能助他铺展天穹， 见《创世记》1:6。

那面坚如铸铜的明镜？ 形容夏旱，《利未记》26:19，《申命记》28:23。

¹⁹ 请不吝赐教，我们怎样回他；

人在暗地里，自然无法陈情。 暗地，旧译愚昧，误。

²⁰ 可是凭什么我说话他便留意——

说了，人不给一口吞了？ yebulla`，喻自取灭亡。或作惊惶（不能言语），无确解。

²¹ 太阳也有不见的时候， 太阳，原文：（阳）光。

当它被云雾遮蔽； bahir，从传统本注（obscurare）。通作：耀（眼），修饰"太阳"。

然而风过即会天晴，

²² 金光照亮北方： 金光（zohar），校读。原文不通：黄金（zahab）来自北方。

上帝披上了可怕的荣耀！

²³ 啊，全能者我们永不可企及： meza'nuhu，指发现、理解上帝之奥秘。

大力至公，布施正义，

他决不欺侮——

²⁴ 所以人都要敬畏上帝——

只有那心中自以为智的，

他不眷顾。lo'-yir'eh，另读如七十士本：（智者）敬畏他（lo yir'ath）。插曲完。

耶和华训谕

三十八章

终于，七十士本注：艾力胡语毕。耶和华自旋风中答复约伯，旋风一如火云，常伴随"神现"（theophania），《诗篇》18:9，《以西结书》1:4。说：第一篇训谕。

² 这是谁，竟敢涂黑我的旨意，'ezah，原文无"我的"；或作（给上帝的）意见。

满口无知妄言？

³ 你束紧腰，学学战士，gibbor，从诸抄本。原文：geber，（像个）男人。

我倒要问问你，讨你的答案！不理会约伯请求（10:2），径直要"被告人"自辩。

⁴ 我给大地奠基的时候，你在哪里？以造房喻创世，参较《创世记》1:9。

说吧，既然你那么聪明！

⁵ 是谁规定了它的尺度，你可知道？

又是谁拉直的准绳？

⁶ 地柱立于何处，参见9:6，26:7注。

基石由谁安放，

⁷ 当一颗颗晨星齐声歌唱，

神子们纵情欢呼？

⁸ 当大海喷涌，如出母胎，仿佛羊水，参见下文 16 节注。

是谁造门将它关起？喻驯服汪洋，《诗篇》104:9。谁，从通行本。原文：他。

⁹ 又是谁以雾霭给它为衣，

用黑云缝它的褟褓，

¹⁰ 替它划定疆界，划定（'ashith），校读。原文不通：打碎（'eshebbor）我的疆界。

安上大门，插好门闩，¹¹ 说：

到此为止，不得逾越——这里

你骄傲的浪涛必须停息！

¹² 你有生之日，可曾对晨曦下令，

抑或为曙光指派岗位，

¹³ 让它抓住大地的四角，仿佛旅人起身，收拾毯子／方袍。抓住，旧译普照，误。

将恶人通通抖出？

¹⁴ 看，大地染红，像封泥衔印，大地（'erez，阴性名词），原文：她。

万物如着锦衣；大意从传统本注。原文不通：他们直立如衣。

¹⁵ 造孽的人留不住光明，反言黑夜结束，24:13 以下。

折了高举的手臂。高举，旧译强横，误。

¹⁶ 你可曾下到海洋的泉眼，古人以为海底有泉眼，为大洋供水。

在深渊的尽头漫游？

¹⁷ 抑或死亡之门曾为你打开，<small>指入冥府，《以赛亚书》38:10。</small>

你见过死影的门卫？<small>shorarey，从七十士本。原文：shararey，大门。</small>

¹⁸ 还有，大地的幅员你能丈量？

告诉我，这些你都晓得！

¹⁹ 光明的住所从哪一条路去，<small>拟人的说法。</small>

黑暗又居于何方——

²⁰ 你知道双方各有疆域，<small>直译：带去它的疆域，知道……</small>

会择路送它们回家？

²¹ 你当然知道了——因为那时

你已经出生，算来岁数正好！<small>上帝自答，讥讽约伯。</small>

²² 你可曾探访大雪的库房，

是否查看过雹仓？<small>古人想象穹隆上有存雪雹的仓库。</small>

²³ 那是我专为降灾之时，<small>如《出埃及记》9:18 以下。</small>

为兵燹之日所预备。

²⁴ 岔口的电光，走什么方向，<small>电光（'or），犹太社本：西风（'urya），对东风。</small>

东风又如何吹遍大地？

²⁵ 是谁，给漫天洪流开渠，<small>喻暴雨，参见《创世记》7:11。</small>

为闪电与雷霆指路，<small>同 28:26b。</small>

²⁶ 令新霈落在荒野，

渺无人烟的大漠，

²⁷ 让干涸的废墟解渴，<small>干涸（mizziyyah），校读，移自下句。原文：产地。</small>

生发嫩草如茵？

²⁸ 雨，有没有父亲，

谁孕育的露珠？

²⁹ 冰，又是哪家的胎儿，

谁诞下的天霜——

³⁰ 当波涛凝冻，宛若白石，凝冻（yithehabbaru），意译。原文：藏起。

深渊一片冰凌？非巴勒斯坦或地中海的景象，参见 37:10。

³¹ 莫非你能给驼星套上缰绳，

替蠢人解开纽结？驼星、蠢人及下节群狮，皆星宿名，9:9 注。

³² 抑或使金星按时升起，金星（mazzaroth），一作北冕座（corona borealis）。

引导群狮——狮母连同狮崽？通说即大、小熊座（ursa major/minor）。

³³ 难道你掌握了诸天的法则，

可用于管制大地？

³⁴ 抑或传令云端，

召大雨倾盆浇身？直译：覆盖你。

³⁵ 难道闪电也要奉你的指示，

还回你一声：得令！

³⁶ 是谁，将智慧赋予朱鹭，tuhoth，属埃及月神（Thoth）。另作内心，《诗篇》51:6。

把聪敏赐给雄鸡？sekwi，仅此一用，无解，从亚兰语译本：雄鸡报晓对朱鹭啼汛。

³⁷ 谁有本事，可点数浮云？

天上的水囊，又归谁倾倒，形容下雨，参见上文 25 节。

³⁸ 让尘土化为烂泥，

干地合拢裂隙？

³⁹ 莫非你能为母狮猎取食物，

喂饱年幼的兽王，

⁴⁰ 当他们蜷卧洞中

或在树丛下埋伏？ 树丛（sebak），从七十士本。原文：隐蔽处（sukkah）。

⁴¹ 又是谁，养活了乌鸦——

他雏儿一声声啼唤上帝，

伸直了脖子求食？ 伸直（yith`alu）脖子，从圣城本。原文：迷路／彷徨（yith`u）。

三十九章

你可晓得野山羊什么时候下羔，

牝鹿产仔，能要你照料？ 意谓野兽不靠人饲养，因有上帝眷顾。

² 你可曾算出她们怀胎的月数，

预知分娩的日期？

³ 几时该屈身临产，

娩出腹中的阵痛——

⁴ 羔仔壮实，将来在野地里长大， 阵痛（heblehem），转喻羔仔。

离去就再不回家？

⁵ 是谁，让野驴闯荡四方， 野驴（pere'）剽悍，象征自由，《创世记》16:12。

为悍驴除去羁绊？

⁶ 是我，教他在大漠安家， 参见24:5。

居于光秃的盐地： 旧译咸地，生造。

⁷ 他嗤笑城镇的喧哗，

也不必听赶牲口的吆喝；

⁸ 为寻草场，他群山跑遍，

肆意追逐每一片绿叶！

⁹ 野牛肯不肯为你劳役， 野牛（rem）象征大力。七十士本：独角兽 / 犀牛。

夜晚来你的秣槽？

¹⁰ 能不能给他套上木轭， 从七十士本，原文不通：能否绑野牛在垄沟，其绳索。

牵着皮索，进山谷耙田？

¹¹ 或者利用他的膂力，

干重活有个依靠，

¹² 比如请他搬运麦捆， 直译：靠他（运）回籽实。

将你的禾场堆得高高？ 下段至18节奥利金（六栏本）七十士本不载，一说是

后加的。

¹³ 鸵鸟兴奋了也拍翅膀， 鸵鸟象征愚昧；杂食而不洁，《利未记》11:16。

可那几根羽翮怎及得上白鹳？ hasidah，另读：（翎羽）不足（haserah）。

¹⁴ 她把自己的蛋留在地上，

只想到沙土温暖， 利用日光的热能孵卵。

¹⁵ 却忘了野兽的蹄掌，

蛋壳经不起踩蹋。

¹⁶ 这么狠心，哪像是待亲生儿女？

白辛苦一场，她居然毫不介意！

¹⁷ 只因上帝没收了智慧，直译：使她遗忘智慧。与朱鹭、雄鸡恰成对比，38:36。

没有赐她一份聪敏——

¹⁸ 虽然脾气发作时她鼓翼昂头，另读如犹太社本：免得她展翅高飞。

足可以笑傲马儿和骑手。

¹⁹ 战马勇猛，是拜你所赠？战马（sus）象征勇力。

你给他颈项披上飘鬃？ra`mah，另读雷（ra`am）、力（`azmah）；七十士本：恐惧。

²⁰ 是你教他腾跃，快如飞蝗，腾跃（ra`ash），本义颤抖，如下文 24 节。

凛凛响鼻，令人胆寒？响鼻（nahro），旧译喷气，误。

²¹ 铁蹄刨响山谷，他奋力

直冲敌阵——²² 胆怯

他耻笑，恐惧他不懂，

刀剑迎来，他不退缩。

²³ 背上，箭筒铮铮有声，

长矛投枪刺眼的闪亮；

²⁴ 他忍不住颤抖，恨不得吞下大地——

战号响了，他怎能停蹄！战号（shophar），即羊角号，《出埃及记》19:16。

²⁵ 呜呜画角，他呵呵大笑，he`ah，象声词。

远远嗅着了一场恶战：

听哪，将军雷鸣

夹着阵阵呐喊！雷鸣（ra`am），喻号令。

²⁶ 游隼入云，展翼南飞，游隼（nez），词根本义：飞。

是不是也得借助你的智慧？候鸟迁徙，归功于神赐的直觉，《耶利米书》8:7。

[27] 兀鹰凌空，筑巢峭壁，兀鹰（nesher），从钦定本按自然性别称"她"。

也是奉你的命令？

[28] 她在山崖上过夜，

占据石峰为自家要塞，旧译冗赘：坚固之所。

[29] 居高临下好搜寻猎物，

犀利的目光远近追踪。

[30] 她的雏儿也要咂血——

哪里有杀戮，哪里有兀鹰。谚语，参观《马太福音》24:28。第一篇训谕完。

约伯不敢答

四十章

接着，耶和华又问约伯：奥利金（六栏本）七十士本无此节。

[2] 一味强辩，就能同全能者争论？讥讽其不自量力，13:22, 23:6, 31:35 以下。

诘责上帝的，请一一答来！

[3] 约伯回耶和华道：

[4] 啊，我这么卑微，还答什么？

赶紧把嘴捂上了才是。表示恭敬（29:9）、害怕（21:5），但不认错。

[5] 我答过一遍，不敢重复了；'eshneh，从传统本注。原文：答（'e`eneh）。

再答一遍，也是白搭呀！ 一遍／一遍，叠加修辞，谚语常用，如《诗篇》62:11。

右手

[6] 于是， 通行本四十章由此开始。耶和华自旋风中答复约伯，说： 第二篇训谕。

[7] 你束紧腰，学学战士，

我倒要问问你，讨你的指教！ 同 38:3。

[8] 果真你想推翻我的裁决， 旧译拟定，误。

归罪于我，而自诩为义？ 参见艾力胡看法，32:2 以下，35:2。

[9] 莫非你的臂力可比上帝，

话音像他的雷霆？

[10] 好，那就亮出你的尊荣，

披上你的威严华贵！

[11] 然后发作你的怒火，

一眼扫去，狂妄低头——

[12] 一眼，就叫那些妄人匍匐，

便把恶棍踏倒在地，

[13] 一个不剩，都埋进土里，

绑起他们嘴脸，在冥冥深处。 battamun，状冥府阴暗、死寂。

[14] 而后，连我也要赞扬你， 'odeka，赞美、谢恩、承认。钦定本：confess。

因你的右手将你救护。 <small>讽刺：约伯诉诸律法正义，而上帝只赞扬／认可怒火与</small>
<small>实力。</small>

巨兽

¹⁵ 不信，你看那河中巨兽， <small>behemoth，兽，复数表大；原型或为河马，象征伟力。</small>

当初我造你也造了他。

他吃草像一头牛，

¹⁶ 蛮力却在他的腰胯，

看，那肚皮隆起的肌肉！ <small>sherirey，七十士本：肚脐。通行本从之。</small>

¹⁷ 他尾巴硬似雪松， <small>或如犹太社本：立似雪松。想象非洲河马之巨。</small>

大腿上虬筋结甲； <small>大腿（pahad），词源不明，一说借自古阿拉伯语。通行本：睾丸。</small>

¹⁸ 脊梁骨一节节铜管，

四条腿四根铁柱——¹⁹ 他当得起

上帝的第一件杰构！ <small>darkey，道路，转指作为、创造。参见《箴言》8:22。</small>

唯有造物主能对他抽剑， <small>意谓巨兽（河马）铁甲巨口，无天敌。</small>

²⁰ 不许他称霸群山，

禁止与百兽游戏。 <small>大意从圣城本注。原文费解：群山为他出产，那里百兽游戏。</small>

²¹ 他静卧于刺莲之下， <small>刺莲（ze'elim），鼠李科灌木，原产北非，学名 zizyphus lotus。</small>

藏身在苇荡沼泽，

²² 有莲叶为他遮荫，

有柳树环绕岸畔。

²³ 看，洪水冲来，他一点不怵，

哪怕约旦河淹到他的嘴边。

²⁴ 谁能逮住他，罩起他眼睛，原文脱"谁"，据传统本注补。另读：用钩子逮他。

将木橛穿透他的鼻孔？木橛（moqesh），本义圈套，下文 26 节。钦定本此处分章。

海龙

²⁵ 还有海龙！你能用鱼钩钓他，海龙，此处原型为鳄鱼，象征超越律法，3:8 注。

拿绳子捆他的舌头？一说此句应与 26b 对调。

²⁶ 你敢以铁环穿他的鼻孔，铁环，从七十士本。原文：芦秆／苇索（'agmon）。

取弯钩吊他的腮骨？

²⁷ 难道，他会向你哀告求饶，

对你柔声曼语？

²⁸ 他肯与你立一张身契，berith，约。暗示子民立约却未能信守，终于国破家亡。

一辈子做你的奴隶？

²⁹ 你能拿他当小鸟玩耍，

拴根绳儿，逗弄你家小囡？

³⁰ 抑或他只是渔行的一宗买卖，渔行（habbarim），本义合伙、商行。

可以售与迦南商人？迦南为埃及与两河流域间商路枢纽，居民善于经商。

³¹ 你想用梭镖戳烂他的铠甲，`oro，皮、革。

往他脑门插一杆鱼叉？

³² 你敢摸他一个指头，直译：你的手掌加于他。

就再也不会想跟他搏斗！

四十一章

这么样指望，纯是自欺欺人； _{nikzabah，或引申作徒劳。}

谁见着他，不丧魂落魄？ _{通行本此处分章。}

² 没有人敢逗英雄，惹他发怒，

谁能立于他的面前？ _{即与之对抗。他，从诸抄本。原文：我。是基于教义的改写。}

³ 谁可以冲撞了他而性命无虞， _{从七十士本。原文：冲撞我，我必报还。}

普天之下——谁敢？ _{lo' hu'，没人（敢），校读。原文：li-hu'，他（海龙）归我}
（处置）。

⁴ 我还要表一表他的肢体， _{直译：关于他肢体我（也）不沉默。}

他的无与伦比的蛮力。 _{无与伦比（'en `erek），校读。原文讹：匀称之美（hin `erko）。}

⁵ 谁可以剥去他的战袍， _{pene lebusho，袍面，喻鳞甲。参见《撒母耳记下》20:8。}

刺穿他的双层胸铠？ _{siryino，从七十士本。原文：risno，嚼头。}

⁶ 谁敢撬开他面孔的巨门， _{喻大口。旧译腮颊，误。}

排排利齿，多么恐怖！

⁷ 他脊背像是覆着盾牌， _{脊背（gewah），从七十士本。原文：高傲（ga'awah）。}

一面面用石印封起， _{石（zor），另读：紧（zar）。}

⁸ 鳞甲咬合，紧密无间，

连气也不得透入；

⁹ 片片相扣，胶结一体， _{相扣，旧译联络，误。}

了无一丝缝隙。

¹⁰ 他一个喷嚏白光四射， _{仿佛河马吐气，水雾在阳光下闪亮。}

张开双目，如黎明的眼帘。 _{意象引自 3:9。}

¹¹ 他嘴里吐出支支火炬，

冷不防火星乱迸! 源于雌海龙或海怪神话的描写，参见《启示录》9:17。

¹² 他鼻孔冒烟，好似大锅

架在火上沸腾； 'ogem，从古叙利亚语译本。原文：'agmon，芦苇 / 蒲草。

¹³ 他呼气可点燃煤炭，

火舌伸出血盆。

¹⁴ 他勇力蓄于颈脖，

前行，有"恐惧"跳舞， 拟人比喻。从圣城本插入 17 节，以合叙事顺序。

¹⁷ 站起，则神灵战栗； 神灵（'elim），谐音喻力士（'eylim）。另读波浪。

击碎浪涛，看他们畏缩一团! yithhatta'u，形容惊惶失措。

¹⁵ 他皮肉的层层皱褶

仿佛铸就，不会摇晃；

¹⁶ 他的心，硬若岩石，

如磨盘座，纹丝不动。 第 17 节移接 14 节。

¹⁸ 刀剑砍不进，

长矛刺不穿，

¹⁹ 铜兵铁刃，他看来

不啻朽木干草。 直译：他视铁为干草，铜为朽木。

²⁰ 弓箭撵不动，

投石变碎秸，

²¹ 棍棒当麦秆，标枪

嗖嗖，他只是冷笑!

²² 他腹下锋利犹如碎瓦，

爬过之处像钉耙梳泥。

²³ 他搅动深渊如拌沸鼎，

大海翻滚，恍若油锅。 merqaḥah，煎熬香料或油膏的锅。

²⁴ 他游过之路，粼粼波光，

仿佛深渊露出了缕缕银发。 拟人，形容大海泛起白沫的波痕。

²⁵ 啊，生来无所惧，

天下无双，²⁶ 他一切傲物

皆可藐视；百兽之骄子

奉他为王！ 骄子，喻猛兽，28:8。旧译水族，误。耶和华训谕完。

约伯悔悟

四十二章

终于，约伯回耶和华道：

² 啊，你知道自己无所不能， 传统上替换元音读作：我知道你……

凡你计划的，必定实现。 直译：不会砍去／收回。

³ "是谁，敢遮蔽我的宏图， 引上帝问话，38:2。

满口无知妄言？" 原文脱"言"字，据七十士本补。

是我，乱说我不懂的事，

那超乎我悟性的奇妙的一切。 似认错，但未必放弃了立场，13:15。

⁴ 但是请垂听，容我回复；

我也想问一问，求你指教。 借自 40:7，学全能者口吻。

⁵ 之前，我对你仅有耳闻，

今天才亲眼见到了你！　即通过旋风的异象与启示，对神的奥秘或智慧有所领悟。

⁶ 因此，我只好拒绝，　不服惩戒，5:17。通译：厌弃 / 收回（自己的话）。

只好坐于尘灰

而伤悲。　niḥamti，通作忏悔。但尘灰志哀（2:8），兼喻人的卑微，《创世记》18:27。

尾声

⁷ 然而，　此片断与对话、训谕的渊源不同，风格思路皆不衔接，应是后加的。耶和华训谕约伯已毕，对特曼人以利法说：你跟你这两个朋友，真是让我光火！你们议论我，还不如我的仆人约伯讲得有理。上帝收回对约伯的指责，38:2。⁸ 所以你们现在就去取七头公牛并七匹公绵羊，牵来交给我的仆人约伯，献作你们的全燔祭，　参见 1:5。请约伯我的仆人为你们祷告。我会恩待他，　即允许约伯替三友人祈求宽恕：好人通过了考验，祷告格外有力；甚而可替他人赎罪求洁，《以赛亚书》53:12。而不计较你们的蠢笨——你们议论我，竟不如我的仆人约伯在理！　蠢笨（nebalah），比作约伯妻"蠢妇"（nebaloth），2:10。

⁹ 特曼人以利法、书河人比尔达和南玛人祖法听了，忙遵命办了。果然，耶和华就恩待了约伯。

¹⁰ 约伯为朋友祈祷之后，耶和华便使他苦尽甘来，　直译：扭转囚牢 / 苦难。并照他原先的加倍赐予。¹¹ 约伯的兄弟姊妹，所有从前相熟的人，都来他家探望，同他一起吃饭，安慰他，为他遭受耶和华降下的种种灾祸而深表同情。每个人还送他一封银币和一只金环。　封（qesitah），古钱单位，详不可考，一说等于四块（sheqel）银子。七十士本作羊羔，或指银币

的图案。[12] 约伯的后半生，耶和华的赐福远胜于他的前半生：他拥有一万四千只羊、六千骆驼、一千对牛、一千母驴；[13] 而且又生了七子三女，亚兰语译本加倍：十四子。[14] 长女取名鸽媛，yemimah，七十士本：白天。或另有所本。次女桂君，qezi`ah，桂皮，原产华南，可蒸馏制精油，《出埃及记》30:24。幼女眼影。qeren happuk，矿物颜料，妇女用来画眼影、睫毛或描眉。[15] 世上找不出一个女子，如约伯的女儿那般美丽；父亲还让她们与兄弟一样继承家业。意谓约伯巨富。通常无子承业，才会传给女儿，《民数记》27:1 以下。

[16] 此后，约伯又延岁一百四十，由此推算，约伯罹祸时七十岁。得见儿孙四代膝下承欢；四世同堂，古人以为至福；上帝降罚亦止于四代，《出埃及记》20:5。[17] 颐享天年，始寿足辞世。七十士本注：据载他将与我主复活之人同起。并引家谱称其为以扫孙，娶阿拉伯妻，原名约巴（Iobab）。

二零零五年秋初稿，二零零七年十一月定稿，二零一一年元月修订

参考书目

拙译已出三卷，即《摩西五经》、《智慧书》与《新约》（牛津大学出版社/香港，2006，2008，2010）。所据原文，希伯来语《圣经》用德国斯图加特版 Kittel-Kahle-Elliger-Rudolph 传统本第五版（*Biblia hebraica stuttgartensia*，1997，简称 BHS），希腊语《新约》则取斯图加特版 Nestle-Aland 汇校本第二十七版（*Novum testamentum graece*，1993，简称 NTG），皆是西方学界公认的权威。释义、串解、断句及风格研究，BHS、NTG 脚注所载异文异读之外，主要参考了六种经典西文译本，即希腊语七十士本、拉丁语通行本、德语路德本、法语圣城本、英语钦定本和犹太社本。

中文旧译，新教和合本（1919）以钦定本的修订本（1885）为底本，最为常见，但舛讹累累，不如天主教思高本（1968）直译之细致。近年来香港出的几种和合本改写本/修订本，新汉语本（新约，2010）较为通顺，对和合本多有订正。文言译本，吴经熊博士《圣咏译义》（1946）和《新经全集》（1949）独具文采，颇可诵读，网上可阅。英译，笔者素来推崇钦定本（KJV，1611）与犹太社本（*Tanakh*，1985）。前者乃文学丰碑，影响深远；后者据希伯来文传统本（masoretic text）译出，继承十世纪哲人萨迪亚（Saadia Gaon）阿拉伯语

译本之典雅高洁，为犹太教诸派通用。此外，美国南方新教保守派的新国际本（NIV，1978），风格严谨，亦可参考。英美学界流行的，则是钦定本的第四代"直系子裔"新修订标准本（NRSV，1990），文字直白，适于学习，有牛津第三版注释本：*The New Oxford Annotated Bible*（平装大学版，2007）。只是风格略微呆板，且充满"政治正确"（如改变性、数指称，伪装男女平等）之类今人特有的语言禁忌。

初习《圣经》者可参考 Stephen Harris《理解圣经》（*Understand-ing the Bible*, 8th ed., McGraw-Hill，2010）。此为美国大学通行的本科教材，语言平易，对经文内容、宗教起源、近东各民族历史文化、考古发现等，都有简明扼要的介绍。文学角度较全面的讨论，见哈佛版《圣经文学指引》（*The Literary Guide to the Bible*, Robert Alter & Frank Kermode ed.，1987）。两位编者，科莫德为知名文论家，奥特是圣经文学教授兼译家。单卷本导读与评注，可参阅《牛津圣经指南》（*The Oxford Companion to the Bible*, Bruce Metzger & M. Coogan ed., Oxford，1993）及《皮氏圣经评注》（*Peake's Commentary on the Bible*, Matthew Black & H.H. Rowley ed., Routledge, 2001）。圣经学辞书，英美学界常用的是六卷本《铁锚圣经大词典》（*The Anchor Bible Dictionary*, David Freedman ed., Doubleday，1992）。

经外经、伪经、灵知派及死海古卷的选译，建议读巴恩斯通（Willis Barnstone）教授主编的两部：《另类圣经》（*The Other Bible: Jewish Pseudepigrapha, Christian Apocrypha, Gnostic Scriptures, Kabbalah, Dead Sea Scrolls*, Harper Collins，1980）跟《灵知派圣经》（*The Gnostic Bible*, New Seeds，2006）。巴氏涉猎甚广，对中国诗词亦有心得，译过王维和毛泽东。中世纪密宗，《光明经》是必读的经典，可从选本入手（*Zohar: The Book of Enlightenment*, Daniel Matt tr., Paulist Press，1983）。犹太法典，不包括例证注疏，可查阅牛津版英译（*The Mishnah*, Herbert Danby tr.，1933）。《古兰经》，马坚先生的译本传扬最广，是上佳的汉译（中国社科，1981）。详尽的传统教义诠释，笔者愿推荐伊本·凯西尔《古兰经注》（孔德军译，中国社科，2010）。

以下罗列本书上编论及或引用的典籍、译本、专著和文章，并一些相关的圣经学研究。外国经典作家，中译名已约定俗成的，不附西文原名，如：尼采。

A

艾尔曼（Bart Ehrman）：《误引耶稣》（*Misquoting Jesus: The Story Behind Who Changed the Bible and Why*），Harger San Francisco，2005。

艾尔曼：《上帝的难题》（*God's Problem: How the Bible Fails to Answer Our Most Important Question – Why We Suffer*），Harper One，2008。

艾尔曼：《耶稣，被遮断：揭开圣经里隐藏的矛盾（*Jesus, Interrupted: Revealing the Hidden Contradictions in the Bible* ），Harper One，2009。

艾尔曼：《伪造：以上帝的名义写作》（*Forged: Writing in the Name of God - Why the Bible's Authors Are Not Who We Think They Are*），Harper One，2011。

奥古斯丁：《忏悔录》，周士良译，商务印书馆，1963。

奥勒琉（Marcus Aurelius）：《沉思录》（*Meditations*），George Long 英译，哈佛古典文库，1909。

奥特（Robert Alter）：《圣经诗歌艺术》（*The Art of Biblical Poetry*），Basic Books，1985。

B

巴丢（Alain Badiou）：《圣保罗》（*Saint Paul: The Foundation of Universalism*），Ray Brassier 英译，斯坦福大学出版社，2003。

巴尔特（Roland Barthes）：《中性》（*Le Neutre*），张祖建译，人民大学出版社，2010。

包伯里克（Benson Bobrick）：《浩森无垠：英译圣经及其激发的革命》（*Wide as the Waters: The Story of the English Bible and the Revolution It Inspired*），企鹅丛书，2001。

毕可曼（Elias Bickerman）：《希腊时期的犹太人》（*The Jews in the Greek Age*），哈佛大学出版社，1988。

波吕格曼（Walter Brueggemann）：《经久的惊喜》（*Abiding Astonishment: Psalms, Modernity, and the Making of History*），Westminster Press，1991。

伯恩斯（Robert Burns）：《美国庭审之死》（*The Death of American Trial*），芝

加哥大学出版社，2009。

柏林（Adele Berlin）：《中世纪犹太人眼里的圣经诗歌》（*Biblical Poetry Through Medieval Jewish Eyes*），印第安纳大学出版社，1991。

勃洛赫（Ernst Bloch）：《基督教里的无神论》（*Atheism in Christianity*），J.T. Swann 英译，Verso，2009。

博尔赫斯（Jorge Luis Borges）：《诗艺六讲》（*This Craft of Verse*），哈佛大学出版社，2000。

布赖斯（Glendon Bryce）：《以色列与埃及智慧》（*Israel and the Wisdom of Egypt*），伯克奈尔大学出版社，1975。

布鲁姆（Harold Bloom）：《去哪里寻求智慧》（*Where Shall Wisdom Be Found?*），Riverhead Books，2004。

布鲁姆：《耶稣与雅威》（*Jesus and Yahweh: The Names Divine*），Riverhead Books，2005。

D

《戴家祥学述》，王文耀整理，浙江人民出版社，1999。

戴丽（Stephanie Dalley）译：《两河流域神话》（*Myths from Mesopotamia: Creation, the Flood, Gilgamesh, and Others*），修订版，牛津大学出版社，2000。

但尼尔 - 罗普斯（Henri Daniel-Rops）：《耶稣时代的巴勒斯坦》（*Palestine at the Time of Jesus*），P. O'Brian 英译，Phoenix Press，2002。

道金斯（Richard Dawkins）：《上帝是错觉》（*The God Delusion*），Houghton Mifflin Co.，2006。

德勒兹 / 迦塔利（Gilles Deleuze & F. Guattari）：《什么是哲学》（*Qu'est-ce que la philosophie*），张祖建译，湖南文艺出版社，2007。

F

方乐：《法袍、法槌：符号化改革的实际效果》，载《法律和社会科学》卷一，2006。

方流芳：《学术剽窃和法律内外的对策》，载《中国法学》5/2006。

方流芳：《法学硕士教育面对的三个基本问题》，载《律师文摘》1/2008。

菲罗（Philo of Alexandria）：《菲罗集》（*Philo*），F.H. Colson & G.H. Whitaker 英译，十卷，哈佛/罗伯丛书，1991。

费慈杰罗（Edward Fitzgerald）：《鲁拜集》（*Rubaiyat of Omar Khayyam*），A.S. Byatt 序，Edmunt Dulac 图，Quality Paperback Book Club，2000。

冯拉特（Gerhard von Rad）：《智慧在以色列》（*Wisdom in Israel*），J.D. Martin 英译，Abingdon Press，1973。

冯象：《玻璃岛》，生活·读书·新知三联书店，2003。

冯象：《宽宽信箱与出埃及记》，生活·读书·新知三联书店，2007。

冯象：《木腿正义》（增订版），北京大学出版社，2007。

冯象：《政法笔记》（附利未记），北京大学出版社，2011。

冯象：《创世记：传说与译注》（修订版），生活·读书·新知三联书店，2012。

芬克斯坦/西尔伯曼（Israel Finkelstein & Neil Silberman）：《圣经出土》（*The Bible Unearthed: Archaeology's New Vision of Ancient Israel and the Origin of Its Sacred Texts*），Free Press，2001。

傅莱（Northrop Frye）：《大典：圣经与文学》（*The Great Code: The Bible and Literature*），Harvest Books，1983。

傅莱：《大力之言》（*Words with Power: Being a Second Study of the Bible and Literature*），Harcourt Brace Jovanovich，1990。

傅利门（Richard Friedman）：《圣经是谁写的》（*Who Wrote the Bible?*），Harper & Rowe，1987。

G

高蒂斯（Robert Gordis）：《上帝与人之书》（*The Book of God and Man: A Study of Job*），芝加哥大学出版社，1965。

格拉伯（Lester Grabbe）：《祭司、先知、智者：古以色列宗教专家之社会历史研究》（*Priests, Prophets, Sages: A Socio-Historical Study of Religious Specialists in Ancient Israel*），Trinity Press International，1995。

格拉夫顿（Anthony Grafton）：《脚注探微》（*The Footnote: A Curious History*），哈佛大学出版社，1997。

格林伯（Moshe Greenberg）：《约伯记》，载《圣经文学指引》（*The Literary Guide to the Bible*），Robert Alter & Frank Kermode 编，哈佛大学出版社，1987。

龚克尔（Hermann Gunkel）：《诗篇：类型批评导论》（*Psalms: A Form-Critical Introduction*），T.M. Horner 英译，Fortress Press, 1967。

郭小冬：《民事诉调结合新模式的探索》，载《清华法学》3/2011。

H

哈尔伯塔（Moshe Halbertal）：《圣书之民》（*People of the Book: Canon, Meaning, and Authority*），哈佛大学出版社，1997。

哈里迪（Tarif Khalidi）译注：《穆斯林耶稣》（*The Muslim Jesus: Sayings and Stories in Islamic Literature*），哈佛大学出版社，2001。

韩南（Patrick Hanan）：《圣经作为中国文学：麦都思、王韬与委办本》，载《哈佛亚洲研究学报》（*Harvard Journal of Asiatic Studies*），63（6/2003），页 197-239。

何美欢：《论当代中国的普通法教育》，中国政法大学出版社，2005。

何美欢：《理想的专业法学教育》，载《清华法学》第九辑，许章润主编，清华大学出版社，2006。

和合本修订版《圣经》，香港圣经公会，2010 年 9 月初版。

赫鲁肖夫斯基（Benjamin Hrushovski）：《论希伯来诗律》（*Note on the Systems of Hebrew Versification*），载《古今希伯来诗选》（*Hebrew Verse*），T. Carmi 编，企鹅丛书，1981。

J

吉本（Edward Gibbon）：《罗马帝国衰亡史》（*The History of the Decline and Fall of the Roman Empire*），J.B. Bury 校注，七卷，Methuen & Co., 1909。

加兰特（Marc Galanter）：《律师笑话与法律文化》（*Lowering the Bar: Lawyer Jokes and Legal Culture*），威斯康星大学出版社，2006。

加缪（Albert Camus）:《局外人》（*L'etranger*），Gallimard，1971。

贾兰波（Julie Galambush）:《勉强分道》（*The Reluctant Parting: How the New Testament's Jewish Writers Created a Christian Book*），HarperSanFrancisco，2005。

金凯伦（Karen King）:《何谓灵知派》（*What Is Gnosticism*），哈佛大学出版社，2003。

金士伯（Louis Ginsberg）:《犹太人的传说》（*The Legends of the Jews*），七卷，霍普金斯大学出版社，1998。

K

卡恩（Steven Cahn）:《宗教哲学文选》（*Ten Essential Texts in the Philosophy of Religion: Classical and Contemporary Issues*），牛津大学出版社，2005。

凯勒（Werner Keller）:《史说圣经》（*The Bible as History*），William Neil 英译，第二版，Barnes & Noble，1995。

克罗山（John Crossan）:《历史上的耶稣》（*The Historical Jesus*），HarperSanFrancisco，1991。

克罗斯（Frank Cross）:《迦南神话与希伯来史诗》（*Canaanite Myth and Hebrew Epic: Essays in the History of the Religion of Israel*），哈佛大学出版社，1973。

孔德 - 思朋维尔（Andre Comte-Sponville）:《论无神论的灵性》（*The Little Book of Atheist Spirituality*），Nancy Huston 英译，Viking，2007。

库格尔（James Kugel）:《圣经诗理》（*The Idea of Biblical Poetry: Parallelism and Its History*），耶鲁大学出版社，1981。

库根（Michael Coogan）（编）:《牛津版圣经世界史》（*Oxford History of the Biblical World*），牛津大学出版社，1998。

L

兰伯特（W.G. Lambert）:《巴比伦智慧文学》（*Babylonian Wisdom Literature*），牛津大学出版社，1960。

李昌平：《我向总理说实话》，光明日报出版社，2002。

李晟：《法制之外的普法——从革命文学中的司法叙事切入》，载《北大法律评论》1/2010。

李炽昌／李天纲：《关于严复翻译的马可福音》，载《中华文史论丛》63 辑，9/2000。

列文（Amy-Jill Levine）等编：《从历史看耶稣》（*The Historical Jesus in Context*），普林斯顿大学出版社，2006。

列文森（Jon Levenson）：《创世与恶之持续》（*Creation and the Persistence of Evil*），Harper & Row，1988。

《鲁拜集》，Peter Avery & John Heath-Stubbs 英译，企鹅丛书，1979。

刘星：《走向什么司法模型——"宋鱼水经验"的理论分析》，载《法律和社会科学》卷二，2007。

刘忠：《"从华北走向全国"——当代司法制度传承的重新书写》，载《北大法律评论》1/2010。

罗宾逊（James Robinson）：《耶稣福音》（*The Gospel of Jesus*），Harper SanFrancisco，2005。

罗宾逊：《犹大的秘密》（*The Secrets of Judas: The Story of the Misunderstood Disciple and His Lost Gospel*），HarperSanFrancisco，2006。

M

玛可丝（Amy Marcus）：《尼波峰远眺》（*The View from Nebo: How Archaeology Is Rewriting the Bible and Reshaping the Middle East*），Little, Brown and Co.，2000。

迈内克（Friedrich Meinecke）：《马基雅维里主义："国家理由"观念及其在现代史上的地位》，时殷弘译，商务印书馆，2008。

《梅汝璈法学文集》，梅小璈／范忠信编，中国政法大学出版社，2007。

墨斯特（Glenn Most）：《疑者托玛》（*Doubting Thomas*），哈佛大学出版社，2005。

N

纳德勒（Steven Nadler）：《一切可能世界中最好的那个》（*The Best of All Possible Worlds: A Story of Philosophers, God and Evil*），Farrar, Straus & Giroux，2008。

尼采：《苏鲁支语录》，徐梵澄译，商务印书馆，1997。

聂绀弩：《散宜生诗》，人民文学出版社，1985。

O

欧麦利（John O'Malley）：《西方的四种文化》（*Four Cultures of the West*），哈佛大学出版社，2004。

P

帕尔蒂丝（Ilana Pardes）：《圣经里的反传统：女性主义解读》（*Countertraditions in the Bible: A Feminist Approach*），哈佛大学出版社，1992。

裴立甘（Jaroslav Pelikan）：《谁的圣经》（*Whose Bible Is It? A Short History of the Scriptures*），企鹅丛书，2005。

佩格尔思（Elaine Pagels）：《撒旦起源》（*The Origin of Satan: How Christians Demonized Jews, Pagans and Heretics*），Vintage，1995。

Q

钱穆：《八十忆双亲／师友杂忆》，生活·读书·新知三联书店，1998。

S

斯玛特（Christopher Smart）：《欢愉在羔羊》（*Jubilate Agno*），William Bond 校注，哈佛大学出版社，1954。

斯塔克（Rodney Start）：《发现上帝》（*Discovering God: The Origins of the Great Religions and the Evolution of Belief*），HarperOne，2007。

斯坦伯格（Meir Sternberg）：《圣经叙事诗学》（*The Poetics of Biblical Narrative: Ideological Literature and the Drama of Reading*），印第安纳大学出版社，1985。

《死海古卷》(*The Complete Dead Sea Scrolls in English*),Geza Vermes 英译,企鹅丛书,1998。

苏力:《也许正在发生:转型中国的法学》,法律出版社,2004。

苏力:《中国法官的形象塑造——关于"陈燕萍工作法"的思考》,载《清华法学》3/2010。

苏力:《走不出的风景》,北京大学出版社,2011。

孙敦恒:《王国维年谱新编》,中国文史出版社,1991。

T

托夫(Emanuel Tov):《犹大荒野出土文本所示文书实践及方式》(*Scribal Practices and Approaches Reflected in the Texts Found in the Judean Desert*),Brill,2004。

W

王路:《"是"与"真"——形而上学的基石》,人民出版社,2003。

王绍光:《民主四讲》,生活·读书·新知三联书店,2008。

王元化:《人物·书话·纪事》,人民文学出版社,2006。

威利克(Jed Wyrick):《论犹太、希腊与基督教传统中作者之确认与正典之形成》(*The Ascension of Authorship: Attribution and Canon Formation in Jewish, Hellenistic and Christian Traditions*),哈佛大学出版社,2004。

维尔墨斯(Geza Vermes):《犹太人耶稣》(*Jesus the Jew: A Historian's Reading of the Gospels*),Fortress Press,1981。

维尔墨斯:《耶稣三卷:圣诞、受难、复活》(*Jesus: Nativity, Passion, Resurrection*),企鹅丛书,2006,2005,2008。

韦娜/戴维曼(Ellis Weiner & Barbara Davilman):《戏仿版依地语迪克与珍尼》(*Yiddish with Dick and Jane: A Parody*),Little, Brown & Co.,2004。

苇叶(Simone Weil):《重力与神恩》(*Gravity and Grace*),Emma Crawford & Mario von der Ruhr 英译,Routledge Classics,2002。

乌尔巴赫(Ephraim Urbach):《拉比圣哲》(*The Sages: Their Concepts and*

Beliefs），Israel Abrahams 英译，哈佛大学出版社，2001。

《吴宓日记》，吴学昭整理，生活·读书·新知三联书店，1998。

X

夏塔克（Roger Shattuck）：《禁知》（*Forbidden Knowledge: From Prometheus to Pornography*），Harcourt Brace & Co.，1997。

Y

亚贝格等（Martin Abegg, Peter Flint & Eugene Ulrich）译注：《死海古卷圣经》（*The Dead Sea Scrolls Bible*），HarperSanFrancisco，1999。

杨周翰：《十七世纪英国文学》，第二版，北京大学出版社，1996。

《犹大福音》（*The Gospel of Judas from Codex Tchacos*），Rodolphe Kasser 等编，全国地理社，2006。

优西比乌（Eusebius of Caesarea）：《教会史》（*Historia ecclesiastica*），二卷，哈佛/罗伯丛书，2000。

约瑟夫：《犹太史》（*Ioudaike archaiologia*），H.St J. Thackeray 英译，九卷，哈佛/罗伯丛书，1998。

约西波维奇（Gabriel Josipovici）：《上帝之书》（*The Book of God: A Response to the Bible*），耶鲁大学出版社，1988。

Z

《张充和诗书画选》，白谦慎编，生活·读书·新知三联书店，2010。

张仁善：《中国近代法律精英的法治理想》，载《律师文摘》6/2006。

张志清：《赵万里与永乐大典》，载《中国文物报》2002.5.10。

赵鼎新：《民主转型，如何可能》，载《东方早报/上海书评》2009.8.9。

《赵万里文集》（卷一），冀淑英等编，国家图书馆出版社，2012。

泽维特等（Scott Gilbert & Ziony Zevit）：《先天性人类阴茎骨缺失》，载《美国遗传医学学报》（*American Journal of Medical Genetics*），Vol. 101/3，2001。

詹姆斯（T.G.H. James）：《法老之民》（*Pharaoh's People: Scenes from Life in*

Imperial Egypt），Tauris Parke，2003。

周保巍：《"国家理由"，还是"国家理性"》，载《读书》4/2010。

《追忆王国维》（增订本），陈平原、王风编，生活·读书·新知三联书店，2009。